船舶火災防治與安全管理

第二版

曾福成　編著　　盧守謙　審定

五南圖書出版公司 印行

謝　　誌

本書能夠順利完成再版工作，筆者必須特別感謝家人的生活關照和下列人士之協助：

陳建興 先生　　文書編輯與封面設計
陸家珊 小姐　　整理危險貨櫃爆炸失火案例
陳書浩 先生　　整理危險貨櫃爆炸失火案例
張智淵 先生　　整理 Massachusetts 號機艙失火案例
張兆瑋 先生　　整理 Massachusetts 號機艙失火案例
劉依婷 小姐　　校稿

編輯大意

一、本書係依據國際海事組織所制定的一九八八年基本滅火典型課程（Model Course 1.20）以及一九九一年進階滅火典型課程（Model Course 2.03）綱要編著而成。

二、本書內容分為「船舶火災預防與安全管理篇」、「船舶火災理論與應變作業篇」以及「船舶火災演訓與人員安全篇」等三篇共計十三章，兼顧理論與實務之探討，應能裨益船舶滅火基本課程和進階課程的教學、訓練和船上相關實務作業之需要。

三、書中涉及專有名詞部份，除盡可能採用國立編譯館所審定的翻譯名詞之外，並且在其後方附上原文以供讀者進一步查證之需。此外，為俾便讀者能夠迅速對照參考，本書尚附錄中文與英文名詞索引對照表。

四、本書所採用之插圖主要摘自美國 Robert J. Brady 圖書公司所出版的船舶火災書刊、Halprin Supply 消防器材公司所印製的產品目錄、中國航海技術研究會印行之「急救衛生與海上醫藥常識」以及專業網站資料，謹此致謝。

五、筆者自一九八九年擔任船舶火災課程的講授工作以來，陸續蒐集資料並且於一九九九年編著出版。本書付梓發行之後，筆者仍不斷蒐集新資料而且進行內容之增補或修訂，如今該項工作已臻段落，爰再版發行。

六、因本書所涉範疇相當廣泛，疏漏誤謬之處在所難免，祈盼專家賢達不吝指正，是幸。

二〇一〇年八月　曾福成　謹識
於國立台灣海洋大學商船學系

目　錄

第一篇　船舶火災預防與安全管理篇

第一章　船舶火災之肇因與預防措施

第二章　船舶火災防治計畫與安全管理

第三章　船舶火災案例

第二篇　船舶火災理論與應變作業篇

第四章　火災理論

第八章　固定式滅火系統

第九章　船舶火災偵測與警報系統

第十章　船舶滅火作業

第三篇　船舶火災演訓與人員安全篇

第十一章　滅火人員之安全防護裝備與設施

第十二章　船舶滅火組織部署與訓練演習

第十三章　火災傷患急救

附錄

第一篇 船舶火災預防與安全管理篇

第一章　船舶火災之肇因與預防措施

引言

　　諺語所謂「火能助人也可害人（Fire Can be either a Friend or an Enemy）」之意涵係指：人類將「火」廣泛應用於日常生活、農業、工業或商業等相關活動時，如果能事先採取適當的防範與管制措施，則將促使該等活動之順利進行並且發揮其所具有的高度價值。反之，在疏於防範與管制之情況下，即可能形成火災（Fire Disaster）而造成人命傷亡或財產損失。

　　依據海運文獻資料顯示：由於國際海運之蓬勃發展，自一九五〇年代開始，船舶火災事故已經逐漸增加；一九七〇年代以後，在船舶「大型化」和「快速化」潮流之下，該類事故之發生率更與日俱增。以美國為例，於一九七四年共計發生198件船舶火災或爆炸事件，造成約5,000萬美元的財產損失[註一]以及無法估計的人命傷害。

　　就船舶環境而言，舉凡燃料油艙、水艙、貨艙、機艙、住艙、鍋爐間以及其他設置機器設備的各處艙間，隨時均有引發火災或爆炸的可能性。船舶火災一旦發生時，通常無法如陸上火災一般獲得消防機構之額外奧援，而只能依賴全船人員自力救濟。因此，各種類航行船舶不僅必須比照陸上標準，設置防火與滅火設備並且採取相關安全措施；從事旅客運送業務的客輪（Passenger Vessels）或危險貨品運送業務的油輪（Tankers）[註二]，更須達成較高的防火與滅火要求標準。

[註一]：此數據僅統計因火災或爆炸事件所造成的船舶與貨物等財產損失，並未包括引起該等事件的碰撞事故所造成的財產損失部份。

[註二]：因為客輪被喻為海上的活動旅館（Marine Moving Hotels），為眾多旅客提供住宿、休閒、餐飲以及日常生活起居等服務。油輪被喻為海上儲存場所（Mobil Storage Facilities），廣義之油輪泛指從事運送原油（Crude Oils）、精煉油品（Refined Oil

　　其次，在船舶離開碼頭後的航海期間（尤其在惡劣的海況下航行時），由於大多數機器設備均須全程運作，各當值人員除應依規定執行相關當值作業之外，亦應審慎採行防範火災之安全措施。

1-1　船舶火災肇因與類型

1-1-1　船舶火災肇因

　　形成火災的原因可能純粹屬於意外，亦可能是人為的故意作為。依據法律見解，火災肇因可區分為下列四種而且經常被用為火災案件統計與分析作業之分類依據：

1. 意外原因（Accidental Cause）：泛指任何不是以蓄意方式引燃或散佈火災的原因。在某些情況下，非蓄意引燃的火可能衍生為意外性火災，例如：輪機員關閉鍋爐點火時，因設備所存在的瑕疵或人員操作不慎，以致突然形成回火而引發機艙火災。

2. 自然原因（Natural Cause）：泛指能夠直接或間接衍生火災的閃電、雷擊、海嘯、強風或巨浪等自然原因。該等原因皆為人力所無法抗拒者，其所導致的火災稱為天災（Acts of God）。

3. 縱火原因（Incendiary Cause）：係指火災乃某人或團體為達成破壞、恐嚇、經濟甚至政治等目的，因而在有利燃燒的環境條件下蓄意引燃或散佈者。該原因所形成的火災，通常具有相當規模，故而增加滅火之困難度。

4. 不明原因（Undetermined Cause）：係指火災的發生原因一時無法釐清，必須經過相當時間的深入調查始能確認，或是缺乏證據，無從查明者。

Products）、石化產品（Petroleum Products）、液化石油氣（LPG）以及液化天然氣（LNG）等貨品的船舶。因該類貨品均為易燃或易爆物質，故應尤其重視防火防爆安全。

1-1-2　船舶火災因素類型

依據統計資料顯示，絕大多數的船舶火災肇始於意外原因，尤其是船員的疏忽或作業不當（Carelessness or Omission）；其次為自然原因所造成者，但所佔比率極低；縱火事件的發生機率幾乎為零。因此，船舶火災可進一步歸納為三種主要類型：

1. 海難事故所造成者：因船舶發生碰撞、觸礁、嚴重擱淺、碰觸堅固建物或突然傾斜等海難事故發生，因而直接發生或間接衍生的火災，其所佔比率約為7%。
2. 自然因素所造成者：閃電、雷擊、海嘯、強風或巨浪等無法抗拒的自然原因所導致的船舶火災，其所佔比率為 1% 以下。
3. 人為疏誤及設備因素所造成者：因船員的專業素養不足、怠忽職務、作業不當等軟體問題，以及因設備機具故障瑕疵等硬體問題，而未能適時採取必要的防火措施等原因所造成的船舶火災，其所佔比率高達90% 以上。

1-2　船體設計方面之防火措施

船舶一旦發生火災皆可能造成相當程度的財產損失或人命傷亡，因而船上人員應隨時採取適當的火災預防措施。

為確保船舶火災安全，船上涉及防火與滅火方面的船體結構、建造材料、艙區規劃以及設備器材等，至少必須符合一九七四年海上人命安全國際公約（International Convention on the Survival of Life at Sea, SOLAS 國際公約）第 II 章和一九八一年十一月二十日以後所採納的相關決議案之最低要求標準，其規定項目包括：

1. 船舶防火結構；例如：船殼、上層建築、艙壁與甲板等。
2. 可燃性物質的使用限制。
3. 排氣管道系統的絕緣措施。
4. 貨艙、燃料油艙與泵間的通風設施。
5. 火場逃生路徑。

6. 階梯規格。
7. 火災偵測和警報系統。
8. 固定式消防水總管滅火系統。
9. 固定式二氧化碳、化學乾粉、泡沫和撒水滅火系統。
10. 手提式滅火器具與半固定式滅火裝置。
11. 防爆型機器設備、設施與器材。

　　然而，筆者必須特別強調：「船舶即使依法定要求標準完成火災設備系統之硬體設計、建造、設置與安裝等工程，亦無法完全避免火災之發生。船長與輪機長等部門主管，必須積極督促每位船員落實火災預防措施與防備工作，始爲確保火災安全的最佳策略」。

1-3　嚴禁煙火方面之措施

　　任意丢棄菸蒂、雪茄或使用火柴棒、打火機等行爲，是火災發生的主要原因之一。因此，如何讓吸菸者明瞭錯誤行爲所可能釀成的災害、宣導吸菸者改善不良習慣與嚴格管制吸菸場所等措施是相當重要的。

1-3-1　禁止任意棄置菸蒂

　　依據研究實驗結果顯示，菸蒂的周圍燃燒溫度約爲 288℃，中心燃燒溫度可高達 732℃，火柴棒的中心燃燒未熄溫度至少超過 750℃。由於未熄滅的菸蒂與火柴棒所具有的溫度，經常足以引燃日常用品、紙張、紙器、棉花或衣著被褥等易燃物質。因此，船上人員應採取下列防火措施：
1. 將使用後的菸蒂與火柴棒等，丢棄在具有防火功能的菸灰缸或其他容器中。
2. 在允許吸菸場所擺設菸灰缸或容器。
3. 事先將水注入菸灰缸或容器中（或將該等器具擺設在水龍頭附近），更能達成防止火源發生之效果。

1-3-2　禁止在床舖上吸菸的習慣

　　無論任何時間或情況，船員在床舖上吸菸是缺乏防火常識的冒險行爲，尤其

在勞累工作或酗酒之後，類似壞習慣經常使菸蒂引燃床單、被褥或家具等易燃物質，進而造成悶燒火災（Smoldering Fire）。悶燒火災屬於緩慢的燃燒現象，在初生階段僅會產生煙而不易形成火焰與高溫，如圖 1-1 所示。

悶燒火災通常需要經歷相當時間的醞釀始能形成火焰，其所需時間取決於燃料種類、空間格局與氣流方向等因素，例如：燃燒的菸蒂掉落在桌椅、沙發或床舖等易燃物質的表面時，因所產生的燃燒熱能較容易朝四周熱傳散逸，有時可能僅僅燒焦部份易燃物質甚至於自然熄滅；如果掉落在床單、被單、衣著甚至

圖 1-1　嚴禁在床上抽菸

垃圾筒等物質的縫隙或摺紋之間，其所產生的燃燒熱能將被侷限在有限範圍之內，有時在環境配合下，熱量蓄積較快而引燃火災，此種現象稱為熱隔絕效應（Insulating Effect）。依實驗結果顯示，悶燒火災形成火焰的最短時間約為 20 分鐘，最長時間介於 6 小時至 8 小時之間，平均時間介於 1 小時至 1.5 小時之間。其次，悶燒火災如果發生在聚氨酯填充家具的內部時，其燃燒溫度經常超過 760℃甚至高達 871℃，以致起火後造成快速延燒現象。

依火災案例顯示，悶燒火災因不完全燃燒生成大量一氧化碳，一旦被察覺之後，暴露在現場的肇事者大多已經呈現昏迷、窒息或死亡狀態，因此船員應該切實遵守「不可在床舖上吸菸」的基本原則。

1-3-3　勿在禁菸場所吸菸

船上許多場所如有火焰或燃燒灰燼，則可能釀成火災的危險。因此，船上容易發生火災的各處場所，皆應張貼「禁菸場所（No Smoking Area）」的警告標語，如圖 1-2。同時，每位船員皆應瞭解何處為禁菸場所與禁止煙火的理由。

登船的訪客、碼頭工人或其他作業人員，可能不如船員一般重視火災安全之防範措施。因此，船方應負責告知或提醒相關的禁菸規定；對於任何違反規定或不聽勸阻的吸菸者，皆應強制取締並且報請有關單位予以制裁。為確保火災安

全，船上許多場所皆須嚴禁煙火，尤
其下列艙區：

1. 貨艙與露天甲板（Cargo Holds
   and Weather Deck），尤其是散裝
   貨船以及危險貨品船的貨艙。

2. 機艙與鍋爐間（Engine and Boiler
   Rooms），溫度較高的機艙容易
   使燃料油與潤滑油等物質蒸發而
   形成可燃氣體；機艙火災一旦發
   生時，不僅較難撲滅，亦可能損
   壞船舶的推進系統與操控系統。

圖 1-2　禁菸場所應明確標示

3. 儲存間和工作間（Storage and Work Spaces），例如：油漆間、繩索間或木
   匠間等處所，經常存放大量的易燃物品。

1-4　防止自燃之措施

　　自燃（Spontaneous Ignition）係物質之
間產生化學作用並且釋放熱能之後，因熱能
累積而使內部溫度逐漸升高，以致物質自行
發生燃燒的現象，並不需要仰賴任何外在火
源之引燃。其次，自燃之初生階段通常屬於
悶燒型態，因而早期只會散發出煙霧而不至
於產生明顯的高溫或火焰。

　　在船上因自燃而導致火災的情形是十分
常見的，例如：將沾有石油、植物油或油漆等
油漬的纖維製品，棄置於工作間、儲存間、
蒸氣管旁或機艙等通風較差或溫度較高的場
所，如圖 1-3。該自燃火災的發生原因，乃因
油漬與纖維製品在上述環境下產生氧化熱等

圖 1-3　隨意棄置或堆放的物
　　　　質可能發生自燃

化學反應，而釋放出熱量，進而加速熱分解作用並且累積更高的熱量，最後引燃纖維製品或周遭的可燃物質，以致形成火災。茲將防範船上自燃火災之重要措施分別介紹如後：

1-4-1　防止船體結構材料形成自燃

建構船體的材料通常不易在一般環境下形成自燃，除非使木材、壁紙或布簾等可燃物質，長期接觸蒸氣管路或者類似的高溫處所。如上節所述，發生自燃皆需要數天的醞釀期間，而且初期徵兆只會出現淡淡的煙霧或微弱的火爐，故而極不容易被察覺。

為防止船體結構材料造成自燃，應避免可燃性物質接近高溫設施與場所，或者利用隔熱材料將通過高溫處所的可燃性建材加以保護。為防止船體結構材料發生自燃火災，一九七四年 SOLAS 國際公約與相關議定書作成下列五項原則性規定：

1. 以隔熱和構造界限，將船舶分為若干主垂直區域。
2. 以隔熱與構造界限，將住艙及船舶之其他部份隔離。
3. 限制使用可燃材料。[註三]
4. 甲級隔艙（指艙壁與甲板所構成之艙區劃分）：
   (1) 應為鋼材或其他同等材料所構造者。
   (2) 應為經適當加強者。
   (3) 其構造經標準火力試驗一小時之後，應能阻止煙和火焰通過者。
   (4) 需以核准之不燃材料隔絕。

   　　凡是經由法定的時間測試後，非煙火邊之平均溫度不高於煙火邊 139℃，而且任何位置（包括接著點）之溫度亦不高出原溫度 180℃者，均屬於不燃材料；可區分為 A-60、A-30、A-15 與 A-0 等不同級數。
5. 乙級隔艙（指艙壁、甲板、天花板以及內襯板等構造之艙區劃分）

[註三]：可燃材料係指不燃材料以外之所有材料；而定義中所謂之「不燃材料」乃指任何材料依法定程序加熱至 750℃時，不分解或氧化足夠之可燃氣體者。

(1) 其構造經標準火力試驗半小時之後，應能阻止火焰通過者。

(2) 經法定時間測試之後應具有隔絕效果，而且非煙火邊之溫度不應高於煙火邊 139℃，或任何點（包括任何接著點）之溫度不高出原溫度 225℃；其級數可區分為 B-15 與 B-0 等兩種。

1-4-2　防止船上貨物形成自燃

兩種以上的物質交互進行化學反應並且產生熱能，是發生自燃的基本條件。在天然環境下，許多海運貨物與濕空氣（含有水份和空氣）接觸之後，即可能醞釀自燃火災；該類貨物被「國際海上危險貨物章程（International Maritime Dangerous Goods Code, IMDG Code）」界定為危險貨物，裝船時應依其規定完成包裝、標誌、標示、堆積、存放、繫固與支撐作業，例如：

1. 氯（Chlorine）或氯化物（Chloride）等物質，若與乙炔（Acetylene）、松脂（Turpentine）、氣態氨、薄片狀金屬、粉狀金屬或部份有機物質結合時，將產生劇烈的化學反應。故應依規定存放在通風良好的艙間場所，而且應盡量與上述有機物質互相隔離。

2. 粉狀或細片狀的鈉、鉀、鎂、鈣或鈦等金屬，極易受水份或濕氣影響而加速氧化作用且釋放熱量，故此等物質之儲放場所應保持乾燥。其次應依規定，在儲存場所張貼「可燃性固態物質（Flammable Solids）」與「受潮危險（Dangerous When Wet）」的警告標語，而且禁止閒人接近。

3. 煤炭容易自燃與否，雖然取決於產地、水份含量、純度、精細度以及開採時間等因素，但無論如何注意貨艙的溫度控制與通風措施是必要的。

4. 其他物質，包括紫苜蓿粉、木炭、玉米粉、魚油、漁類雜碎、亞麻油、塗漆加工的纖維品等散裝貨品。

1-5　電路纜線與電器設備之防火措施

雖然電力之應用對於人類的生活福祉與產業發展具有相當的貢獻，若接線錯誤或操作不當，則將使電能轉換為熱能進而衍生火災或爆炸之危險。因此，船上的電器設施必須由合格的技術人員，按照規定完成相關的設置、維護、檢查與修

理作業。

1-5-1　注意電器設備規格與更新作業

　　家電產品或工業電力設施，通常皆有一定的使用年限。在海上鹽分含量較高的空氣侵蝕與船體震動等不利因素之影響下，船上的電路纜線或電力設備尤其容易提早損壞，以致出現超負載（Overload）或形成電弧（Electric Arc）等情形，因而引發電氣火災（Electrical Fires）；譬如：船上的電纜線、手提式照明燈、甲板貨燈或探照燈等器材的絕緣裝置老化、破裂或損壞而使金屬纜線裸露時，極可能發生下列現象進而引發火災：

1. 一股金屬纜線裸露時，可能與其他金屬接觸而產生電弧。
2. 兩股金屬纜線裸露時，可能互相接觸而產生短路（Short Circuits）現象。

　　有鑑於此，船上人員必須事先參酌法規與設備系統之要求標準，並且注意採取下列措施：

1. 電力設備的設計及構造規格必須符合實際需求。
2. 電力設備與裝置的維修標準，應將最惡劣海況納入考量。
3. 應依核定標準或條件更換電力設施、零件或備品。
4. 上述實務作業應由輪機長統籌處理。

1-5-2　勿額外擴充電器設施之使用

　　利用多座式插座由某一處插頭額外擴充電器設施之使用情形，在船員住艙是司空見慣的，如圖 1-4。任意擴充電力之使用是導致火災的不當行為，船上人員應盡量避免。

　　一根裸露的電纜線，如果接觸金屬將會形成電弧；兩根裸露的電纜線

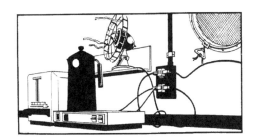

圖 1-4　勿任意擴充電力之使用

如果互相接觸，將會造成短路現象。任何一條電路纜線的電力負荷均有固定限量，如果超限量使用，極可能使纜線的絕緣物質熔燬而產生短路現象，繼而引燃附近的易燃物質。

1-5-3　定時檢視電力輸送纜線與保險絲

　　船上的電器、手動工具、貨物燈與照明燈等設施之輸送纜線，超過一定使用年限時或因船體震動之影響，即可能發生老化、破裂或損壞等情形，以致造成短路或電弧而引發火災危險。

　　其次，假如電路上所使用的保險絲或斷電器規格太大，則往往使電路溫度升高，以致熔毀纜線上的絕緣材料進而引燃附近的易燃物質。因此，發現電纜線存在破損瑕疵時，必須立刻予以更換；保險絲與斷電器應使用核定規格，不能任意改變。

1-5-4　妥善使用燈具

　　熾熱的燈泡與可燃物質長期接觸之後，極可能形成火災。例如：船員將燈罩擺在錯誤的部位，或因船體震動的結果而使易燃物質移近燈泡。

　　其次，裝設在主甲板上的高強度照明燈、吊燈或工作燈等燈具，為避免遭受海風與雨水之侵蝕，於航行期間通常會利用帆布套予以保護，如欲使用該等燈具時，必須先將保護罩拆除。

　　再者，吊燈或工作燈應妥當地裝設防護裝置，以避免因燈泡破損而形成電弧或短路等現象，如圖1-5。

1-5-5　檢視電器設施的氣密裝置

　　船用手電筒或對講機等電器設施所裝設的氣密裝置（Vapor-tight Fixtures），係採用絕緣材料製成的封套，藉以達成下列兩項主要目的：

1. 隔絕含有鹽份與水份的空氣，避免電器設施發生腐蝕現象。
2. 防止電器所形成的電弧火花與外界可能存在的可燃氣體互相接觸，進而引發火災。

　　由於外冷內熱的緣故，電器氣密裝置的絕緣材料

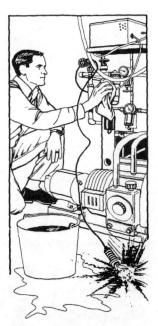

圖 1-5　避免燈具形成電弧

十分容易發生老化、脆裂或破損等情形，故應經常巡視、檢查並且實施必要的更換作業。否則，不僅會喪失其所具有的防腐、防火或防爆等原始目的，且更可能衍生意外事故。

　　一九九二年美國麻州 Factory Mutual Engineering 公司曾在環境溫度為 25℃ 之情況下，針對附有氣密裝置的白熾燈泡進行溫度實測，表 1-1 所示者乃將燈泡垂直向下裝設在燈座上（Base-up Mounting）時的燈泡中心溫度實測結果：

表 1-1　附有氣密裝置之白熾燈泡的中心溫度實測結果

瓦特數 （Wattage）	攝氏裸燈溫度 （Bare Bulb Temp. ℃）	華氏裸燈溫度 （Bare Bulb Temp. ℉）
40	122	252
60	127	260
100	127	261
200	153	307
300	190	374
500	198	389

　　若將燈泡裝設在不同方向，其中心溫度與附近溫度將會產生極大的變化；以上表所顯示的數據為例，200W 燈泡垂直向下裝設時的中心溫度為 153℃，若垂直向上裝設在燈座上（Base-down Mounting），其中心溫度將增為 256℃。另外，圖 1-6 所顯示者為 100W 白熾燈泡裝設在不同方向時的中心溫度與附近溫度的實測結果。

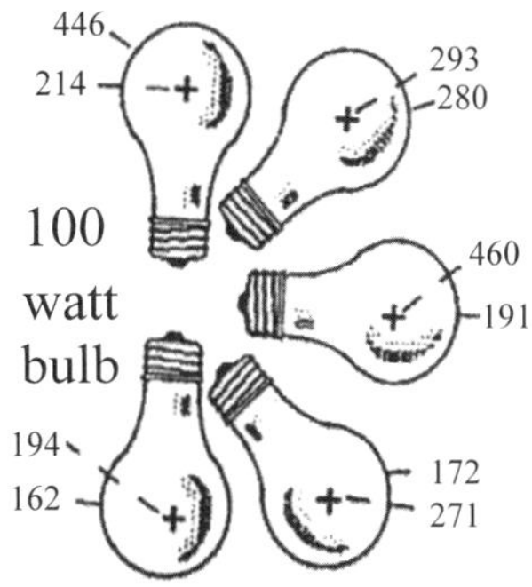

圖 1-6　裝設在不同方向的白熾燈泡中心溫度與附近溫度

1-5-6　防範機艙引發電氣火災

　　機艙中的電器設備種類繁多，最容易發生電氣火災。例如：破損的海水管所噴出的水花，可能使附近的馬達、配電箱或電器設備等造成短路現象；電器設施上方的燃料油或潤滑

油等油管破裂時，可能導致嚴重的火災損失。因之，機艙人員應定時實施電器設備與管路系統之檢查、保養或維修工作。

1-5-7　預防船用蓄電池充電室火災

蓄電池於充電過程中將釋放出可燃性的氫氣，如果電池內的氫氣外洩而且與空氣的混合濃度介於 4.1% 至 74.2% 之間的爆炸範圍，將會形成可燃性（或易爆性）混合氣體，故必須注意採取下列防火措施：
1. 蓄電池充電場應保持適當通風，以避免氫氣聚集。
2. 嚴禁煙火與人員管制。
3. 依標準作業程序實施電池水更換與灌充作業。
4. 妥善地固定陰極與陽極接線，並且在接頭部位塗上牛油。
5. 應以緩慢速度開關金屬材質的門窗，以免產生摩擦性火花。

1-5-8　貨物存放場所之建構應符合標準

貨物堆放場所之結構應依各類貨物的需求標準建造之，貨艙內的貨物如果發生鬆動、掉落或滑動等情形，均可能導致火災。尤其，鬆脫滑落的貨艙結構附屬裝置損壞燃油管、機器或電器設備時，極可能造成短路而引發大規模火災的危險。

其次，如果貨物堆放場所需要搭建額外的結構物時，應由專業技術人員負責建造，否則將因設計不良或強度不夠而使貨物滑動掉落，或因疏於安全考量而將結構物建置在危險部位，例如：將角鐵存放架建置於重型電力設施上方，如圖 1-7。

圖 1-7　電力設施上方應避免設置角鐵建構之存放架

1-6　船貨運載與裝卸作業之防火措施

　　船上人員若能實施妥當的貨物堆積與存放作業，危險貨品也能被安全地運送抵達目的地。反之，普通貨品也可能因作業不當而發生意外事故。因此，船長或大副應謹慎地監督各項裝貨作業之進行；縱使船舶到港的貨物裝載計畫係交由碼頭工人全權處理的情況，亦不能疏忽相關的監督責任。

1-6-1　辨認管制貨與非管制貨

　　船舶所運送的貨物大體上可區分為管制貨物（Regulated Cargoes）與非管制貨物（Non-regulated Cargoes）等兩類。管制貨物通常屬於危險貨品，為確保船上人命與財產之安全，國際海上危險貨物章程（International Maritime Dangerous Goods Code, IMDG Code）與各國海事法規中，對於該等貨品的分類、種別、包裝、標誌、標示、操作與運送等事項均有作成詳細的規定和要求標準。

　　船長不但應依規定處理裝船的危險貨物，而且應讓船員們認知違反規定時可能衍生的後果。在管制貨物之運送實務中，船上人員除須妥善完成堆載與存放作業之外，尚須注意裝貨艙間的濕度、溫度與通風的管控措施。其次，非管制貨物之危險性雖然不如管制貨物，仍有形成自燃或被引燃之可能，故亦應採取必要的防火措施。

1-6-2　監督貨物裝卸作業

　　船舶裝卸作業時，艙面當值人員應予以密切監督，以避免不當的操作而導致火災或爆炸等災難，例如：液體貨洩漏或包裝破損等情況，如圖 1-8。因此，貨物裝卸作業中，應避免碰撞艙口緣圍（Hatch Coaming）與其他貨物，或者

圖 1-8　船上裝卸貨物發生洩漏之情形

劇烈撞擊甲板或地面。

　　裝卸貨物時，船方如果無法及早發現貨損情形或潛在瑕疵而拒絕收受裝船或要求改善時，於船舶開航後的航海期間可能衍生成棘手的危機事件。

1-6-3　注意貨物支撐與固定作業

　　航行中船舶遭遇惡劣海況時，船體可能產生劇烈的橫搖、縱搖、震動、起伏或迴旋等運動狀態，而造成船上貨物鬆動或移位等情形，因此裝貨時應加強貨物的支撐與固定作業（Shoring and Lashing Operations）。

　　就火災安全的立場而言，艙內貨物移動（或碰撞）之後，如果導致兩種性質不相容的貨物互相接觸，極可能因交互化學反應作用而產生自燃火災或散發出可燃性氣體。其次，假如捆裝金屬條或重型機械等貨物發生劇烈磨擦時，可能會產生高溫火花而引燃火災。

1-6-4　妥善處理散裝貨物作業

　　船上具有危險性的散裝貨物，若未遵照相關運送規定妥善地裝船並且採取必要的防範措施，極可能導致火災的危險，例如：穀物、煤礦、魚粉和可燃性金屬等散裝貨物。

　　貨艙中承載散裝貨時，船上人員除須定時測量艙內溫度、濕度和採取適當的通風措施之外，尚須慎防電器火災之發生，因而必須加強下列措施：
1. 艙內作業時所加設的額外照明設施，應於收工時全部熄滅並且切斷電源。
2. 應在配電盤的各開關位置標示警告標語，以防止無知的船員誤觸開關。

1-6-5　注意貨櫃船裝載作業

　　貨櫃船靠岸進行裝櫃時，船上人員通常比較注重貨櫃的積載作業，較少注意櫃中貨物的種類或特性，因而經常導致貨櫃火災之發生。一般而言，貨櫃船的防火措施，至少必須遵守下列三項基本原則：
1. 承裝危險貨品的貨櫃必須存放在甲板上，不可存放於貨艙內。
2. 標示「櫃中貨物為容易洩漏或移動者」之貨櫃應存放於貨艙內，不可存放在甲板上。

3. 在任何情況下開啓貨櫃時，皆應採取較高標準的安全措施。例如：先查明貨櫃是否有發生火災的潛在危險。

1-7　廚房作業之防火措施

　　廚房是船上較爲忙碌的作業場所之一，尤其是大型客船或近岸航行的渡輪。由於進出人員眾多、使用爐火、使用烹調油料、烹飪時間長與環境設施等因素之影響，廚房必須格外注意火災預防工作。

1-7-1　注意烹飪能源的使用

　　船上烹飪作業所使用的能源有電力、柴油與液化石油氣等三種，其中最普遍被使用者爲電力，其次爲液化石油氣（尤其是近岸或港區航行之船舶），柴油的使用機率極低。對於烹飪能源之使用，廚工人員應特別注意下列事項：

1. 使用電力設備進行烹飪的船舶，應參酌本章 1-4 節內容採取相關防火措施。
2. 使用液化石油氣的船舶，應隨時檢視其輸送管路與附屬裝置，以避免因損壞或破裂而發生氣體洩漏的情形。
3. 若發現氣體洩漏的情形，應立即關閉閥門中止燃料之輸送，並且展開檢查和維修工作。

1-7-2　注意爐具和烹飪器具之使用

1. 採用符合工業安全標準製造的爐具，並且依照廠商說明書完成安裝。
2. 廚工人員應熟悉各種爐具與烹飪器具的操作步驟、使用方法與維護作業。
3. 爐台附近經常出現高溫，不可將衣著、毛巾、抹布、紙器和紡織品等易燃物質堆放在爐台邊或上方。
4. 航行期間應妥善固定爐台之邊條板，以免鍋具突然滑落而發生意外事故，如圖 1-9 所示。
5. 啓動點火器開關之後，應先確認燃燒器是否已被點燃，否則油氣可能持續洩漏至廚房。

1-7-3　重視廚房事務管理

廚工人員隨時注意廚房事務管理工作是防止火災的基本策略，其所應配合與採取的重要措施包括：

1. 定期清洗爐台、廚具或燃燒器，防止油漬聚集。
2. 隨時清理垃圾、瓶罐、紙張或剩餘菜餚等易燃物或雜物，維持清潔與安全的環境。

圖 1-9　航行中應妥善固定爐台之邊條板

1-8　燃料油移駁與使用之防火措施

船舶所使用的燃料油乃儲存於雙重底艙、深艙以及其他機艙附近的燃料油艙之中，其數量多寡雖依船舶大小而異，但通常以百噸計算。船上所使用的燃料油分別為六號燃料油（No.6 Fuel）、C 燃料油（Bunker C）和柴油等三種，柴油為輕質油、閃火點為 43.3℃以上、著火溫度為 260℃以上；No.6 與 C 燃料油為重質油、閃火點均為 65.5℃以上、著火溫度分別為 368℃與 407℃以上。

由於 No.6 燃料油與 C 燃料油含有較多的高比重成份而容易造成沉澱現象，因此在移撥或燃燒之前必須預熱，預熱作業通常利用裝設在燃料油艙吸油管附近的柵型與盤狀蒸氣管（Steam Pipe Grids and Coils）完成之。

1-8-1　避免管路裂損或溢流

在使用之前，船上的燃料油必須先從燃料油艙移駁至沉澱櫃（Settle Tanks）或服務櫃（Service Tanks），而後移駁至重力櫃（Gravity Tanks）或日用櫃（Day Tanks），最後再被輸送至燃油器或柴油機使用，此過程稱為移駁作業（Transfer Operation）。為防止火災之發生，在燃料油移駁作業中，機艙人員應謹慎當值以免發生下列情況：

1. 管路裂損

　　燃料油之移駁管路系統發生裂縫或損壞時，將因燃料油洩漏而形成可燃氣體。如果發生裂損的管路附近設置有高溫的蒸氣管、電動馬達或配電盤等設施，極可能引發火災，如圖 1-10 所示。

　　機艙當值人員一旦發現移駁管路或其他組件發生洩油、漏油或噴油等情形時，應採取下列緊急應變措施：

(1) 立即中止移撥作業。

(2) 報告輪機長與船長。

(3) 嚴禁煙火。

(4) 清除現場的油漬與疏散油氣。

(5) 確認油氣已經消散之後，展開維修工作。

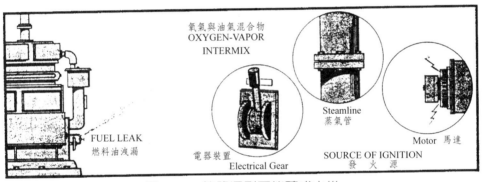

圖 1-10　管路漏裂可能釀成火災

2. 溢流現象

　　因加熱後之燃料油體積膨脹，如果移駁作業速度太快或當值人員疏忽油位之查核，極容易造成過量進油（Overfilling）之情形，以致油位逐漸上升而從溢流管（Overflow Pipe）溢出，甚至從通氣管的頂部溢出。當值人員發現燃料油溢流時，必須採取如前段所列的 (1)~(4) 應變措施。

1-8-2　定時清理燃油器

為確保燃料油能均勻地噴散且正常運作，則各燃油器必須定時清理維護。否

則可能導致燃燒不完全的現象，或者使鍋爐的風箱容易聚集較多未燃燒的油料；如果此處的油料數量充足，則不但會著火燃燒，其火焰倘若從鍋爐蔓延散佈，更可能引燃其他物質或波及機艙設備。

1-8-3　定期檢查舭艙區

　　船上的燃料油與潤滑油的移撥輸送管路經常通過舭艙區上方，該等管路破損時，油料將滴落舭艙而增加其含油濃度，尤其是緩慢的油漬滲漏情形，往往不易被察覺，如圖 1-11。如果舭艙內含有大量油類物質，其所蒸發的油氣極可能引發火災。舭艙區一旦發生火災，極容易蔓延至附近的機器與管路等設施而增加滅火作業之困難度。

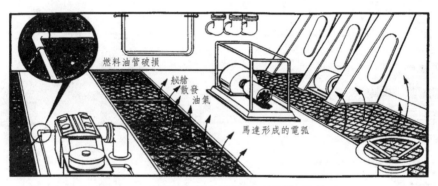

圖 1-11　舭艙上方之管路應特別加強檢查

　　因之，船上人員應定時巡視檢測舭艙區；如果發現油氣濃度偏高時，通常表示可能存在漏油現象，必須即刻進行檢查並且找尋油管的裂損部位。其次，對於舭水所使用的油水分離器（Oil and Water Separator）[註四] 亦應勤加檢視，以防止油櫃造成溢油而使油料流入舭艙區。

[註四]：油水分離器為船舶依「防止船舶油污染國際公約」規定，必須裝設的防污設備之一，其功用旨為處理舭艙水而分離其中的油份與水份。經分離後的水份可排出舷外，但油份則應留置於船上。

1-9　電焊與燒焊作業之防火措施

　　焊接（Welding）作業可分為電焊與燒焊（Burning）等兩種方法，電焊使用電力，燒焊使用可燃氣與氧氣之混合物；可燃氣以乙炔為主，其次為氫氣、LPG或 LNG。燒焊作業乃使用高溫火焰持續燃燒金屬，當溫度升高至金屬的著火溫度（Ignition Temperature）時，將會產生一股強勁的氧氣（來自氧氣瓶）而使金屬形成氧化物，進而達成熔解或切割目的。

　　船上的電焊與燒焊作業均屬於危險工作，尤其是使用乙炔進行燒焊時，氧乙炔（Oxyacetylene）的火焰溫度可高達攝氏 3,315℃（大約 6,000°F）。由於電焊與燒焊作業所產生之高溫、金屬熔渣以及火焰，均可能衍生船舶火災，因此必須審慎採取下列預防措施：

1. 實施適當的火災值更

　　電焊與燒焊作業場所附近的艙區、艙底及鄰艙等處，均應指派合格的火災值更（Fire Watch）人員執行火災巡邏與監督工作，而且至少每隔 1.5 小時應檢查一次，慎防高溫的金屬屑或熔渣引燃火災，如圖 1-12。

圖 1-12　燒焊作業容易引發火災

2. 清理作業現場附近的各類易燃物質，包括固體燃料與可能蒸發可燃氣體之油類物質。

3. 必要時可採取進一步的防護措施，例如：將海水注入作業艙區之艙底。

4. 進入密閉艙間展開相關作業之前，應由船方簽發油氣清除證明書（Gas Free Certificate）。

5. 應於作業場所附近備便適當的滅火設備與急救器材，藉以因應緊急之需。

6. 應確保所使用的氧氣與其他氣體[註五]鋼瓶處於垂直狀態並且固定妥當。
7. 應將氣體輸送管適當保護，以免因摩擦或重擊等機械性損害而造成氣體外洩。
8. 停止作業時，應將氣體輸送管移出艙外並且收拾妥當。

1-10　岸方人員登船作業時之防火措施

　　多數岸上人員對船舶火災安全之重要性可能並不十分重視，故經常疏忽火災的預防措施。有鑑及此，每當岸方人員登船從事貨物裝卸、設備安裝或維修等作業時，船方必須指派人員予以密切監督並且保持高度警戒。

1-10-1　從事貨物裝卸作業時

　　船舶靠港進行裝卸貨時，船方除須明瞭各登船人員的職務、進出時間、場所以及作業內容等事項之外，尚應進一步採行下列防火措施：
1. 嚴格取締違反規定或不當的吸菸行為。
2. 嚴禁隨意丟棄菸蒂或柴火等行為。
3. 勸阻不當的裝卸作業並且拒絕損壞的貨物裝船。
4. 確實要求貨物的堆載、存放、支撐以及固定作業。

1-10-2　實施修理與維護作業時

　　僱用岸方人員登船從事維修作業（尤其燒焊作業）時，船方應指派現場值更人員全程監督作業並且採取下列防火措施：
1. 嚴格執行禁菸規範。
2. 對已修護完成的設施（特別是電力設備）必須詳細測試驗收；如果發現任何瑕疵，應立即要求改善。
3. 任何手持式電動工具因接地線頭或電纜磨損而進行修護者，應詳細檢查驗

[註五]：燒焊作業所使用的氣體大多為乙炔氣，亦可使用氫氣、LPG 或 LNG。

收。

4. 維修作業完成之後，應徹底清理現場廢棄物。

5. 對於維護完成之固定式滅火系統，必須謹慎驗收並且確定能順利運作。

1-10-3　船舶進塢作業時

　　當船舶入塢進行維修、安裝或變更作業時，所可能涉及的風險性質與岸上人員登船作業時類似，但所涉規模較為龐大。由於入塢期間的作業人數眾多而且進出頻繁，因此船方應依規定採取相關防火措施；尤其下列情形發生時，更應格外謹慎：

1. 船上展開電焊或燒焊作業時。

2. 當火災偵測與滅火系統正在進行調整或維修作業，暫時無法運作時。

3. 應指派留船值更人員，藉以督促工人採取必要的安全措施。

1-11　油輪裝卸作業時之防火措施

　　油輪所裝載的原油以及各種油品等，大多為可燃性液體（Combustible Liquid）[註六]、易燃性液體（Flammable Liquid）[註七]或氣體。因此，該等油貨於海上運送期間，或於船對岸、岸對船、船對船之間進行輸送作業時，皆須遵照國際公約與各港口國法規的相關規定，以免造成火災、爆炸或污染等意外事故。為避免火災危險，油輪在實務作業中至少應採取下列預防措施：

[註六]：可燃性液體物質係指任何閃火點高於 37.8℃的液體物質，包括 D 級（閃火點高於 37.8℃而低於 65.5℃者）與 E 級（閃火點等於或高於 65.5℃者）。

[註七]：易燃性液體物質係指任何閃火點等於或低於 37.8℃的液體物質，包括 A 級（Reid 氏蒸發壓等於或高於 14psi）、B 級（Reid 氏蒸發壓介於 14psi 至 8.5psi 之間者）以及 C 級（Reid 氏蒸發壓等於或小於 8.5psi）。

1-11-1 適當安裝碰墊

油輪進行裝卸作業時，甲板和四周環境等處必定會存在油氣，因油氣比重大於空氣，較容易聚集於地表或水面附近。因而，油貨裝卸作業時，必須在船體與終端站碼頭之間或船體與船體之間的適當部位安置數量足夠之碰墊，以免產生摩擦火花而引燃火災。

1-11-2 船岸作業雙方必須溝通配合

實務上，油輪於展開裝卸作業之前，不但須擬妥完善的作業計畫，船方與作業對方（終端站碼頭或另一船方）的雙方負責人或代表，更須詳細溝通瞭解各項作業內容與程序、通訊方法以及應急步驟等事宜。否則，可能由於作業配合不良或衝突，造成不必要的意外事故；甚至於在意外事故發生時，因缺乏緊急應變措施而使災害擴大。

1-11-3 避免油貨膨脹溢流

油貨體積將因溫度高低而產生冷縮熱脹之現象，油輪的裝油數量必須將油溫因素列入考量而且精確計算，藉以避免裝艙貨量超過負荷而造成溢油現象。

1-11-4 注意泵間之安全措施

泵間（Pump Rooms）容易聚集油氣，是油船上最危險的艙區之一。為確保火災安全，泵間應隨時保持有效的通風措施藉以疏散可能存在的油氣；進行油貨裝卸作業期間尤應加強通風。此外，尚需注意採取下列配合措施：
1. 人員進入泵間之前，須先確定通風系統是否正常運作。
2. 若非屬必要，裝卸貨期間勿在泵間進行修護工作。
3. 平時定期檢查和維修泵間的設備、裝置與管路，為防火根本之道。
4. 嚴禁煙火，包括：無防火功能之工具所產生的磨擦性火花[註八]或電氣設施所形

[註八]： 油船上所使用的工具，其材質不至於形成摩擦性或誘發性火花，故具有防火及防爆功能，稱為不生火花工具（Non-spark Approved Tools）。

成的電弧火花等。

1-11-5　防止靜電火花

船體所存在之靜電，除非形成靜電火花（電弧），否則不至於形成船舶火災。因此，油貨輸送作業時，油輪於完成繫泊作業後，須先將接地聯線（Bonding Wires）[註九]接妥，而後再完成船岸雙方的管路銜接工作，如圖 1-13。否則，接管時將可能由於船岸間之電位差過大而形成高溫的電弧。

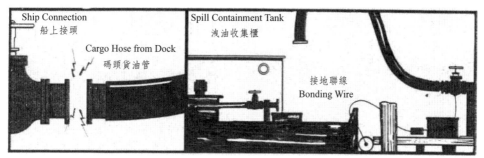

圖 1-13　油輪上之接地聯線

至於油輪靜電形成的原因包括：油貨（尤其輕質油）在管路中流動、油貨中所摻雜的水份在油貨中移動沉澱、自落油管入艙的油貨沖擊艙底或濺溢艙壁以及洗艙作業等。因此，應採取下列措施藉以防止靜電或靜電火花之產生：

1. 控制油貨裝卸速率。
2. 裝貨前盡量抽乾艙底的積水。
3. 勿使用輕便式洗艙機；目前油船所使用的洗艙機，依規定須為固定式者。
4. 手動式油尺丈量作業或取樣作業，至少須於滿艙 30 分鐘後始能進行；在此

[註九]：接地聯線之應用乃為使船體接地而「疏導」船體靜電，故其電纜必須夠大，直徑最少須為 6 公分以上。另外，避免船岸靜電火花之方法為利用具有高電阻的絕緣材料製成之絕緣凸緣（Insulated Flange），裝在岸方或船方管路上，藉以徹底「斷絕」靜電荷之移動。

之前因艙內水份尚未完成沉澱而且靜電並未完全散逸，故仍有產生靜電火花之危險。

5. 油船上所使用之手動油尺、取樣容器與連線等，均須為非導電性材料，而且在油貨裝卸貨作業期間應嚴禁使用。

6. 勿利用開放性軟管（Open Hoses）自艙口進行裝油作業。

1-11-6 禁止裸露火焰及火花

油輪進行油貨裝卸與輸送作業期間，極容易因下列作業型態或原因，而形成火焰或火花以致引發火災：

1. 鍋爐及廚房作業。

2. 電焊與燒焊作業。

3. 船上無線電設備之使用。

4. 機械性作業。

5. 船員住艙區的電器設施使用。

6. 非防爆型的手電筒或收音機、對講機等手持式電器設備之使用。

7. 隨意棄置菸蒂與火柴。

8. 腐蝕性金屬之嚴重剝落。

1-11-7 正確使用輸油軟管

油貨輸送管路大體上可區分為硬管（Hard Pipes）與可撓性軟管（Flexible Hoses）等兩大類。當使用軟管輸送油貨時，無論油船或岸方負責人，皆應事先就軟管的品質及固定作業詳細予以檢查，以免因油貨滲漏而造成火災的潛在危險，故而應注意採取下列措施：

1. 將軟管妥善固定，以免油貨輸送時，因軟管抽震而與甲板或船上附屬物產生劇烈摩擦。

2. 裝卸貨業期間，當漲落潮流太強或雷電時應中止作業，避免軟管因受力太大或遭受雷擊，而造成漏油事故或甚至引發火災。

3. 勿使軟管接近高溫場所。

4. 應適當佈置軟管，不可發生扭纏或壓折等情形。

5. 輸送作業中，隨時檢查軟管而且慎防發生滲漏情形；若發現任何漏油現象，應立即中止作業並展開必要的維修或更換作業。

1-11-8　船對船實施油貨移撥作業時之防火措施

當兩艘油輪靠在一起實施油貨的移撥輸送作業時，必須特別注意採取下列措施：

1. 須於兩船之間施放適當的碰墊。
2. 密切注意天況、海況和潮流之變化。
3. 兩艘油船聯合作業之情況下，必須先確定應由何船負責主導所有作業之進行。
4. 兩船均應採取必要的措施，俾防止油氣可能衍生之火災危險。

1-11-9　油貨加溫系統須正常運作

於寒冷天況下，高黏度的油貨較容易凝結而變得不易抽取輸送，因此，經常需要利用艙底所設置的加熱盤管（Heating Coils）預先加溫。由於該管路系統乃使用蒸氣作爲能源，故必須隨時注意採取下列措施：

1. 注意維護加溫系統管路：如果管路破損時，因蒸氣滲洩至艙內油貨之中，則不但將加速蒸發油氣以及靜電之形成，而且，油貨亦可能循著管路逆流至鍋爐而增加機艙危險。
2. 避免溫度過高：對油貨加熱時如果溫度太高，將促進油氣之蒸發而導致火災危險。依美國聯邦法規之規定，對燃料油加熱之最高溫度不可高於攝氏48.9℃。

1-12　熱膠帶之防火措施

船上經常利用熱膠帶（Heat Tapes）防止輸水管線發生凍結現象，其利用方式有下列兩種：

1. 將適當長度的熱膠帶事先組成纏繞管線的備用材料。
2. 銜接管路或末端螺帽之前，先將熱膠帶纏繞在公接頭而後完成作業。

1-12-1　正確使用電力熱膠帶

大多數在北極海域（Arctic Seas）從事捕魚作業的漁船，均會使用電力熱膠帶（Electric Heat Tape）纏繞在冷凍艙櫃的排水管線與消防輸水管線之外側 [註十]，如圖 1-14 所示，藉以達成下列目的：

圖 1-14　熱膠帶之纏繞方式

1. 促使艙櫃內融化之碎冰塊能夠順利排出。
2. 防止消防水管線內的海水（或淡水）凍結而無法輸送。

利用事先組成的電力熱膠帶材料纏繞輸水管線時，若有下列狀況發生即可能形成引發火災的火源：

1. 管路系統之溫度調節裝置發生故障。
2. 敷置熱膠帶之作業方法不當，例如：
   (1) 過度纏繞熱膠帶，以致產生絕緣作用。
   (2) 因水漬積存在熱膠帶的縫隙之間，而導致熱膠帶形成類似保險絲一般的燃燒現象。

根據美國消費商品安全委員會（Consumer Product Safety Commission, CPSC）所提供的報告顯示，美國家庭經常使用電力熱膠帶防止輸水管線凍結，但卻因使用不當而發生火災案例：一九八五年至一九八七年之間總計發生 3,300 件家庭火災，死亡人數 40 人，受傷人數 321 人，財產損失 5,080 萬美元。

1-12-2　正確使用自動調溫熱膠帶

自動調溫熱膠帶（Self-regulating Heat Tape）係利用埋藏在碳質材料半導體內的兩條平行導線所組成者；電流在半導體內的導線流通時，即會產生熱能。

[註十]：電力熱膠帶應採用螺旋狀纏繞方式，每英尺長度大約纏繞六圈。

　　由於碳質材料半導體的導電性將隨著溫度而產生相反的變化，故而能夠自動調節溫度；半導體的溫度升高時導電性減弱，半導體的溫度下降時導電性增強。至於自動調溫熱膠帶的電阻大小，則取決於其長度；熱膠帶之長度愈長，則電阻愈小（電流愈強）。

　　依據美國消費商品安全委員會的研究結果發現，致使自動調溫熱膠帶引燃火災的主要原因計有下列兩項：

1.　未裝設保險絲。

2.　斷流器未確實接地。

　　此外，根據美國消費商品安全委員會的報告顯示，一九九四年美國籍漁船 All Alaskan 號漁船在 Alaska Unimak 島附近航行期間，因自動調溫熱膠帶引燃火災而導致一名船員喪生，並且造成大約 2,700 萬美元之財產損失。

1-13　本章結語

　　船舶發生一定規模火災時，船上人員通常難以應付，尤其是油輪碰撞後所引發者。因此，為防止火災之發生或使災害損失降至最低程度，則必須透過相關教育與訓練課程之實施，使船員具備應有的專業知識與技能，例如：火災發生時，船員應如何操縱船舶、應如何控制火災、應如何進行損害管制以及棄船程序等。

　　其次，藉由平素之訓練及演習課程，亦能使各船員深切瞭解火災發生時，所應擔任之職責與任務。本書第二章擬就上述課題詳予探討。

第二章　船舶火災防治計畫與安全管理

船舶火災防治的事前預防（Prevention）、平時整備（Preparedness）與發生時緊急應變（Emergency Response）等相關事務，不應僅只責由船長、輪機長或者少數特定船員負擔之，必須仰賴每位船員積極並且主動地參與，始能達成火災安全的理想目標。換言之，有關船舶火災的防治計畫、方案與措施，假若無法獲得每位船員之全力支持和配合，其實施成效將會大幅降低。

船舶火災防治計畫與方案之實施成效，基本上涉及船員是否具有正確的認知與態度。尤其，就火災預防方案而言，其所具有的潛在價值與重要性，平時並不容易被突顯出來，除非火災已經發生而且造成財產損失或人員傷亡之事實，因而相關的教育、宣導和訓練工作必須不厭其煩地重複進行。

任何船舶火災防治計畫或方案之推行，必須透過立法、管理、教育、宣導、訓練與演習等管道，促使船員具備健全的知識、體認預防火災的價值、積極採行防火措施並且擁有迅速的緊急應變能力。

依現行國際公約之規定，船上所實施的火災防治計畫必須具備下列基本條件與內涵：

1. 應符合國際安全管理章程之規定並且通過認證。
2. 應由船上安全與健康委員會統籌研訂。
3. 應釐定各職級船員之分擔責任。
4. 應研訂火災預防與防備方案。
5. 應研訂火災緊急應變與演習方案。

2-1　國際公約有關船舶火災防治計畫之規定

2-1-1　國際安全管理章程

「國際安全管理章程」係仿效一九八七年國際標準組織「品質管理與品質保

證國際標準系列（ISO-9000 系列）」而制定者；ISO-9000 系列旨在要求陸上各產業應建立其品質管理系統，國際安全管理章程則要求海運企業應建立其安全管理系統（Safety Management System, SMS）。

國際海事組織（IMO）於一九九三年十一月四日決議採納「船舶安全營運與污染防止國際章程（International Management Code for the Safe Operation of Ships and for Pollution Prevention）」，簡稱爲「國際安全管理章程（International Safety Management Code, ISM Code）」。一九九四年五月二十四日 IMO 海事安全委員會將該章程納入一九七四年 SOLAS 國際公約，並且增訂附則第九章「船舶安全營運管理」之強制規定，其主要條款包括：

1. 第七條　船上作業計畫之制定：公司應建立程序書以製備有關舶舶安全與污染防止之主要作業計畫和指示；船上作業計畫應明定各種相關任務並指派合格人員。

2. 第八條　應急準備：公司應制定程序書藉以確定、說明並且因應船上可能發生的潛在緊急狀況；公司應制定因應各種緊急狀況之演習計畫；船上所建立的安全管理系統應提供方法，藉以因應危險事件、意外事件以及其他緊急狀況。

3. 第十一條　文件：公司應制定並且保持程序書，藉以管制所有與安全管理制度相關之文件和資料；公司應確保在所有相關場所均保存有效文件，可隨時供作查閱使用；文件之修改應經權責人員檢討及核定；作廢之文件應及時移除；用以敘述和實施安全管理制度之文件得參照「安全管理手冊」；文件應依公司認爲最有效的方式予以保存；每艘船舶應在船上備有該船的所有文件。

4. 第十二條　公司之查核、檢討與評估：公司應實施內部安全稽核程序，查核船舶之安全與防止污染措施是否符合安全管理制度；公司應定期評估其安全管理制度之效能，若有需要應依公司所建立的程序書予以檢討；稽核與檢討結果應知會有關部門的所有負責人員；有關部門的負責管理人員應於發現缺失之後，及時採取矯正措施。

5. 第十三條　發證、查驗與管制：船舶應由持有符合文件（Document Of Compliance, DOC）之公司經營；符合文件應由主管機關、主管機關認可之機構或者代表某一公司從事業務之所在地國家主管機關，簽發給符合國際安

全管理章程的公司；船上應置備該符合文件之副本，以應主管機關或其認可機構之查驗；安全管理證書（Safety Management Certificate, SMC）應由主管機關或其認可之機構簽發給各船舶，簽發之前應查明其所屬公司與該船舶係按核定的安全管理制度運作。

2-1-2　國際勞工組織實務章程

為確保勞工職業健康以及防止意外事故之發生，國際勞工組織實務章程在其「船舶在海上或港內意外事故之防止」中提供實務指導綱領，以期達成下列三項目標：

1. 防止海員因在船工作而導致傷害、病痛或其他有害之影響。
2. 確認海上航行安全與船員健康之責任，應為政府、船東和海員共同瞭解與承擔。
3. 促請各國政府、船東與海員組織之間，對於船上的安全與健康事務加強諮詢、溝通與合作。

為落實上述目標，國際勞工組織實務章程進一步要求各船舶應成立船上安全與健康委員會（Safety and Health Committee Aboard）藉以統籌船上之安全事務；該委員會係由船長、安全官員（Safety Officers）以及安全代表（Safety Representatives）所組成，其職責包括：

1. 確保船上所實施之安全與健康措施能夠符合主管機關和船東之要求。
2. 將海員之意見或建議，經由船長轉告船東。
3. 針對涉及海員之安全事務，進行討論、採取適當措施並且評估相關防護裝備與器具等。
4. 研擬船上意外事故報告書。
5. 作成會議記錄、公告會議記錄副本並且將該副本致送船東所委任之岸方負責人。

依據國際勞工組織實務章程之規定，船上安全與健康委員會之任何成員不應因其所擔任角色或所執行事務，而受到撤職或其他不平等之待遇；該委員會應定期研討船上之安全與健康計畫，或於必要時改善船上的作業程序。此外，該章程尚有下列三項重要規定：

1. 船東和船長應將所獲悉之任何危險訊息（包括危險貨物）告知船上安全與健
   康委員會。
2. 船上安全與健康委員會應置備國際海上危險貨物章程以及國際海事組織所出
   版之相關刊物。
3. 船上安全與健康委員會應於工作時間內規劃合理的時間，以便實施有關的安
   全演習和訓練，包括委員會會議之召開。

2-1-3　港口國管制之操作要求

　　港口國管制（Port State Control, PSC）乃為達成確保船舶、海上人命安全
以及防止海洋污染等目的，全球各港口國機關對到港船舶之船體結構、機器設
備、船員適任能力以及船上作業等事項，所實施之檢查、取締、矯正和處罰措
施。

　　自一九七八年 Amoco Cadiz 號油輪觸礁事件發生之後，國際社會普遍認為
部份船旗國政府主管機關對所屬船舶之管制過於鬆散，以致其安全標準無法符合
國際公約之要求。為抵制並且取締所謂之次標準船（Sub-standard Vessels），
歐盟委員會於一九八〇年六月提出一項有關「航行歐洲水域的船舶安全與防止污
染之強制執行」建議案；該案經多次討論之後，終於在一九八二年一月，由歐洲
十四個國家共同簽署「巴黎備忘錄（Paris Memorandum Of Understanding, Paris
MOU）」並且於一九八二年七月一日生效實施。

　　有鑒於巴黎備忘錄之實施，大幅提升歐洲水域之航行安全品質、降低海上污
染事故率並且獲得其他地區國家相繼仿效，國際海事組織（IMO）自一九八三年
起多次召開相關會議並且於一九九五年通過採納第 A.787（19）號決議案「港口
國管制程序」；港口國管制的檢查內容可區分為下列四種型式：

1. 文件查驗（Document Examination）
   (1) 國際公約要求攜備的證書。
   (2) 運送文件和記錄資料。
2. 一般檢查（General Examination）
   (1) 航行安全（駕駛室）。
   (2) 防火與滅火。

 (3) 救生與海上求生。

 (4) 損害管制（客船適用）。

 (5) 工作環境與衛生。

 (6) 結構設施。

 (7) 污染防止。

 (8) 機艙。

3. 裝備方面之詳細檢查（More Detail Examination/Equipment）

 (1) 防火設備。

 (2) 救生設備。

 (3) 結構之完整性。

 (4) 機艙。

4. 操作方面之詳細檢查（More Detail Examination/ Operational）

 (1) 操作手冊及說明書。

 (2) 航行安全作業。

 (3) 防火措施與滅火作業。

 (4) 救生作業。

 (5) 機艙作業。

 (6) 貨物作業。

2-2　船舶火災防治計畫之責任分擔與方案內容

 船舶火災的防治目標必須由全體船員共同努力始能達成，因此每位船員皆應在船舶火災防治計畫中負擔相當責任。茲依船員職務之不同，將其所應分擔之責任敘述如下：

2-2-1　船長之責任

 如前所述，在船舶火災預防計畫與方案之中，最難克服的基本課題是如何使船員具有正確的認知與態度。因此，船長在船上舉行會議、研討會、臨時聚會或實作訓練等場合，皆應利用機會強調其對船舶火災預防工作的關切、興趣與重視

程度，並且鼓勵船員努力達成防治火災的各項目標。

　　船上的火災防治計畫與方案係由船上安全與健康委員會負責研擬制訂，船長除須積極參與該委員會的運作之外，尚應負責研訂會議議程並且核定或頒行相關方案。

2-2-2　船上安全官之責任

　　對於船上安全與健康委員會所掌理的任何安全事務，不僅各部門主管必須積極參與，安全官員或安全代表亦應確實監督各相關措施和作業之實施，尤其是對各船員的作業態度與訓練水準之評估：

圖 2-1　船上應重視平時的技能訓練

1. 各部門主管平時應重視屬下之職業技能訓練，並且監督其工作狀況，如圖 2-1 所示，該等作為旨在達成下列目的：
   (1) 養成員工的良好工作態度與習慣。
   (2) 及時糾正錯誤或危險的作業方式。
   (3) 透過私下的交談和溝通，使各員工更能體會所需採取的火災預防措施。
2. 實施定期的職業技能訓練，不但可提升船員的作業水準，更可減少火災之發生；尤其是機器設備方面之操作技能。
3. 安全官員或安全代表必須設法激勵船員，盡力爭取「火災零事故」的優良記錄並且視為至高榮譽。如果能激勵船員展現高度的認知，則不僅能有效地促使船員對船舶火災安全的重視，亦能激發船員對防火措施的配合願意。
4. 船上各部門主管可就最近所發生的船舶火災案例，利用機會與同事部屬展開討論或作成分析評述，俾作為參考借鏡。
5. 各部門主管人員如果發現部屬有任何衍生火災的不當作業或生活習慣時，應即刻當面勸告、糾正或取締。

2-2-3　船員之責任

船舶火災安全必須由全體船員共同努力始能達成目標。因此，除了上述船員所應負擔的特定任務之外，任何船員均應隨時注意完成下列責任：

1. 任何船員於住艙區、工作艙區或其他場所發現危險狀況時，應先完成通報與警告作業而後設法控制災情，例如：利用手提式滅火器撲滅初期的小型火災。
2. 每位船員應具有安全操作各項機器設備之能力；假如船員被指派操作不熟練的機器設備時，應事先要求熟練者說明、示範或指導，以免導致火災或人身傷害等意外。
3. 確實瞭解火災預防方案之內涵與要求，主動而且積極地採取各項配合措施。

2-2-4　船舶火災防治計畫之方案內容

為使船舶火災防治工作能夠順利推行而且發揮預期效果，拖駁、公務船或工作船等小型船舶以及油輪、貨櫃船、散裝船或化學船等大型船舶，均應事先研訂妥善的火災防治計畫與方案，並且依其實際需求建立適當的火災防治組織體系。尤其，船長、輪機長和大副等人員應主導船舶火災防治方案之推行並且要求每位船員必須積極配合。有關船舶火災防治計畫之方案內容，至少必須涵括下列項目：

1. 船舶火災之預防與防備方案
   (1) 正規的與非正式的教育訓練方案。
   (2) 定期的檢查作業方案。
   (3) 預防性維護與修理作業方案。
   (4) 成果之評鑑與獎勵方案。
2. 船舶火災之緊急應變和演習方案
   (1) 住艙火災緊急應變和演習方案。
   (2) 機艙火災緊急應變和演習方案。
   (3) 貨艙火災緊急應變和演習方案。
   (4) 泵間火災緊急應變和演習方案。
   (5) 控制室火災緊急應變和演習方案。

(6) 甲板火災緊急應變和演習方案。

2-3　船舶火災之預防與防備方案

　　船舶火災之預防方案之制定與相關組織之建立，乃達成火災安全目標之初步工作，其成功關鍵取決於相關措施與行動是否能夠持續推展而不流於形式；其次，該等方案實施之後，如果發現任何缺失亦應適時加以調整或改善。

2-3-1　正規的與非正式的教育訓練方案

　　利用教育或訓練促使每位船員具備防火與滅火的專業知識和技能，雖然是十分艱難的工作，卻為達成火災安全目標的關鍵策略之一。船舶火災防治的相關教育或訓練工作，可採用正規的方式與非正式的方式達成目的：

1. 正規的教育訓練方式

　　各航行船舶應由船上安全委員會負責訂定與安排正規的教育訓練教材和課程，並且於每航次定期實施，如圖 2-2。

　　其次，船上應蒐集購置相關的專業圖書、雜誌或定期刊物等，陳列於圖書室供船員閱讀或參考。至於訓練用的教具、影片、投影片以及錄影帶

圖 2-2　定期安排正規的教育訓練課程

等輔助教材，更是誘發船員提高學習興趣的必要工具；為避免老生常談而使船員感覺枯燥乏味，各輔助教材的主題內容應設法更新。

　　船上任何教育訓練課程最好能集體實施，否則應分為早、中、晚等三梯次分別實施（例如：航行中無法全員到齊的情況），俾使每位船員皆有機會接受完整的課程。

2. 非正式的教育訓練方式

　　非正式的火災安全教育或訓練課程，可透過較活潑輕鬆的方式完成之，

例如：海報、標語或留言等具有警示作用的媒體，或以研討會之方式溝通相關資訊與觀念。

3. 船舶火災防治之教育與訓練課程內容

　　有關船舶火災之教育與訓練課程應將火災預防措施列為首要目標；其次，教導船員如何利用手提式滅火器材，藉以因應小型的初期火災；再者，如何施展聯合撲救作業，藉以撲滅大型火災。因此，有關船舶防火災防治之教育與訓練課程至少應包含下列八項內容：

(1) 火災原理。

(2) 火災分類。

(3) 手提滅火器之應用與維護。

(4) 平時的火災預防措施。

(5) 火源之防止和控制。

(6) 火災之防備與緊急應變措施。

(7) 滅火人員之個人防護裝備與呼吸器具之使用。

(8) 海運貨載常識與危險貨物之辨識，如圖 2-3。

2-3-2　定期的防火檢查作業方案

　　實施定期的防火檢查作業可及早排除可能衍生火災的燃料與火源，故應列為預防船舶火災的優先方案之一。該等方案之施行不僅可以產生立即的實質效果而且容易實施，例如：船上人員只須具備正確的普通常識，隨時落實日常性的管理工作即可完全杜絕火源之發生，並不需要仰賴艱深的技術。

　　由於船上的空間環境相當複雜，任何船員（尤其部門主管）無論在當值或下班期間均應積極地扮演火災安全檢查員的角色；船上人員若能對防火措施具有深切認知與主動配合的態度，必能達成「火災安全」的理想目標。茲將船上所應實施的定期防火檢查作業方案介紹如下：

1. 全船防火檢查作業方案

　　船上安全與健康委員會每週必須指派至少一名的安全官員（船長、輪機長或大副），依所制定的船長火災安全檢查表（Master Fire Safety Checklist）對全船實施全面性的防火檢查作業。同時，該項檢查作業之實施

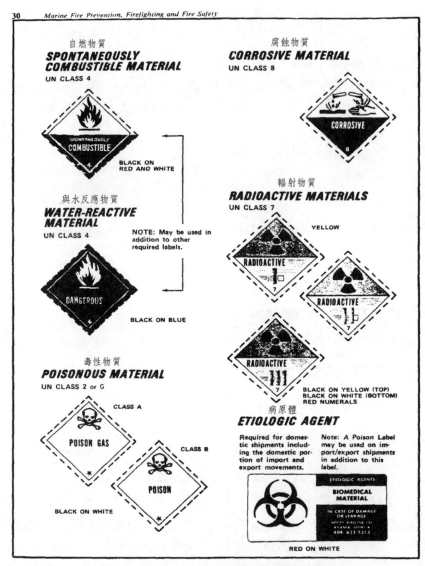

30　*Marine Fire Prevention, Firefighting and Fire Safety*

圖 2-3　定期安排正規的教育訓練課程

必須制度化而且確實執行，不得發生任何疏漏或敷衍等情形。

　　茲僅將「船長火災安全檢查表」之藍本摘述如下（＊檢查表之內容，各船舶應斟酌其實際環境狀況和需求並且適當地加以調整）：

(1) 船員住艙方面

　　1) 緊急逃生路徑指示清楚。

　　2) 警報器系統情況良好。

　　3) 艙內無可燃垃圾。

　　4) 艙內無可燃性物品接近發熱裝備。

　　5) 艙內無超負載之電路。

　　6) 艙內無自行濫接之電線。

　　7) 艙內無額外擴充之插座接頭。

　　8) 電器設備適當接地。

　　9) 各手提式滅火器具是否安置於合適位置、隨時完成適當之維護與更換作業並且附有最新的檢查紀錄資料。

　　10)是否有數量足夠之合格菸灰缸放置在適當場所。

(2) 廚房方面

　　1) 廚房內無可燃垃圾。

　　2) 垃圾容器係為不可燃材料製成者，而且附有蓋子。

　　3) 爐灶及排煙管等處乾淨且無油脂，同時擁有最近之清潔紀錄資料。

　　4) 滅火器具和設備系統均已作成適當標示。

　　5) 各手提式滅火器均安放在指定位置，而且處於良好之可用狀態，並且附有登錄最新檢查日期之標籤。

　　6) 廚房內無漏油之管路及裝備。

　　7) 廚房內無超負載之電路接頭。

　　8) 爐具無破損情形。

　　9) 爐具之噴燃器已經妥善固定而且完好無缺。

(3) 餐廳及休息室方面

　　1) 是否放置不可燃的菸灰容器。

　　2) 是否在指定位置放置合適滅火器，而且完成必要的檢查與保養作業。

　　3) 垃圾桶是否為防火材質構成者並且附有桶蓋。

(4) 甲板部門

　　1) 甲板上是否有可燃垃圾。

　　2) 甲板上是否有油類物質或油脂。

　　3) 甲板上的管路及裝備是否有漏油現象。

　　4) 甲板上的電器裝備是否完好並且處於可用狀態。

　　5) 各貨艙在裝貨作業前是否維持清潔與乾燥。

　　6) 裝貨作業後各艙照明燈是否已熄滅且收存妥當。

　　7) 危險性質貨物是否已經適當地貯存與堆放。

　　8) 裝船之貨物是否已經完成防止移動措施。

　　9) 甲板上是否有損壞或滲漏之貨櫃。

　10)危險性貨物艙單和裝貨計畫是否依照程序處理妥當。

　11)救生艇用燃油是否適當備便。

　12)是否張貼禁菸標語或海報。

　13)油漆與易燃物是否儲存妥當。

　14)艙面各庫房內的物品是否已經適當固定。

(5) 油輪

　　1) 泵間是否有漏油現象。

　　2) 船體與碼頭間之碰墊是否適當固定。

　　3) 各貨艙主閥是否已經適當標示。

　　4) 通氣系統與擋板之狀況是否良好。

(6) 機艙部門

　　1) 機艙內是否有垃圾或沾油破布等易燃物品。

　　2) 是否放置由不可燃質料製成的合格垃圾容器。

　　3) 是否在適當處所放置由不可燃質料製成的菸灰缸。

　　4) 機艙甲板上或油櫃上是否存在油脂。

　　5) 機艙之管路及裝備是否有漏油情形。

　　6) 停用中之鍋爐是否聚積燃油。

　　7) 油漆及亮光漆是否均存放於適當艙間。

　　8) 機艙中是否有不合格或臨時加接之電線。

　　9) 是否張貼危險警告標語，例如：「高壓電，危險！」等。

　10)配電板是否保持乾淨而且無障礙物。

11) 機艙中是否有不合格的保險絲或用電線跨接之電路。

12) 馬達上是否有可燃物質。

13) 各階梯是否乾淨且暢通無阻。

14) 各種滅火器是否均已備便，而且完成維護與檢驗作業。

(7) 消防水總管滅火系統

1) 各消防水帶是否放置於指定位置，而且無任何磨損或破裂情況。

2) 噴嘴是否放置在指定位置，並在必要處所附有噴霧桿。

3) 各管路閥門是否均可順利操作。

4) 各消防站是否有明顯的標示。

(8) CO_2 滅火系統

1) CO_2 艙間內是否有損壞、漏裂或不當儲存物品等情形。

2) 控制閥附近是否有障礙物存在。

3) 警報器及指示器是否良好。

4) 操作控制桿是否位於適當位置。

5) 船上之 CO_2 鋼瓶組是否裝妥，並且完成串接。

6) 管路與其屬具是否有完好無缺。

7) CO_2 噴頭是否有暢通。

8) 是否張貼使用說明書。

9) 是否在各 CO_2 警報器之位置上張貼警示標語標示（例如：警報響起之後，將會開始釋放 CO_2 氣體，請盡速離開現場）。

(9) 泡沫滅火系統

1) 接用之消防水帶是否有破損現象。

2) 噴嘴及裝備器材等是否均處於可用狀態。

3) 是否能供應足量之泡沫溶液或泡沫粉。

4) 泡沫原液是否有漏損現象。

5) 管路或零件屬具是否有漏裂情形。

6) 控制閥是否皆可順利操作。

7) 各閥門與控制拉桿是否皆附有適當標示。

8) 是否張貼使用說明。

(10)自動撒水或噴水系統

    1)　撒水裝置是否附有明顯標示。

    2)　各閥門的保護艙區是否均已明確區分和標記。

    3)　裝設撒水頭之管路上是否有障礙物。

(11)滅火人員之緊急裝備

    1)　放置地點是否有適當標示。

    2)　防毒面具或自給式空氣呼吸器是否放置於適當處所。

    3)　自給式空氣呼吸器的狀況是否良好。

    4)　消防衣的狀況是否良好，並且貯放在容易取用之場所。

    5)　救生繩是否能立即使用；防爆手電筒是否有備用電池；火焰安全燈、硬殼安全帽與太平斧之狀況是否良好；防火與消防衣著是否均經過適當維護。

2.　人員進入密閉艙間之安全檢查方案

    所謂的密閉艙間（Enclosed Spaces）泛指船上平時未持續實施機械通風的艙間，包括貨艙、水艙、燃料油艙、堰艙、二重底艙或儲藏室等；依據STCW國際公約之規定，任何密閉艙間皆屬於危險艙間，人員進入之前皆應實施相關的安全措施。

(1)　密閉艙間之潛在危險

    船上人員進入密閉艙間之前，如果未事先實施檢測作業，極可能發生下列潛在危險（Potential Hazards）：

    1)　因艙內存在碳氫氣（俗稱油氣或瓦斯）而發生導致人身傷亡的瓦斯意外事故（Gassy Accidents）或火災事故（Fire Accidents）。

    2)　因艙內存在毒性氣體而發生人員中毒事故（Toxic Accidents）。

    3)　因艙內處於缺氧狀態而發生人員缺氧事故（De-oxygen Accidents）。

(2)　密閉艙間之安全標準

    以美國為例，任何適用船舶於實施鉚釘固定、電焊、燒焊或其他可能引起火花的作業時，皆須遵守美國國家防火協會（National Fire Protection Association, NFPA）所規範的 No.306 作業標準，而且經合

格的船舶化學官[註一]實施必要的安全檢查，以確定艙間係爲人員安全、人員不安全、火災安全或火災不安全的艙間，同時應取得相關的合格證明書，請參閱附錄一。

依美國國家防火協會之規定，所謂「人員活動安全艙間（Safe Spaces for Men）」至少必須符合下列三項法定要求條件：

1) 艙內的含氧量至少應爲 18% 以上。

2) 可燃氣體或毒性氣體的濃度應在允許標準之內，其數據通常以安全初限值（Threshold Limit Values, TLV）表示之，單位則採用百萬分之一（Parts Per Million, p.p.m.）。

3) 已符合規定標準的艙內殘留物質，不致再產生任何可燃氣體或毒性氣體物質。

依美國國家防火協會之規定，所謂「火災安全艙間（Safe Spaces for Fire）」至少必須符合下列三項法定要求條件：

1) 艙內的可燃氣體濃度應低於其燃燒下限（Lower Flammable Limit, LFL）至少 10% 以下；

2) 艙內的可燃氣體濃度即使已經符合規定標準，其殘留物質所可能散發的可燃氣體濃度，亦不得超過燃燒下限之 10%；

3) 作業艙區附近的易燃物質已被適當清理，並且應採取防止火災蔓延的有效措施。

雖然如此，筆者必須強調：任何有關「人員活動安全艙間」或「火災安全艙間」的法定要求條件均屬於最低要求標準，故僅能作爲實務作業之參考依據。換言之，船上人員進入密閉艙間進行作業時，艙內的氣體狀態如果能夠愈接近下列「理想要求標準」，則愈能確保船上人命與財產之安全：

1) 艙內空氣的含氧量爲 21%。

[註一]：船長有權依標準聘任合格的船舶化學師，但若無從聘請該人員時，則相關的業務可授權高級船員或海事檢查官（Marine Inspection Officers）擔任之。

2) 艙內的可燃氣體濃度為 0%。

3) 艙內的毒性氣體濃度為 0%。

(3) 艙區安全之檢測儀器

　　任何船舶化學官、海事檢查官或高級船員等合法的安全檢驗人員，於實施船舶作業艙區的安全檢查時，必須使用儀器檢測艙內所含有的可燃氣體（碳氫氣）、毒性氣體以及氧氣之濃度。茲將相關檢測儀器扼要介紹如下：

1) 可燃氣體（碳氫氣）測量儀

　　對於處於大氣狀態下（含氧量 21%）的密閉艙間，如欲偵測其是否含有燃燒下限值（LFL 1%）以內的碳氫氣時，應使用催化絲型可燃性氣體測量儀（Catalytic Filament Combustible Gas Indicator），其所能偵測之氣體濃度範圍為 0% 至 1.4%。

　　如欲測量處於缺氧狀態下的密閉艙間（譬如：已經惰性化、剛完成洗艙作業或正在進行吹沖作業之油貨艙）之碳氫氣實際濃度時，則必須利用非催化絲型可燃氣體測量儀（Non-Catalytic Filament Gas Indicator）或反光指數表（Refractive Index Meter），其所能偵測之氣體濃度範圍為 0% 至 13%。

① 催化絲型可燃氣體測量儀

　　催化絲型可燃氣體測量儀乃利用 Wheatstone 電橋所構成的平衡電路，其中一組稱為感應電路，另外一組稱為補償電路，如圖 2-4 所示。該兩組電路中的感應白熱絲（Sensor Filament）與補償白熱絲（Compensator Filament）乃分別裝設於兩個互相隔絕的腔室中，前者接觸所

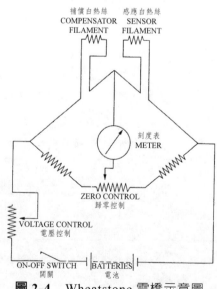

圖 2-4　Wheatstone 電橋示意圖

吸入的取樣氣體（Sampled Gas），後者則始終接觸大氣狀態下的新鮮空氣。

　　如果密閉艙間處於大氣狀態下並且無任何碳氫氣（或毒性氣體）存在時，因其所吸入的取樣氣體亦為新鮮空氣，則測量儀中的兩組電路之電阻將呈現同一溫度，以致該兩電路維持平衡狀態而使儀表指針停留在 0 的位置上。然而，當其所吸入的取樣氣體為可燃性混合氣體（碳氫氣與空氣混合氣體）時，該混合氣體將促使感應白熱絲產生燃燒現象而使感應電路的電阻溫度升高。當測量儀中的兩組電路之電阻呈現不同的溫度時，將使其產生不平衡狀態而牽動儀表指針而顯示碳氫氣的濃度讀數，如圖 2-5 所示。該讀數大小乃與碳氫氣濃度成正比，其讀數從 0 依序刻度至 100，若指針指在 100 的位置即表示艙內的碳氫氣濃度已經達到燃燒下限值（體積百分比 1%）；超過讀數 100 以上時，屬於可燃（或爆炸）的濃度範圍，其最大讀數約為140。

圖 2-5　可燃氣體測量儀之外觀

　　其次，催化絲型可燃氣體測量儀對於硫化氫、苯精、一氧化碳、一氧化氮、二氧化氮或二氧化硫等毒性氣體亦會產生靈敏的反應。使用催化絲型可燃氣體測量儀應注意下列事項：

a. 測量儀所裝設的過濾固體粒子和水氣的濾網，應定期清理或更換；如果取樣氣體含有潤滑油油渣等可燃性的霧氣或灰粒時，

該儀器可能無法顯示精確的濃度。

b. 測量儀使用相當時間之後，應定期送往設備齊全的檢測機構進行校驗，以保持其準確性能。

c. 測量時，若周圍的空氣溫度變化極大或艙中氣體遭受較大壓力而產生明顯擾流時，將會影響測結果的準確性。

② 非催化絲型可燃氣體測量儀

非催化絲型可燃氣體測量儀也是利用 Wheatstone 電橋所構成的平衡電路，唯一不同之處乃感應電路之電阻採用非催化絲材料。該測量儀在大氣狀態下啓動電源開關並且通電時，其感應電路之電阻將會產生溫度。若取樣氣體僅為新鮮空氣，則其兩組電路將維持平衡狀態而使儀表指針停留在 0 的位置上；當其所吸入的取樣氣體含有碳氫氣時，則感應電路的電阻溫度將會降低，致使電路形成不平衡狀態而牽動儀表指針顯示出碳氫氣的濃度讀數。

使用該類型測量儀時，尤其必須注意下列事項：若碳氫氣濃度太高，超過量測範圍時，儀表指針可能超越刻度讀數而無法準確讀取；甚至於會發生指針會跳回原點之情形，而使操作者誤以為並無任何油氣存在。因此，操作者必須隨時盯住儀表的指針，以免作成錯誤的判斷。

③ 反光指數型可燃氣體測量儀

反光指數型可燃氣體測量儀係利用光學原理測出碳氫氣與空氣不同的反光指數差，藉以測量碳氫氣的濃度大小。

此儀器之測量原理係將進入儀器的光線分成兩條路徑，其一為依序經由 a.b.c.d.e 和 f 等點通過充滿新鮮空氣的腔室路徑（Chamber Path），另一為經由 a.x.y.z.w 和 f 等點通過取樣氣體的腔室路徑，如圖 2-6。首先將經過空氣腔室的光線位置核定為基準刻度 0；如果所吸入之取樣氣體為新鮮空氣，則經過上述兩腔室路徑的光線將重合在刻度 0 的位置；如果取樣氣體中含有碳氫氣，則經過該腔室路徑的光線將會偏移到另一個位置，而顯示出碳氫氣的濃度讀數。

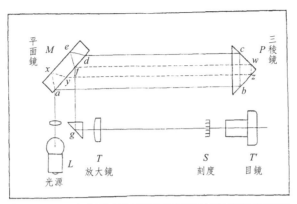

圖 2-6　反光指數型可燃氣體測量儀光線路徑圖

2) 低濃度毒性氣體測量儀

在油船或化學品船所
使用的手提式低濃度毒性氣
體的儀表，是一種裝有化學
測試劑之測量管或容器之裝
置，如圖 2-7。玻璃管或容
器中所裝填的化學測試藥
劑，如果遇到毒性氣體而產
生化學反應，將會改變顏
色；玻璃管中化學測試劑的

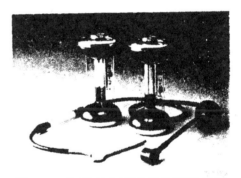

圖 2-7　化學吸收液毒性氣體測量儀

顏色改變愈多（管內試劑的變化顏色逐漸升高）表示毒性愈強，其單
位以 ppm 表示。

3) 含氧量測量儀

各貨艙中之含氧量必須利用手提式測量儀予以測量，如圖 2-8。
該測量作業之目的，有時是為測量艙中惰性化情況是否達到理想標
準（即含氧量在 8% 體積以下）；有時則因為人員欲進入艙內活動，
必須事先測量艙內大氣是否有足夠的氧氣供人呼吸（即含氧量到達
21%）。

至於含氧量測量儀的種類包括：常磁性感應子類（Paramagnetic Sensors）、電解式感應子類（Electrolytic Sensors）以及化學吸收液類（Chemical Absorption Liquid）等三大類。由於含氧量測量儀之準確與否，關係到生命的安全，故須按照說明書之指示，謹慎維護並且嚴格校準。每次使用前均應檢查電池的電力、零點位置之校正，使該測量儀經常保持準確可用的情況。

4) 攜帶式含氧量偵測警報器

依據法定標準，任何艙間之含氧量低於 18% 時，即可能導致人員缺氧的意外事故。因此，船上人員進入封閉艙區展開檢查、維修、清潔或挖艙等作業時，必須隨身攜帶含氧量偵測警報器。

該儀器會持續偵測艙內的含氧量，而且於艙內的氧氣濃度到達體積百分比 19% 時會自動施放音響和燈光警報信號。船上的含氧量偵測警報器應定期實施檢查和測試，並確保其處於隨時可用之正常狀態。

5) 攜帶式碳氫氣偵測警報器

依據法定標準，碳氫氣可能對人員造成傷害的安全初限值（TVL）為 250ppm，可能引起火災或爆炸的燃燒下限（LFL）為 1%。其次，經實驗結果顯示：人員暴露在碳氫氣濃度 1,000ppm（0.1%）的環境下，經過 60 分鐘之後將會陸續出現頭昏、行動遲鈍、呼吸困難甚至囈語等生理反應；碳氫氣濃度超過 10,000ppm（1%）時，暴露人員可能會在 30 分鐘的短時間內出現肢體痲痺、心律不整甚至死亡等現象。

因此，為確保安全和火災安全，船上人員進入封閉艙區展開各種作業活動時，必須隨身攜帶碳氫氣偵測警報器並且設定其警報發生值；為確保人員健康和安全起見，筆者認為其設定值應比照 TVL 250~300ppm 設定之，但無論如何不應超過 500ppm。

2-3-3　預防性維修與保養方案

根據案例顯示，許多船舶火災係因平常疏於機器、設備或裝置之維修與保

養作業所引起的，甚至因而演變成無法控制的重大災害，例如：S.S. Transhuron 號擱淺燃燒案；該輪於一九七四年九月二十六日因空調系統的冷卻器循環水管接頭腐蝕破裂，以致海水噴濺至主機控制系統電路上的高壓組件而形成短路並且產生火花，此時船舶不僅喪失推進動力而且引燃火災。當火災發生時，雖然當值輪機員立即發現並且迅速利用移動式 CO_2 滅火裝置展開滅火行動，操作時卻因其軟管爆裂鬆脫而無法將 CO_2 輸送至火場，以致僅能坐視火災之蔓延。

其次，例如：S.S.Thomas Q 號油輪泵間漏氣案[註二]，一九七七年某日該美籍油船因油貨泵之油封破損，導致油氣洩漏並且瀰漫整個泵間。隔天早晨，未察覺該異常狀況的泵匠貿然進艙而立即昏倒，隨行在後的大副發現之後，迅速趨身入艙準備採取援救措施，仍因油氣太濃而窒息昏迷。最後兩人雖然均被移出艙外實施急救，但大副已回天乏術。

船上所實施的任何預防性維修方案，必須仰賴船員之自發性作為以及健全的管理和監控制度，始能達成預期的成效。因此，任何涉及船長、各部門主管甚至於每位船員所應分擔的職責以及互相之間的溝通流程，於方案中均須詳細加以規定，藉以釐清權責、分工合作並且發揮管理和監控功能。

有關船舶典型的預防性維修計畫之內涵與細節部份，並不屬於本章節的主題範圍，茲僅就船舶火災預防方面對於潤滑與保養作業的主要方案扼要介紹如下：

1. 機器與裝備方面

　　對船上各項機器與裝備實施定期且適當的潤滑或保養作業，乃預防性維修計畫之根本工作。然而，鑑於船員可能因惰性或疏忽所致，而無法徹底落實各項作業。因此，各部門主管應按照既定的工作日程表，密切監督與管控相關作業。其次，從事潤滑作業時必須均勻而且緩慢進行，以免因注油過量或太快，致使油漬滴落而造成火災危險。

2. 鍋爐與附屬裝置方面

　　依規定鍋爐、壓力槽、管路以及相關機組設施等，均應定期檢驗與測

[註二]：本案例雖未發生火災，但卻造成人員傷亡的不幸事件；究其肇因，乃船上人員平時疏忽簡單的維修作業，以致釀成無法彌補之損失。

試。否則，極容易導致系統運作失靈，甚至於火災或爆炸等危險。

　　為防止鍋爐腐蝕、聚集礦渣銹垢以及柴油機引擎積碳，而衍生爆炸（因管路過度腐蝕）、燃燒（因燃油供應系統未關閉）或燃燒不完全等危機，必須定時對鍋爐實施化學處理、水質檢測以及燃料系統檢測等安全措施。其次，為達成防止火災之目的，船上人員尚應注意採取下列措施：

(1) 慎防燃燒設施的爐膛聚集燃料油。

(2) 定期清理與調整燃油器，以確保其正常功能。

(3) 拆除未使用的燃油器，以免油漬滴落燃燒室。

3. 管路與配件方面

　　勿濫用或誤用輸送燃料油、化學品、可燃性產品、水與蒸氣等物質的管路與配件，例如：採用品質不良之管路抓著物或支撐物，比較容易發生裂損情形，船上人員若未及早察覺，則可能造成意外事故。

　　當管路及其配件出現漏裂現象時，則應立即予以修護，例如：更換墊圈、螺絲墊片或管路等。

4. 軸承方面

　　運轉中的機器設備之軸承溫度過高時，十分容易導致船舶火災。因此，船上人員應注意採取下列預防措施：

(1) 各軸承應利用適當規格的潤滑油保持潤滑。

(2) 啟動任何機器之前，操作者應先確定其軸承之潤滑狀況。

(3) 除非必要，否則勿使用潤滑狀況不佳的機器設備。

(4) 操作者應時時檢視軸承溫度且採取必要措施。

2-3-4　火災防護設備之測試與檢查作業方案

　　依規定船上所設置的手提式滅火器、半固定式（或稱為移動式）滅火器和固定式滅火系統等，每隔一年至少須完成一次測試與檢查。

　　同時，任何船舶於開航前，必須確定各防火與滅火系統能夠正常運作，而且各種滅火器材處於可用狀態，否則不得開航。其次，船長應利用機會實施演習與檢查作業，使船員熟悉各項設備的操作、危機因應程序，並且瞭解相關設備維護的重要性。

事實上，從船舶火災的案例經驗顯示：「船上的防火與滅火裝備，如果疏忽維護保養，則發生火災的後果，往往比缺乏裝備之情況更為嚴重」。因之，對於各項火災防護設備，必須根據規定制訂測試及檢查作業日程表，而且按時完成相關作業。

2-3-5　修理與更換作業方案

在船上任何艙間（包括臥室、廚房或鍋爐間）進行設備修理或零件更換作業時，必須由具有專業技能的船員或外僱人員擔任之。否則，極可能因為作業不當而衍生不必要的火災或爆炸事故。

其次，任何修理或更換作業必須遵守法規的要求標準，而且採取必要的防火措施。尤其，船上實施火工熱作（Hot Work）、修理電器設備系統或輸油設備系統等危險作業時，必須額外採行火災值更（Fire Watch）措施。

當各項修理或更換作業完成之後，船上負責驗收人員應依各設備系統、裝置或儀器之規格與功能要求，確實執行相關的驗收程序，以確保其性能以及船舶安全。

2-3-6　記錄與檔案登錄作業方案

船上各項機器設備的記錄與檔案資料必須詳細記載，俾便船上相關人員之查閱或參考。記錄資料應包括測試、檢查、故障、修理、調整、讀數與事故等項目。至於各機器設備之檔案資料卡應歸類整理，並且記載重要的基本資料，藉以提供操作者診斷或判定問題之依據。

2-4　船舶火災之緊急應變與演習方案

任何船舶的住艙、貨艙、機艙、泵間、儲藏間、廚房、電機房或鍋爐間等處所，均可能發生火災。通常，在主甲板以上的艙間所發生之火災較容易處理，若位於主甲板以下之艙內則較為棘手；尤其是發生在裝載大量易燃貨品或危險液體、氣體物質之原油船、油品船或化學品船之貨艙火災。

因此，各船舶必須依據船舶種類之不同以及其實際環境狀況，研訂具體可行

之火災緊急應變與演習方案，其主要項目至少應包括下列六項，相關的行動措施
請參閱本書第十章內容：

1. 住艙火災緊急應變與演習方案。
2. 機艙火災緊急應變與演習方案。
3. 貨艙火災緊急應變與演習方案。
4. 泵間火災緊急應變與演習方案。
5. 控制室火災緊急應變與演習方案。
6. 甲板火災緊急應變與演習方案。

茲以住艙火災、機艙火災和貨艙火災為例，將其火災緊急應變與演習方案所
應具備之內容扼要敘述如下：

2-4-1 住艙火災緊急應變與演習方案

1. 完成通報作業程序
   (1) 目擊者應將所發現的火警信息通報駕駛台。
   (2) 駕駛台當值航行員接獲火警信息（包括目擊者、自動偵火警報系統或其
       他方式所提供者）之後，應立即施放全船警報信號。
2. 完成滅火部署和備便措施
   (1) 救難、支援、機艙與備便等小組人員，應穿戴個人安全防護衣著與配置
       適當裝備，迅速前往指定的部署場所集合，聽候船長的命令與指揮。
   (2) 各小組之間應互相確認通信方法與頻道。
3. 確認火災發生部位之後，應立即採取適當的操船措施
   (1) 減速緩航。
   (2) 改變航向，使火場處於下風處所。
4. 評估火災種類、規模和安排滅火資源
   (1) 小型火災：使用手提式滅火器具或移動式滅火裝置。
   (2) 中型火災：使用消防水帶。
   (3) 大型火災：使用消防水帶或其他固定式滅火系統。
5. 迅速採取防止火災蔓延之措施
   (1) 關閉住艙空調系統。

(2) 關閉失火住艙的門、窗或其他通風管道。

(3) 利用水柱或水霧冷卻四周艙壁。

(4) 設法移除火場附近的易燃物品。

6. 決定滅火方式並且展開滅火行動

(1) 直接滅火方式（適用於小型、中型火災）

　　1) 確實掌握操作要領，使用 CO_2、化學乾粉或泡沫等手提式滅火器撲滅小型火災。

　　2) 滅火人員進入住艙使用消防水帶撲滅中大型火災時，應遵守個人安全作業守則，請參考 10-2-2 之內容。

　　3) 滅火人員進入住艙利用消防水帶撲滅中大型火災時，應對火場實施適當的通風管制措施，請參考 10-2-8 之內容。

(2) 間接滅火方式（適用於大型火災）

　　1) 先將失火住艙的空調系統、門窗以及其他通風管道完全關閉。

　　2) 正確地使用消防水帶、噴嘴與噴霧桿等器材，從失火住艙外部將低速水霧輸入住艙之內。

　　3) 按照操作程序啟動撒水頭滅火系統或其他固定式滅火系統，將相關滅火劑輸入住艙之內。

7. 展開火場清理作業

(1) 適度開啟失火住艙的門、窗或其他通風管道，利用自然通風方式排散濃煙。

(2) 熄滅殘餘的火苗與燃燒灰燼。

8. 實施火場監視作業

(1) 為因應可能發生的復燃現象，應暫時將消防水帶以及其他滅火器材留置於火場附近。

(2) 輪流指派值更人員監視火場。

9. 展開火場搜救作業

　　火災撲滅之後，應迅速清點船員與旅客人數。若發現人員短少之情形，應立即對火場與附近艙區展開搜救作業；該項作業操作手冊可參考 10-2-3 內容制定之。

10. 傷患急救和醫護作業

　　　船舶火災經常造成人員灼傷、燒傷、流血、昏迷、窒息、休克甚至死亡等不幸事件，故於必須時仍需配合實施傷患急救和醫護作業。

2-4-2　機艙火災緊急應變與演習方案

1. 完成通報作業程序
   (1) 目擊者應將所發現的火警信息通報駕駛台。
   (2) 駕駛台當值航行員接獲目擊者或自動偵火警報系統所傳達的火警信息之後，應立即施放全船警報信號。
2. 完成滅火部署和備便措施
   (1) 救難、支援、機艙與備便等小組人員，應穿戴個人安全防護衣著與配置適當裝備，迅速前往指定的部署場所集合，聽候船長的命令與指揮。
   (2) 各小組之間應互相確認通信方法與頻道。
   (3) 船長應迅速通知機艙人員備便主機並且減俥維持適當航速。
3. 確認火災的發生位置、種類、規模並且安排滅火資源
   (1) 小型火災：使用手提式滅火器具或移動式滅火裝置。
   (2) 中型火災：使用消防水帶。
   (3) 大型火災：使用機艙專用的固定式 CO_2 滅火系統。
4. 迅速採取防止火災蔓延之措施
   (1) 關閉機艙空調系統。
   (2) 關閉通往機艙的門、窗或其他通風管口。
   (3) 利用水柱或水霧冷卻火場環境，但應事先確認無發生觸電或感電之危險。
   (4) 設法移除火場附近的易燃物品。
5. 決定滅火方式並且展開滅火行動
   (1) 直接滅火方式（適用於小型、中型火災）
   　　1) 確實掌握操作要領，使用 CO_2、化學乾粉或泡沫等手提式滅火器撲滅小型火災。
   　　2) 滅火人員在機艙內使用消防水帶撲滅中型火災時，應配合採取下列措施：

① 確認電源開關已經關閉。

② 關閉機艙空調系統和其他通風管口，但應使天窗或天罩保持開啟狀態，以利於疏散艙內的濃煙和熱氣。

③ 滅火人員應確實遵守個人安全作業守則，請參考 10-2-2 之內容。

(2) 間接滅火方式（適用於大型火災）

1) 關閉機艙空調系統、天窗、天罩以及其他通風管道。

2) 關閉主機與輔機。

3) 撤離所有人員。

4) 關閉水密門。

5) 按照操作程序啟動機艙專用的固定式 CO_2 滅火系統。

6. 利用儀器量測失火貨艙的含氧量、艙溫以及可燃氣體濃度，並依據下列指標評估適當的開艙時機：

(1) 量測艙內氧氣濃度，至少低於 11%（火災悶燒理論值）。

(2) 量測艙內溫度，至少低於燃料之閃火點。

(3) 量測艙內可燃氣體濃度，至少低於燃燒下限。

7. 指派人員進艙搜索並且展開火場清理作業

(1) 備便水帶，藉以因應開艙後發生復燃的緊急之需；

(2) 進艙人員應依搜救作業之要求標準，穿戴個人安全防護衣著與配置適當裝備。

(3) 熄滅殘餘的火苗與燃燒灰燼。

(4) 開啟機艙的水密門、天窗或其他通風管道，利用自然通風方式排散濃煙與熱氣。

(5) 抽除積水。

2-4-3　裝載乾貨物的貨艙火災緊急應變與演習方案

本貨艙火災緊急應變作業方案適用於裝載乾貨物（Dry Cargo）的貨櫃船、散裝雜貨船或汽車船，不適用於油輪、化學船或 LPG 等裝載濕貨物（Wet Cargo）的船舶。

1. 完成通報作業程序
   (1) 目擊者應將所發現的火警信息通報駕駛台。
   (2) 駕駛台當值航行員接獲目擊者、自動偵火警報系統或煙霧管路所傳達的火警信息之後，應立即施放全船警報信號。
2. 完成滅火部署和備便措施
   (1) 救難、支援、機艙與備便等小組人員，應穿戴個人安全防護衣著與配置適當裝備，迅速前往指定的部署場所集合，聽候船長的命令與指揮。
   (2) 各小組之間應互相確認通信方法與頻道。
   (3) 船長應迅速通知機艙備便主機並且採取必要的操船措施。
3. 確認發生火災的艙區
   (1) 派員至火災監控室，利用核校鈕（Recheck Bottom）確認冒出煙霧之管路。
   (2) 分辨冒煙管路所通往的貨艙編號。
4. 迅速關閉與該貨艙相通的艙口蓋、通風管帽、測深管帽或其他開口，藉以防止火災蔓延之措施。
5. 實施滅火作業措施
   (1) 確認艙內已無任何人員。
   (2) 參考固定式 CO_2 滅火系統管路圖並且確定所應啓動之鋼瓶組。
   (3) 拉下 CO_2 滅火系統通往失火貨艙的三向閥（Three-way Valves）。
   (4) 依照操作步驟啓動各組 CO_2 鋼瓶。
   (5) 利用觸覺判斷通往失火貨艙的 CO_2 管路溫度是否明顯下降。
5. 注意後續補充作業與其他配合措施
   (1) 根據貨艙的氣密程度，每隔兩小時或五小時的間隔時間，額外補充原施放量 2% 至 5% 之 CO_2 氣體。
   (2) 派員至失火貨艙的鄰艙艙壁安裝溫度計。
   (3) 定時觀測溫度並且加以記錄，確實掌握艙溫的變化。
6. 利用儀器量測失火貨艙的含氧量、艙溫以及可燃氣體濃度，並依據下列指標評估適當的開艙時機：
   (1) 量測艙內氧氣濃度，至少低於 11%（火災悶燒理論值）。

(2) 量測艙內溫度，至少低於燃料之閃火點。

(3) 量測艙內可燃氣體濃度，至少低於燃燒下限。

7. 指派人員進艙搜索

(1) 在人員入口處備便水帶，藉以因應開艙後可能發生的復燃火災。

(2) 進艙人員應依搜救作業之要求標準，穿戴個人安全防護衣著與配置適當裝備。

(3) 搜索殘餘火苗並且撲滅之。

8. 開啓貨艙準備進行裝卸作業

(1) 全面開啓貨艙艙口蓋、通風管帽與其他開口。

(2) 利用自然通風方式改善艙內空氣品質，應避免使用機械通風方式。

(3) 確認貨艙處於大氣狀態時，始可允許人員進艙重新展開裝卸作業。

2-5　成效之考評鑑定與獎勵方案

　　船東或船舶營運者對於船上所實施的教育訓練、定期檢查維修作業以及演習等計畫方案，若能積極參與並且表現高度關切的態度，甚至於提供嘉勉獎勵的方式，則更能激勵船員保持高昂的行動士氣。例如：訂定獎勵辦法，明訂各船船員只要能於規定年限內，持續保持火災「零」事故的安全記錄，則該船舶即可獲頒扁額一面，而船員亦可獲頒代表榮譽之證書或獎賞。同時，該項光榮記錄亦可透過海員協會組織的刊物加以刊登報導，以肯定其成果與貢獻。

2-6　本章結語

1. 船籍國政府主管機關應對各船舶實施檢驗、發證與簽證作業，以確保其結構、設備、裝具與佈置均已符合防火與滅火之要求標準。

2. 船員訓練機構應確實施行各項火災訓練課程與相關證書之核發工作，藉以使船員具備防火與滅火的專業知識與技能。

3. 船上安全與健康委員會應擬訂妥善的火災預防、防備、緊急應變與演習方案，建立具體可行的火災安全管理制度並且積極地督促船上人員落實各項方

案之實施。

4. 公司應對所屬船舶的火災安全管理制度，定期展開稽核與管理審查工作，藉以促進其防火措施、滅火行動能力與安全品質。

5. 港口國政府主管機關應對到港船舶實施較嚴格的檢查作業，藉以宣示其抵制次標準船之行動決心，進而達成維護其管轄海域之航行安全與海洋環境品質之目的。

6. 沿海國各港務警察局消防隊對於船舶火災應適時發揮互相諮詢、溝通訊息、調度資源以及滅火作業等功能。在滅火作業中，該消防隊對於發生在海上的船舶火災通常僅須處於協助地位，對於發生在港區內（尤其是碼頭附近）的船舶火災則應積極扮演主導者角色。

7. 廠商承攬船舶消防設備器材的採購、設置、維修或保養等工程之前，應事先參酌有關規定之要求標準，俾便合約之簽訂和工程之進行。

8. 欲達成火災安全之最終目標，船上的火災防治體系必須就預防、防備與緊急應變等層面作成完善的規劃並且落實各項方案之推行，不可避重就輕或本末倒置，更不應以「災害導向」作為主要思考邏輯，而將大部份時間、人力和經費等資源投注在災害發生後的應變處理工作。相對地，對於「投資效益較大而且最具有價值性」的事前預防與平時防備工作，卻經常無法給予相同的重視（甚至有被忽視之虞），故而僅將部份資源投注在有關的教育、訓練、宣導與獎勵等事務。

第三章　船舶火災案例

　　根據火災案例的災後報告顯示，一九八○年巴哈馬籍客輪 Scandinavian Sea 號之所以造成嚴重損失的主要原因為：

1. 船上滅火人員未穿戴消防衣，以致無法接近火場而迅速將初期的小型火災加以控制。

2. 船上未依規定實施適當的滅火訓練與演習，以致船員普遍缺乏因應火災之專業知識與滅火技能。

　　雖然滅火作業人員應穿戴消防衣或船上應定期實施滅火演習，均屬於一般常識或基本要求，但類似事例仍舊不斷發生，例如：一九九四年二月二十日配備最新式滅火設備系統之挪威籍 Soverign of Seas 號客船失火，亦因滅火作業人員未穿戴防火衣而錯失滅火之黃金時段，因此僅能坐視小火恣意蔓延。

　　究諸船舶火災案例資料，許多案例由於船員能適時施展優良船藝和熟練之滅火技能，因而成功地挽救船貨財產與人員性命，但亦有不少失敗案例是值得檢討或批評者。讀者應如何從海運歷史上之不幸事件中獲取值得參考之經驗和法則，並且轉化為寶貴的心得，是為本章撰寫之主要目的。

3-1　S.S. African Star 號碰撞與火災案例

　　一九六八年三月十六日凌晨 0340 時左右，一艘裝載乾貨的 African Star 號定期客貨船於密西西比河下游撞上 Intercity No.11 號油駁船，而且前者之船艏以 45° 角度貫穿後者的左舷側船身。

　　事故發生之際，Intercity No.11 號油駁船係為 Midwest Cities 號馬達拖船所推頂的無動力船隻之一，另外一艘為同型之 No.14 號油駁船；本事件有關船舶之基本資料請參閱表 3-1。

表 3-1 碰撞事故有關船舶之基本資料

船　名	African Star	Midwest Cities	Intercity No.11 and 14
種類	定期客貨船	拖　船	油　駁
總噸位（G/T）	7,971	165	1,319
淨噸位（N/T）	4,624	129	1,319
全長（呎）	468.6	83.2	264
主機種類	蒸汽機	柴油機	無
馬力（HP）	8,500	850	0

3-1-1　背景狀況

　　該碰撞事故發生之前數分鐘，各肇事船舶之動態關係與背景狀況大略可描述如下，請一併參閱圖 3-1：

1. African Star 號貨船之真航向為 140°，航速 16 節；Midwest Cities 號拖船之真航向為 320°，航速 6 節；兩船相對速度為 22 節左右。

2. 當時能見度十分良好，而且雙方皆能在雷達螢幕上清楚地看見對方船舶之運動狀態。然而，由於兩船並未將無線電通話設施設定於同一頻道，以致無法互相連繫溝通。

3. 兩艘肇事船舶皆有雷達裝置，於事故發生之前均開啟雷達輔助航行，但雙方的駕駛台當值人員並未持續實施雷達觀測（Radar Plotting）作業。當兩船距離 1.5 浬時，當值駕駛人員互相看見對方之航行燈並且在雷達幕上發現對方之回跡 [註一]。

4. 根據傍經事故現場之其他船上目擊者指出，當時該三艘船舶的航行燈皆清楚可見，船舶之航行操縱不至於遭受風或流等因素之影響。

5. African Star 號貨船上的駕駛人持有合法執照；Midwest Cities 拖船上之駕駛

[註一]：以兩船之相對速度為 22 浬計算，距離 1.5 浬已處於相當緊急之狀態，因為避碰操作時間只有 4 分鐘而已。

人雖未取得執照，但具有豐富的密
西西比河航行經驗。

3-1-2　發生碰撞

圖 3-2 顯示兩船碰撞後之相對位
置。碰撞事故發生之後，肇事雙方均各
執一詞藉以維護本船權益或推卸責任，
茲將其內容扼要摘述如下：

1. Midwest Cities 號拖船之說法

   (1) 本船沿著密西西比河東岸航
       行，並與岸邊保持 250 呎左右
       之距離。當駕駛人發現兩船處
       船艏對遇狀態（Head and Head
       Meeting Situation）時 [註二]，迅速
       拉動汽笛發出一長聲表示即將朝
       右轉向，俾使兩船能以左舷側保
       持適當距離互相通過。同時，
       African Star 號亦回應一長聲汽
       笛聲響信號。

   (2) 本船駕駛人十分確定在對方再度
       發出兩響汽笛信號之前，兩船應
       可安全地互相通過，因為拖船所

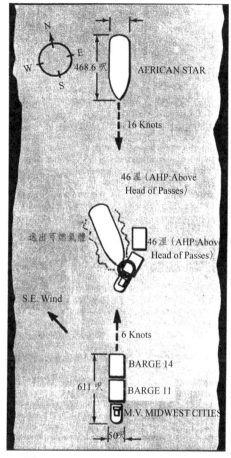

圖 3-1　兩船碰撞前之相對位置

推頂的前方油駁已位於 African Star 貨船之正橫（Abeam）部位 [註三]。

[註二]：船艏對遇狀態是指兩船以相反或幾乎相反之航向航行，而且互相看見對方之桅桿（或
　　　　桅燈）成一直線。

[註三]：正橫（Abeam）：係指垂直於船艏艉縱向線（Fore-Aft Center Line）中心點之垂
　　　　線方位。

(3) 當本船駕駛人看見對方的綠色
舷燈時，立即發出一長聲汽笛
聲響信號，並以右滿舵朝右轉
向；隨後再發出四短聲汽笛聲
響信號，並採取全速倒俥之操
船措施，但卻無法避免碰撞之
發生。

2. African Star 號貨船之說法

(1) 本船駕駛人員發現 Midwest
Cities 拖船的兩盞白色拖船燈
與綠色右舷燈時，即盡量使船
舶保持於密西西比河航道中線
之西側航進。

(2) 雖然本船發現 Midwest Cities
拖船稍稍偏向河川之西側，
但雙方仍維持在右舷對右舷
（Starboard to Starboard）的
正常遭遇態勢，並非船艏對遇
之不利狀態。

(3) 當兩船距離約為 1/2 浬至 3/4 浬
時，本船發出兩短聲之汽笛聲
響，但對方並無任何回應。經

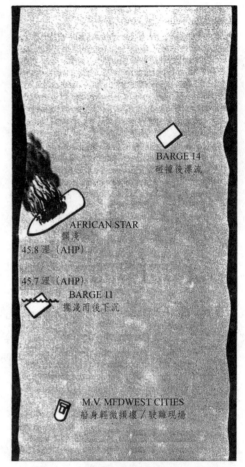

圖 3-2 兩船碰撞後之相對位置

過兩分鐘後，本船看見對方之紅色左舷燈時，緊急操右滿舵並且全速倒
俥，但仍無法解除危機。

　　依據肇事船舶的上述說法，碰撞事故應不至於發生，在雙方說法明顯分
歧之情形下，該碰撞事件之真相，唯有期待明睿的海事法官依據其他佐證深
入調查，始能作成判定。

3-1-3　碰撞後之火災經過

本書所探討者著重於火災部份，茲將本案例船舶碰撞後之火災發生情形摘述如下：

1. 肇事的 Intercity No.11 號油駁船載運 19,000 桶原油，依等級分類該原油屬於 C 級易燃性液體物質。

2. 碰撞發生時，African Star 貨船船長隨即啓動全船警報。此時，正值駕駛台當值船副之交班時間，而其他船員則在休息或睡眠之中。

3. 於 0340 時碰撞事故發生後，由於船體劇烈磨擦形成高溫火花而使 No.11 號油駁船引起火災與爆炸，以致在其船邊四周形成一片火海。

4. 火災發生時，Midwest Cities 拖船以全速退俥方式，試圖扯斷連接於 No.11 號油駁船之鋼絲索以便脫離火海，該項行動約經歷 1 分鐘之後達成目的。

5. 最後，No.11 號油駁船被燒毀而且擱淺於肇事地點附近的河岸。

6. 由於當時吹襲東南風，African Star 貨船爲免於火災波及，因而採取全速退俥方式並且故意擱淺（Beaching）於密西西比河西岸。然而，火災仍舊蔓延到該貨船的艙蓋帆布、甲板貨物、其他易燃物質、住艙與機艙，而使其完全陷入烈火之中。

3-1-4　滅火與救助作業

African Star 號貨船船長雖然在火災危急狀況下宣佈棄船令，但仍須克服許多困難因素始能有效地降低財產損失或人命傷亡，茲將其過程摘述如下：

1. 由於救生艇帆布蓋、拉索以及救生筏頂罩等均被燒毀，以致救生艇與救生筏無法順利操作。

2. 由於船上各處通道皆籠罩在烈火、高溫與濃煙之中，以致船員逃生不易；在此情況下，船員唯有冒險從舷窗跳入海中逃生，否則極可能喪生火窟。

3. 該船擱淺之後，船長到住艙甲板探視船員的安全時，由於火勢太大而被嚴重灼傷，以致無法指揮船員展開滅火與人員救助之緊急任務。

4. 在此緊急關鍵時刻，精明的二副發現各種逃生方法均無法施展時，乃積極召集船員與旅客聚集在較爲安全之小艙間，而後趁火勢較小而且船身逐漸脫離

火海之際，指派船員撲滅救生艇甲板附近之火災，進而安排旅客利用救生艇或跳水游泳等方式逃生至岸上。其次，帶領由船員組成的滅火隊伍，先撲滅主甲板艉部之火災，再依序撲滅其他火場。

5. 在 African Star 號貨船成功地挽救船舶財產與人命之事例中，除了二副之努力作為之外，尚須歸功於機艙的大管輪與三管輪等人員；因該等人員於艱難的緊急狀況下，仍能盡力保持機艙之正常運轉而且提供必要協助。

6. 在人員救助方面，由於 Midwest Cities 拖船發出緊急救助之求救信號之後，美國海岸防衛隊（Coast Guard）立即派遣直升機救助傷勢較嚴重者而且出動 New Orleans 當地之消防船與渡輪協助作業，故而有效地降低人員損傷程度。

7. 三月十六日 0530 時，撲滅火災而且完全控制火場。

8. 依船員五十二人與旅客十一人進行統計之傷亡人數（所佔比率）分別為：船員死亡人數十五人（佔 23.8%），旅客死亡人數兩人（佔 3.2%）；船員受傷人數三十一人（佔 49%），旅客受傷人數九人（佔 12.7%）。

3-1-5　檢討與建議事項

綜觀 African Star 碰撞與火災案例，值得航海從業人員學習或誡惕者，至少可歸納為下列四項：

1. 各船舶依據船舶避碰規則國際公約規定發出聲響信號之後，並無法保證目標船能夠完全瞭解其操船與轉向之意圖，故須利用更為可靠之方式進一步予以確定[註四]，例如：VHF 無線電話或 MF/HF 無線電話等現代通信系統之使用。

2. 從事海上交通的船上人員，除應充實其當值瞭望（Watch Keeping）與雷達觀測之作業經驗之外，亦須能利用各種有效的船舶通信設施，藉以確保航行安全。

3. 為因應船舶碰撞與火災之發生，船舶不但應設置適當之裝備，亦應配置訓練

[註四]：船舶避碰規則國際公約（The Convention on the Prevention of Vessel Collision Regulation），所規範者乃為一般之原則性與技術性規定。在航海實務中，各船必須以其他各種有效之通信方式，加強與目標船溝通，始能進一步避免碰撞事故。

有素的合格船員。

4. 在商船上服務的甲級或乙級船員均應具備相當之領導能力、服從紀律和敬業精神等特質，始能確保船舶避免碰撞或火災等事故之威脅。

3-2　M.V. San Francisco Maru 號貨艙火災案例

一九六八年三月三十日（星期六）1200 時左右，日本籍貨船 M.V. San Francisco Maru 號駛進紐約港，靠泊在 Brooklyn 的 Mitsui O.S.K. 海運公司之專用碼頭。此艘新船下水營運僅有九個月左右，全長 511 呎，總噸位為 10,087 噸，係為柴油引擎推進之單俥葉船舶，船上配置三十四名日本籍船員。

3-2-1　背景狀況

三月三十日 1508 時船上人員開啓 No.5 貨艙艙蓋準備進行卸貨作業時發現艙內冒出濃煙，立即啓動火災警報器通知船長與全體船員進入緊急戒備狀態。該船雖然裝設有煙霧偵測系統、CO_2 滅火系統以及駕駛台火災警報監控箱等設備，但因在港靠泊期間，駕駛台處於無人當值狀態，故而無法立即察覺火災發生之事實。

3-2-2　滅火經過

1. 船上人員經調查結果，確認熱能與濃煙來自大艙底部之後，自 1520 時開始先後採取下列措施：
   (1) 命令艙內人員撤離貨艙並且封閉艙口蓋。
   (2) 請求當地消防機構協助滅火。
   (3) 準備使用固定式 CO_2 滅火系統。
2. 1536 時啓動固定式 CO_2 滅火系統，對 No.5 貨艙灌輸 CO_2 氣體。
3. 1540 時左右岸上消防人員登船之後，立即與船方人員互相諮商並且採取下列相關措施：
   (1) 請船長提供 No.4 與 No.5 貨艙之貨物積載圖（Stowage Plan）和船舶總佈置圖（General Arrangement Plan），而後與船上人員討論滅火策略。

(2) 檢查主甲板上之艙蓋和通風管等處是否確實關閉，以防止艙外空氣進入貨艙或艙內 CO_2 氣體溢出艙外；經檢查結果證實船方作為符合要求標準。

(3) 消防隊長陪同船長檢查 CO_2 鋼瓶儲存室與諮詢 CO_2 滅火系統之操作步驟，結果發現船上人員因作業錯誤以致 CO_2 氣體並未輸入失火貨艙，因而必須重新啟動 CO_2 滅火系統。

(4) 消防隊長建議船長盡早購置額外的 CO_2 鋼瓶，以便船上 CO_2 氣體耗盡時能及時予以更換，藉以維持滅火作業。

(5) 於船員與岸上消防人員合作之下，在 No.4 貨艙之艙壁上安裝四具溫度計並且定時觀察與記錄溫度變化。

(6) 檢視失火貨艙左右兩舷船殼和緊鄰該貨艙的機艙前方艙壁，結果發現 No.5 貨艙的船殼出現水泡與灼焦的痕跡，檢查人員利用粉筆在該等部位圈劃白色記號。

3. 從 1600 時開始，指派船上人員定時而且持續採取下列措施：

(1) 對失火貨艙所安裝的四具溫度計進行觀察、記錄並且作成溫度變化曲線圖。

(2) 記錄大氣溫度資料。

(3) 記錄 100 磅裝 CO_2 鋼瓶組之實際使用情形。

(4) 檢查 No.4 貨艙四周艙壁與 No.5 貨艙船殼等部位，確定其溫度是否有升高之虞。

4. 2100 時左右，船上人員從溫度遞減之變化資料確認灌入艙內之 CO_2 氣體已經發揮滅火效果。其次，由氧氣分析儀測得艙內含氧濃度已降為 10% 以下。

5. 2130 時消防人員從貨物積載圖確定 No.5 貨艙所裝載之貨物為紙器、木材、塑膠與纖維製品等普通物質，立即要求船方分別在 No.5 與 No.4 兩貨艙備便附有噴嘴之水帶一條，藉以因應緊急之需；該項措施最後並未派上用場。

6. 船長所訂購之 CO_2 備用鋼瓶大約於 2200 時運抵船邊碼頭，由於船舶火災已經獲得控制，故無即刻更換船上 CO_2 鋼瓶之必要。此時船上必須持續採行的重要措施為：

(1) 將 No.5 貨艙之艙蓋口持續保持於封閉狀態。

(2) 定時對 No.5 貨艙灌輸足夠的 CO_2 氣體。

(3) 繼續進行溫度觀察記錄作業以及船殼與艙壁之檢查作業。

7. 三月三十一日（星期天）0900 時左右，No.5 貨艙之溫度已大幅下降，但卻明顯高於大氣溫度。此時，船長雖有開艙卸貨之意圖，但與 Mitsui 公司駐埠船長、消防隊長及船上高級船員等人開會討論之後，唯恐新鮮空氣入艙後可能再度引起復燃，因此不敢貿然行之。

8. 四月一日（星期一）早上，確認 No.5 貨艙之溫度普遍降為 60°F 左右，碼頭工人於 0930 時開始登船報到並且準備卸貨。

9. 開啓艙蓋之前，一組配戴呼吸器、救生繩與安全燈等裝備的消防專業人員，率先入艙檢查艙內是否處於火災安全狀態；結果發現其含氧量只有 6%，而且未發現任何火焰與濃煙。

10. 船長於 1011 時下令開啓 No.5 貨艙之左舷側液壓式艙蓋板，讓貨艙進行自然通風[註五]。同時，全副武裝之專業消防人員進艙連續測量各處所的氧氣濃度；當確定濃度已達 21% 時，始取下呼吸面罩並且實施後續的檢查作業。

11. 1145 時確認失火貨艙已經處於安全狀態[註六]，表示隨時可展開卸貨作業。

3-2-3　檢討與建議事項

本案例是一個單獨使用固定式 CO_2 滅火系統撲滅貨艙火災的成功案例，值得借鏡或學習之處可歸納為下列六項：

1. 船員必須接受完善之訓練，始能對各種固定式滅火系統具備操作能力與滅火之信心。

2. 盡早偵測與警報火災發生的事實，始能促使船員於黃金救災時段採取滅火行動，因而船上人員應隨時確保火災偵測與警報系統處於正常運作狀態。

3. 固定式 CO_2 滅火系統之操作演習必定期舉行，以免操作錯誤或者 CO_2 氣體施放量不足，而錯失滅火契機。

4. 相較於海水或淡水，CO_2 氣體是撲救貨艙火災的最佳滅火劑，因為利用海水

[註五]：如果遽然採用機械通風系統，則可能讓大量空氣突然進入貨艙而增加復燃之危險。

[註六]：請參閱第二章 2-3-1 節之內容。

減火不僅容易造成貨損而且可能對船體穩度產生不利影響。

5. 火災發生時，設法完成火場的溫度測量、觀察、記錄並且做成溫度變化曲線圖表等作業，是具有相當參考價值的減火措施之一。

6. 貨艙火災利用 CO_2 氣體撲滅之後，應持續封閉其艙蓋與通風管口；船上人員應於確認艙溫降至安全溫度以下始能實施開艙作業，否則可能引起復燃以致功虧一簣。

7. 本減火案例大約耗時 45 小時；CO_2 氣體的窒息作用所能發揮的減火效果十分緩慢，使用該減火劑撲滅貨艙（或機艙）火災經常需要耗時 24 小時以上，故而船長與船員們必須具有耐心並且按部就班採取相關措施。

3-3　Yarmonth Castle 號客輪火災案例

Yarmonth Castle 號為一九二七年所建造的運兵船，一九六五年由巴拿馬 Chadade 輪船公司承購並且改裝為小型客船。該船全長 379 呎，總噸位 5,000 噸，淨噸位 2,474 噸，每航次均由 Nassau 啓航，航期共計十四天。

一九六五年十一月十二日該船搭載一百六十五名船員與三百七十六名旅客啓航，在航行途中發生火災而喪失八十七條人命。

3-3-1　背景狀況

十一月十三日（星期六）凌晨 0100 時左右，船上人員發覺機艙出現不尋常的濃煙臭味。依據當值輪機員的初步判斷，認為濃煙可能來自於廚房的烤爐而後透過通風系統傳入機艙，隨即針對廚房進行搜尋與查驗作業，但卻未發現任何火源。大約在同一時間，雖有部份船員和旅客發現濃煙已經從散步甲板層（Promenade Deck）的 610 號住艙持續冒出，卻未對駕駛台當值人員通報任何火警訊息。另外，確認火災發生之後，船上人員對於火源之搜尋作業亦因漫無章法而陷入混亂的局面；搜尋火源之方法請參閱本書 10-1-1 內容。

3-3-2　滅火經過

確定火源位置為散步甲板層 610 號住艙房間之後，船上人員所採取之行動

措施包括：

1. 先使用手提式滅火器展開滅火工作。

2. 發現手提式滅火器無法遏止火災時，開始佈置水帶並且請求機艙開啓消防泵。

3. 利用水帶無法撲救火災而且火勢蔓延至走道與樓梯附近時，滅火人員因高溫與火焰之威脅而被迫撤離火場；此時船長被逼撤至駕駛台。

4. 火災發生之後，船上的火災偵測與警報系統始終未曾作動而鳴放火警信號；大多數船上人員係被吵雜聲驚醒、被濃煙嗆醒或經他人通知之後，始察覺火災存在的事實。

5. 0120 時駕駛台通知機艙人員將通風系統與機艙的水密門關閉，並且發出 SOS 遇難求救信號；此時由於電報房已經著火，只能利用探照燈向附近兩艘船隻發出燈光求救信號。

6. 0125 時船長宣佈棄船令，因駕駛台受火焰波及而被棄守，故而棄船令無法立即向全船人員宣達；此時，船艢部位火勢猛烈而且兇猛的火舌朝四周流竄。

7. 在棄船行動中，全船之十四艘救生艇，僅有四艘被吊放入水。然而，船長卻率先搭乘第一艘救生艇逃生，其他三艘幾乎被船員完全佔據，登艇旅客只有四人而已。

8. 0155 時美國海岸防衛隊接獲芬蘭籍 S.S. Finnpulp 號之緊急通報，立即命令駐在 Miami 港之航空器進行搜救行動。其次，Finnpulp 號和另一艘巴拿馬籍 Bahama Star 號客船迅速駛往事故現場展開救援工作，並且分別放下兩艘與十四艘救生艇。

9. 0300 時左右大部份旅客與船員登上救生艇之後，Yarmonth Castle 號船長折回船邊，辯稱其率先搶搭救生艇離開的動機旨在爭取時間以便能迅速請求救援協助。

10. 最後，Yarmonth Castle 號約於 0600 時沉沒，總計有八十五名旅客與兩名船員喪生。假設上述兩艘船舶未及時趕到現場並且協助救援工作，其後果可能更為嚴重。

3-3-3　檢討與建議事項

綜觀該船舶火災案例中，值得航海從業人員借鏡或檢討之處可歸納爲下列八項：

1. 提早發現火源和啓動火災警報器是十分必要的。
2. 每位船員均應具備防火知識與正確的防火理念，不得在未設置任何消防設備之艙間內，堆放大量的易燃物品。
3. 促使船員定期接受防火訓練及演習，是船長和船副的職責之一。唯有如此，始能在緊急狀況下有效地發揮滅火效率。
4. 船上發生緊急狀況而且確認任何措施均已無法解除危險時，應立即發出 SOS 求救信號和棄船命令。
5. 偵查火災徵兆（例如：火焰或煙霧）或啓動自動撒水系統，是船上人員（包括旅客）必須共同關切的安全事務，不應責由少數特定人員負擔之。
6. 任何船上的內部結構、建材與傢俱等，均應盡量採用防火或抗火材料。
7. 宣佈棄船之後，船長應負責指揮船員控制火勢並且安全地撤離乘客，絕不可率先落荒逃跑。
8. 船員若能接受訓練並且熟悉火災通報程序、手提式滅火器之操作要領、固定式滅火系統之操作步驟以及個人安全防護裝備之使用，則火災獲得控制和撲滅的機率將相對增加。

3-4　穀物散裝船火災案例

穀物散裝船實施燻艙作業（Fumigation Operation）是司空見慣的，如果作業不當仍有發生火災之可能。本案例所欲強調的重要點爲：在燻艙作業期間，船上人員必須注意防範可能發生之危險，並且指派負責人員全程監督作業情形。

3-4-1　背景狀況

根據 ICS（International Chamber of Shipping）一九八一年三月之報告指出，一艘載重噸爲 26,000 噸之散裝船從美國的 Gulf 港滿載穀物準備航往南非。該批

貨物的託運貨主堅持穀物裝船之後必須實施燻艙作業，並且自行聘僱燻艙公司將錠狀磷化鋁（Aluminum Phosphide）放置在裝載完畢的貨艙內作爲燻艙劑。

3-4-2　意外發生

該船開航後第五天的凌晨 0120 時左右，在駕駛台之當值二副聞到燃燒後的異味，因而先請求三副至駕駛台代班，而後親自到住艙區和甲板等處所進行勘查作業。茲將事故發展經過概述如下：

1. 0130 時二副確認煙味係從 No.4 貨艙傳來之後，立即喚醒船長、大副與輪機長等人並且採取下列措施：
   (1) 船長與大副等兩人檢查 No.4 貨艙，確定該艙發生火災。
   (2) 大副與二副等兩人配戴呼吸器進入 No.4 貨艙，發現艙內濃煙密佈。
2. 0400 時左右船長下令封閉 No.4 貨艙，同時啓動 CO_2 滅火系統對艙內灌充 CO_2 氣體。但因該系統管線損壞而發生漏氣情形，截至 0500 時總共消耗三十三具 100 磅裝的鋼瓶。
3. 自 0900 時開始，船上人員陸續利用僅剩的十具 CO_2 鋼瓶對失火貨艙定時施放 CO_2 氣體，但於 1300 時察覺 No.4 貨艙仍舊陸續冒出濃煙而且艙溫並無明顯下降的趨勢。
4. 1512 時船長決定變更航線至 Trinidad 港請求協助，因而將本船遇險狀況與預計抵達時間（E.T.A.）電告港口機構。
5. 隔日早上 0600 時該船抵達港口錨區完成拋錨作業之後，Trinidad 港的消防局與海岸防衛隊人員立刻登船，隨即展開下列措施：
   (1) 配備齊全的港區消防人員試圖進入貨艙展開檢查作業，因濃煙太大而折返艙外。
   (2) 港區人員與船長協商之後，決定開啓艙口蓋並使用水霧滅火；其作業方法是先從艙口對艙內噴灑水霧，直至濃煙被逐漸驅散後，滅火人員始慢慢朝貨艙內推進，結果發現火源乃發生於貨艙的中央部位，其燃燒面積大約四平方呎而已，因此迅速利用水霧予以撲滅。
6. 艙內火災撲滅之後，指派船員進艙撥開燒焦穀物，發現起火點肇自於燻艙用之磷化物，因而採取部份樣品並且送岸檢驗。

7. 1400 時火災被完全撲滅。

8. 該船舶火災撲滅之後，因清理艙內燒毀穀物與通過船舶安全檢驗而拖延四天時間。其次，爲等候 CO_2 鋼瓶組空運到港和完成船上安裝又耗費十天時間。

9. 就損失而言，除十噸穀物被燒毀之外，船體結構未受到任何損害而且船員亦均安然無恙。

3-4-3 檢討與建議事項

1. 燻艙劑錠的成份是否穩定與燻艙作業方法是否正確，船方人員必須事先予以確認。

2. 大體而言，船長與船員們所採取之滅火措施是成功的；至少未讓火勢蔓延而使災情擴大。

3. 船長就近偏航至較近港口請求救援，是明睿之決定。

4. 固定式 CO_2 滅火系統管路出現瑕疵而無法發揮預期滅火效率，是值得引以爲鑑的重大缺失。

5. 若能妥善加以運用，水霧是撲滅普通貨艙火災的有效方法之一。

3-5 油輪補給燃油之機艙火災案例

本案例火災係發生於一艘正在承裝柴油燃料油的油輪機艙內。由於當值輪機員反應迅速並且處理得宜，不僅保全船員生命並且避免一場可能發生之爆炸危機。

3-5-1 背景說明

根據一九八二年九月份 ICS 之報告指出，一艘載重噸（DWT）爲 95,354 噸的油船繫泊於夏威夷 Archipelago 港的碼頭卸載輕原油時，船上並未設置防護貨艙火災的惰氣系統，但機艙與泵間均設有 CO_2 滅火系統。火災發生之際，船長與輪機長等兩人皆不在船上。

3-5-2　火災事故

該貨船於 1700 時開始卸貨作業，同時對左右舷側之雙重底艙進行燃料油補給作業，茲將事故發生過摘數如下：

1. 2000 時當值輪機員交班之前，卸貨與燃料油補給作業進行得相當順利。

2. 2024 時船上人員發現左舷側的雙重底艙發生溢油現象，油液從量油管口噴出而濺灑到右舷側運轉中的柴油發電機排氣管管口，以致引燃火災並且產生大量的猛烈火焰；在此瞬間，機艙艙區幾乎陷入火海之中。

3. 2025 時駕駛台當值人員發送火災警報信號之後，在船視察的輪機督察員（Marine Engineer Superintendent, MES）發現機艙上方不斷冒出濃煙，立即作成決定並且命令採取下列措施：

   (1) 立即停止所有機械通風系統之運轉。

   (2) 立即中止燃料油補給作業。

   (3) 立即中止貨油卸貨作業。

   (4) 立即啟動消防泵。

   (5) 所有船員撤離現場，並指派人員備便救生艇。

   (6) 輪機督察長確定人員撤離機艙之後，立即啟動兩組 CO_2 鋼瓶組的控制拉桿對機艙灌輸 CO_2 氣體；該兩組鋼瓶組系統分別由六十六個 45 公斤裝的 CO_2 鋼瓶串組而成，總數為一百三十二個。

4. 2035 時左右，輪機督察員進一步採取下列措施：

   (1) 到設置於左舷走道旁之控制室，拉開另一組鋼瓶系統的控制拉桿對泵間灌輸 CO_2 氣體，藉以防護泵間以免受到機艙火災波及；該 CO_2 鋼瓶系統係由四十四個 45 公斤裝之 CO_2 鋼瓶串組而成。

   (2) 關閉所有通至主機、鍋爐與副機等設施之燃料油閥門。

   (3) 關閉任何通往主機與煙囪爐膛之艙門、通風擋板（Ventilator Dampers）和通風管帽等。

5. 2150 時輪機督察員諮請二副協助，利用水帶對機艙附近的甲板與艙壁噴灑水霧，藉以降低溫度。

6. 海岸防衛隊直升機在 2115 時左右抵達船舶上方備便，所屬的巡邏艇亦於

2230 時抵達船邊提供救助作業。

7. 2315 時夏威夷港務局消防船抵達現場之後，消防隊長與海岸防衛隊官員於 2345 時同時登上失火油輪。

8. 雖然 2355 時消防隊長宣佈火災已被撲滅，截至隔天早上 0800 時機艙始終維持在封閉狀態而且指派人員當值守望。

9. 經船舶檢驗機構檢查之後，發現油輪機艙已被嚴重燒毀，必須拖往日本港口附近的修船廠進行修護。

3-5-3　檢討與建議事項

1. 根據海事法官之調查結果，確認當值輪機員之疏忽是油輪火災發生的根本原因，其理由包括：

    (1) 在燃料油補給到達滿艙液位（Topping-off Point）時，當值輪機員並未採取任何減緩進油速率的行動或表示。

    (2) 2000 時接班的當值輪機員未察明實際狀況，仍以最大速率進油二十分鐘，以致造成左右舷側的燃料油艙相繼發生溢油現象。

2. 交班時，當值人員應將實際狀況向接班人員說明清楚。如果發現接班人員並未完全掌握實際狀況，交班人員必須繼續留守現場，直至危機解除之後始可離開。

3. 任何油艙處於滿艙階段時，務必降低進油速率以免發生溢油之危險。

4. 火災發生之後，輪機督察員及時採取的緊急應變措施，是撲滅火災的關鍵因素。

5. 海岸防衛隊與夏威夷港務局人員分別於事故後 50 分鐘與 90 分鐘抵達現場，顯示其救災動員能力仍舊有待加強。

6. 油輪進行任何裝卸作業時，各班次當值人員至少須維持兩人以上。

3-6　油輪卸載汽油之火災案例

　　某艘油輪靠泊在油貨碼頭，欲將 No.3 貨艙的汽油輸送到岸上設施時，由於船方的油管凸緣（Flange，俗稱法蘭）損壞，以致汽油洩漏在主甲板上而引發火

災。

3-6-1 火場狀況評估

1. 主甲板火災發生時，No.3 貨艙處於滿艙狀態。
2. 主甲板火災發生時，岸上的微風吹向油輪右舷部。
3. 由於主甲板排水管口均已封閉，洩漏的汽油並未流入港內水域。
4. 迅速啓動全船警報系統，通知船上人員進入緊急戒備狀態。

3-6-2 滅火作業

1. 利用全船警報系統與汽笛施放火災緊急警報信號，通知船上人員、岸方人員與附近船隻採取必要之行動。
2. 船上人員立即關閉卸貨泵，阻止汽油繼續洩漏至甲板上。
3. 如圖 3-3 所示，在水霧的保護之下，第一組滅火人員在甲板上風處啓動介於火場與儲藏室之間的固定式泡沫噴鎗，將泡沫噴灑至附近結構物的垂直表面而且完成覆蓋，以隔絕氧氣供應。

圖 3-3 ①關閉貨泵，從上風處操作固定式泡沫噴鎗　②從上風處操作水帶泡沫噴嘴，對固定式泡沫噴鎗無法涵蓋的區域噴灑泡沫　③從上風處操作水霧噴嘴，用以保護滅火作業人員

4. 於水霧保護之下，第二組滅火人員在甲板上風處操作水帶泡沫噴鎗，以左右來回噴灑方式，將泡沫緩慢地從火場上方散佈至附近區域。

5. 利用泡沫滅火時，各組作業人員必須正確地操作泡沫噴灑裝置，並且確保泡沫完全覆蓋火場；火場的泡沫覆蓋層一旦出現缺口，極可能因油氣逸出而復燃。

6. 利用泡沫撲滅甲板火災時，經常需要消耗大量的泡沫。尤其，在氣流作用之下，原先覆蓋於主甲板上的泡沫可能朝各方移動而出現缺口；發現缺口時，作業人員必須立即填補泡沫，使火場恢復完整的覆蓋狀態。由於上述的缺口填補與覆蓋工作必須持續進行，故而需要消耗相當數量的泡沫。

7. 船上人員確認火場已被泡沫完全覆蓋之後，即刻採取下列措施：

   (1) 暫時中止滅火行動。

   (2) 限制船上人員在甲板上走動，以免破壞泡沫覆蓋層。

   (3) 將水帶留置於火場附近，以便因應緊急之需。

   (4) 利用水霧撲滅殘餘的火燼。

8. 發現泡沫滅火作業無法達成任務時，滅火作業人員可在主甲板的上風部位施展水帶，利用水霧發揮冷卻火場、驅散熱氣與濃煙等作用。採取該項滅火行動時，滅火人員必須注意下列事項：

   (1) 以安全而且緩慢方式接近火場。

   (2) 確定最接近身體部位的火災已被撲滅之後，始可向前挺進。

   (3) 提高警覺，慎防側面和後方之回火。

9. 火災撲滅之後，仍應繼續利用水霧冷卻火場與附近的結構物，直至確認下列事項為止：

   (1) 燃料供給管道已經關閉。

   (2) 金屬結構物已被冷卻至可以觸摸之溫度。

   (3) 甲板上的可燃液體已被稀釋或清除。

10. 發現水霧和泡沫滅火作業均無法撲滅火災時，船長應以人員安全作為主要考量，立即宣佈放棄滅火行動並且命令人員迅速撤離。

3-6-3　侷限（或圍堵）火場

1. 船上人員利用迅速關閉貨泵與噴灑泡沫等措施，達到侷限火場之初步目標。
2. 當油管接頭附近的火災被撲滅之後，船上人員在水霧的保護下依序關閉該管路的其他閥門和 No.3 貨艙的的量油孔（Ullage Openings）。
3. 關閉甲板艙間（Deckhouses）的所有門窗。
4. 關閉 No.3 貨艙的的空氣吸入口。
5. 命令船上人員不得啟動火場附近的電器設施。

3-6-4　防止火災蔓延

1. 失火船舶與岸上機構立即進入戒備狀態，並且採取緊急應變措施。
2. 接獲火警訊息之後，停泊在碼頭附近的其他船舶應解纜離開船席。
3. 岸上儲油設施應準備水帶、噴水和泡沫滅火系統，用以冷卻火災輻射熱（或窒息）儲油槽與輸油管線。
4. 調度與準備足夠數量的泡沫原液。

3-6-5　清理火場和重新卸貨

1. 確認火災已被撲滅、漏油部位已被封閉而且油漬已被清除之後，可重新開始檢查船岸雙方的油管並且完成銜接工作。
2. 在火場的煙霧消散之前，岸方的水帶、噴水和泡沫滅火系統等設施仍應維持備便狀態。
3. 重新展開卸貨作業之前，船上人員應完成下列措施：
   (1) 徹底檢查船體與船席附近的狀況。
   (2) 船上泡沫原液存量已經補足。
   (3) 其他滅火設施均處於服役狀態。

3-7　散裝貨船之貨艙火災案例

　　某船在開航後三天（距離目的港大約四天航程）的航海期間，船上的煙霧

偵測系統（Smoke Detection System）發出警報並且顯示 No.2 貨艙的第三甲板（Lower 'tween Deck/3rd. Deck）發生火災。船上人員查證氣象預報與航海圖書資料發現：未來 48 小時天況良好，但肇事水域附近並無可供靠泊的港埠。

　　船上人員查閱貨艙艙單（Manifest）、貨物積載圖（Cargo Stowage Plan）與勘查現場之後，獲得 No.2 貨艙的相關資訊如下：

(1) 底艙（Lower Hold）裝載利用木條板箱包裝的重型機器。

(2) 第三甲板裝載束裝布料、箱裝紙器與袋裝樹脂。

(3) 第二甲板（Upper 'tween Deck/2nd. Deck）裝載箱裝的汽車零件與橡膠輪胎。

(4) 濃煙從 No.2 貨艙的通風管陸續冒出。

(5) 主甲板艏部之左舷側的溫度明顯偏高。

3-7-1　火場狀況評估與決策

1. 如圖 3-4 所示，起火點位於第三甲板，若欲使用水帶進行直接滅火（Direct Attack），則必須先移除主甲板艙口蓋、第二甲板之貨物與艙口蓋。鑑於此等工作可能需要花費幾個小時，而且可能引進新鮮空氣而助長火勢，故不可貿然行之。

2. 經調查與評估之後，船長決定封閉失火貨艙，利用全區式（Total Flooding）CO_2 滅火系統進行間接滅火作業（Indirect Attack Operation）。

3-7-2　滅火作業

1. 船上決定使用全區式 CO_2 滅火系統進行滅火作業時，應在靠泊碼頭或岸上滅火機構完成備便之前，積極採取下列措施：

(1) 確認艙口蓋已經完全封閉。

(2) 在主甲板上佈置一條以上的水帶，用以冷卻失火貨艙的主甲板與船殼。

(3) 關閉通風擋板，並且利用帆布套封閉通風管口。

(4) 參閱固定式 CO_2 滅火系統說明書，確認已經依據正確的操作程序將數量足夠的 CO_2 灌輸至失火貨艙間。

2. 當 CO_2 被灌輸至 No.2 貨艙的第三甲板之後，船上人員如果發現鄰近貨艙的

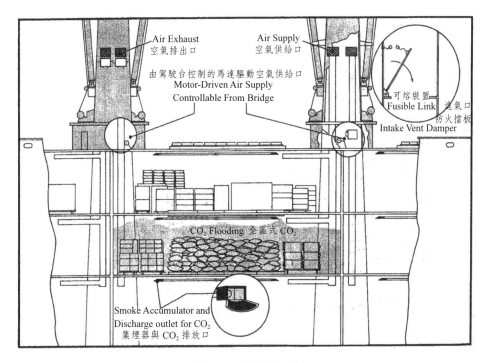

圖 3-4 貨艙佈置

通風管口、艙蓋或人員進出口等處出現熱氣與濃煙等現象，表示該艙可能發生 CO_2 氣體外洩或空氣滲入艙內之情形，應迅速利用管線膠帶（Duct Seal）或強力膠布封閉漏裂部位。

3. 啓動固定式 CO_2 減火系統進行滅火之後，應透過安裝在鄰艙隔艙壁的溫度計每隔一小時記錄艙內溫度和 CO_2 氣體釋放數量，而後作成如圖 3-5 所顯示的時間與溫度關係線型圖，藉以評估火場狀況與滅火效能。

4. 利用 CO_2 撲滅 A 類火災之效率相當緩慢；欲使艙內的氧氣濃度降至 13% 以下而達到滅火目的，經常需要超過 24 小時的時間。在未確定火災已經熄滅之前，切勿貿然開啓艙蓋（或通風管）企圖窺視艙內狀況，否則可能產生下列不利影響：

(1) 使艙內的 CO_2 氣體散逸至大氣中而形成浪費。

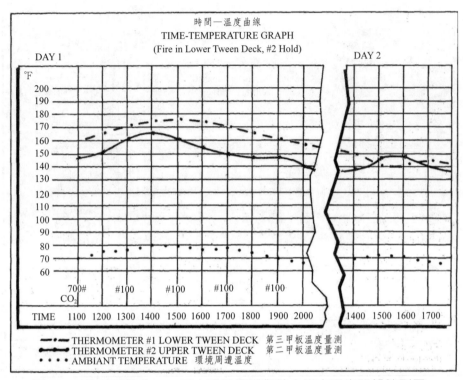

圖 3-5　利用彌漫式 CO_2 滅火系統撲滅貨艙火災之溫度記錄線型圖

(2) 使新鮮空氣滲入艙內而助長火勢。

3-7-3　侷限（或圍堵）火場

1. 船上人員應利用封閉貨艙方式達成侷限火場之初步目標。
2. 利用水霧冷卻 No.2 貨艙上方的主甲板與兩舷船殼。同時，迅速派員檢視其前後艙壁；若發現灼熱之高溫部位，應移開附近的易燃物或利用水霧加以冷卻，如圖 3-6。
3. 如果 No.2 貨艙上方的主甲板存放危險貨櫃，應設法將之移至安全艙區；如果無法搬移，則應利用水霧持續冷卻。
4. 船上人員應保持警覺繼續偵察該艙是否有洩漏之情形，若發現漏裂部位應立即設法予以封閉。

圖 3-6　①可行時，將易燃物搬離灼熱艙壁　②利用水霧冷卻灼熱艙壁

3-7-4　防止火災蔓延與人員安全

1. 對 No.2 貨艙灌輸 CO_2 氣體之前，迅速派員進入其前方與後方貨艙檢視並且確認灼熱部位。

2. 在最熾熱的艙壁，將高溫計（Pyrometers）分別安裝在不同高度的部位；若未發現明顯的灼熱部位，則可將高溫計安裝在大約一半高度的艙壁上，用以監測艙壁之溫度變化，如圖 3-7。

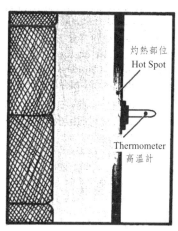

圖 3-7　將高溫計安裝在艙壁中間部位

3. 磁力式高溫計可直接吸附在艙壁，非磁力式者應利用管線膠帶或強力膠布固定在艙壁上。

4. 每隔一小時派員記錄高溫計的溫度讀數，藉以監控火災之發展狀況。

5. 在主甲板上備便水帶，必要時可對甲板或船殼進行冷卻。

6. 如果 No.2 貨艙的 CO_2 氣體洩漏至鄰艙而且濃度過高，即可能造成危險。爲確保進艙人員之安全，該等艙區應隨時利用氧氣分析儀量測氧氣濃度。

3-7-5　通風措施

1. 船舶靠泊碼頭或未獲得岸上滅火機構提供協助之前，絕對不可對失火貨艙實施通風措施。
2. 若能正確地操作固定式 CO_2 滅火系統，No.2 貨艙溫度應逐漸下降而且於 24 小時之後維持火災安全狀態。
3. 船舶靠泊碼頭時，應利用儀器量測失火貨艙的氧氣濃度、艙溫以及可燃氣體濃度，並且依據下列指標評估適當的開艙時機：
   (1) 量測艙內氧氣濃度，至少低於 11%（火災悶燒理論值）。
   (2) 量測艙內溫度，至少低於燃料之燃燒溫度。
   (3) 量測艙內可燃氣體濃度，至少低於燃燒下限（LFL）。
4. 滅火人員穿戴滅火衣、準備壓縮空氣呼吸器具並且在主甲板上備便水帶，藉以因應緊急之需。
5. 確認可開艙時，應小心地將 No.2 貨艙的主甲板艙口蓋開啓一部份，讓海事化學師或商船船副等專業人員進入第二甲板查勘；若無任何狀況，即可對該甲板艙區進行自然通風，但第三甲板與底艙等艙區必須維持在空氣惰化狀態（Inert Atmosphere）。

3-7-6　清理火場與重新積載

1. 當第二甲板進行自然通風時，即可開始展開卸貨工作；將被火灼焦的貨物集中堆放在安全區域，甚至於噴水冷卻。
2. 第二甲板之貨物清理完畢之後，可在滅火人員備便水帶的情況下開啓艙口蓋，讓專業搜索人員進入第三甲板進行查勘；確定安全無虞之後，即可對該甲板上實施自然通風並且關閉 CO_2 滅火系統。
3. 第三甲板貨艙徹底通風之後，即可展開卸貨作業與檢查船體結構之損壞情形。
4. 確認第三甲板貨艙適載貨物之後，對先前卸出的貨物重新進行積載作業。

3-8　散裝船進塢修船之火災案例

3-8-1　背景狀況

根據一九八五年五月份 ICS 之報告指出，一艘載重噸為 87,000 噸之散裝貨船，在修船廠進行修護作業時發生火災。該次作業的修船工人總計二百三十名，在機艙從事切割或焊接作業者大約七十五人。

修船期間，機艙內的發電機全部停止運轉，船上之電力與用水完全由岸上之修船場供應。某日，船上輪機人員在船塢長之陪同下，利用乙炔氣焊鎗切割位於機艙底層甲板的日用泵時，突然發現火焰從更低處之舭艙[註七]竄起。

3-8-2　滅火過程

1. 在現場從事作業之輪機員與船塢長發現火災之後，立即取用手提式 CO_2 滅火器展開滅火行動。
2. 當輪機員與船塢長發現火災未被控制，以致延燒至舭艙上方甲板並且發出輕微的爆炸聲響時，即刻採取下列措施：
   (1) 啓動全船火災警報系統並且大聲呼喊「失火啦！」
   (2) 迅速撤離機艙人員。
3. 由於尚有修船工人滯留在機艙內工作，故未立即封閉機艙。此時，船長指派一組全副武裝之人員準備下艙，卻因濃煙太大而折返艙面。
4. 火災發生後二十分鐘左右，修船場之火災控制小組抵達現場，而後採取下列措施：
   (1) 切斷所有通至船上之電力開關。
   (2) 利用銜接在給水泵的水帶，對機艙噴灑水霧。

[註七]：舭艙（Bilge Tank）乃位於機艙與泵間下方的船上舭水（廢污水）收集艙，通常該等廢污水均含有相當濃度之油漬，而且會散發油氣。

3-8-3　火災損失與肇因

該散裝貨船之機艙火災被撲滅之後，所造成之財產損失與人員傷亡情形概為：

1. 雖然多數船員與修船工人均已順利逃離火場，仍有十人死亡與兩人受傷。
2. 機艙底層甲板、主機前半部與船上消防泵等處所的設備與屬具，均被嚴重燒毀。
3. 鄰近機艙的住艙區並未受到火災波及。

依記錄資料顯示，該散裝船進塢之前，已經徹底清洗舢艙、通過安全檢查並且取得熱作許可證明（Hot Work Permit），故應無發生火災之虞。根據事後調查結果推斷，火災之發生原因可能係因機艙內附著於油管上的油漬或沾有油漬之碎布等物質，受到燒焊作業時掉落之高溫熔渣引燃所致；因為唯有油類物質被引燃後，始可能迅速蔓延，否則應侷限於某一有限範圍。

3-8-4　檢討與建議事項

1. 任何船舶於進塢維修期間，必須確定塢方能提供正常而且足夠之水壓。尤其，應將滅火功能列為首要考量事項。
2. 在修船作業場所，應備便足夠之手提式滅火器。
3. 船方與塢方均應指派當值人員，對火災或其他安全事務採取守望任務。
4. 岸上人員登船從事作業之前，應事先規劃緊急撤退與逃生路線。同時，應對作業人員實施相關簡報或說明。
5. 任何型態之船岸聯合作業計畫中，均應擬訂具體的緊急應變處理程序或方案。
6. 船舶不論靠岸、錨泊或進塢期間，船舶安全事務仍須由船員嚴格監督，切勿以為該責任係由岸方負責而鬆懈其應負之責任。

3-9　貨櫃船之甲板火災案例

某貨櫃船在航行期間，船上人員發現艙部甲板的鋁製 40 呎（12.2 公尺）貨

櫃突然冒出濃煙，而且部份貨櫃表面已經被燻黑。

3-9-1　火場狀況評估

1. 失火貨櫃位於艚部甲板中央堆疊的第三層位置，其四周被其他貨櫃包圍。
2. 該貨櫃內裝載著不同種類的物質和填塞材料，但均不屬於危險物質。

3-9-2　滅火作業

1. 利用全船警報系統與汽笛施放火災緊急警報信號。
2. 船上人員查驗貨櫃標示與貨物艙單，確認失火貨櫃和附近貨櫃的內容物。
3. 滅火人員迅速佈置第一條水帶，利用水霧冷卻失火貨櫃的表面；隨後佈置第二條水帶，利用水霧冷卻附近的貨櫃表面；該等措施雖然無法使水霧直接接觸起火點並且撲滅火災，至少達成圍堵火場之初步目標。
4. 根據貨物艙單所顯示的資料，船長確定海水為適當的滅火劑，因而命令船員在貨櫃溫度最高的側面頂部鑿開直徑大約 1 吋（2.54 公分）的洞口，並且利用噴霧桿將水霧灌注到貨櫃內部。
5. 如果發現櫃內貨物屬於價值昂貴而且容易發生水損（Water Damaged）者，應設法利用手提式 CO_2 滅火器採取下列滅火措施：
   (1) 從鑿開洞口對貨櫃內部注入足夠數量的 CO_2 氣體，而後封閉洞口。
   (2) 每隔固定時間，開啟洞口、補充 CO_2 氣體而後封閉洞口。
   (3) 設法防止新鮮空氣滲入櫃內，以免助長火勢。

3-9-3　圍堵火場

為防止火災蔓延，船上人員應在滅火作業開始之後，持續利用水霧冷卻失火貨櫃與附近貨櫃的表面，直至船長確認失火貨櫃已經注入足夠數量的滅火劑為止。

3-9-4　防止火災蔓延

1. 失火貨櫃附近與甲板下貨艙等處所，可能因熱能傳導而衍生火災，故必須不

斷地利用水霧加以冷卻。

2. 指派人員定時量測甲板下的貨艙溫度，藉以判斷火災是否有向下延燒之情形。

3-9-5　清理火場

1. 開啓失火貨櫃，將櫃內貨物移出艙外並且逐項清點；櫃內貨物如果遭受污染或損壞，該清點工作可能延誤相當時間。

2. 在貨物清點期間，船上人員仍應隨時備便水帶，藉以因應緊急之需。

3-10　貨櫃船大艙火災案例

某貨櫃船在距離最近目的港三天之航行期間，船上的煙霧偵測系統顯示 No.4 貨艙的右舷側底部散發出濃煙。

3-10-1　火場狀況評估

1. No.4 貨艙內裝滿貨櫃。
2. No.4 貨艙艙口蓋的上方甲板裝載兩層貨櫃。

3-10-2　滅火作業

1. 船上人員迅速施放火災緊急警報信號。
2. 滅火小組組長由 No.4 貨艙的緊急撤離艙口（Emergency Escape Hatch）進艙勘察狀況，發現下列結果：
   (1) 艙內煙霧相當稀薄。
   (2) 能見度大約 15 公尺左右。
   (3) 艙溫並未明顯升高。
3. 依據上述勘察結果，船長決定採取下列滅火措施：
   (1) 指派兩名配戴壓縮空氣呼吸器、救生索和照明器具的幹練船員進入艙底，利用水帶撲滅失火貨櫃。
   (2) 在甲板上備便其他水帶，以便因應緊急之需。

4. 進艙的滅火人員鎖定失火貨櫃之後，依序採取下列滅火措施：
   (1) 先利用水霧冷卻其表面與附近區域。
   (2) 設法在貨櫃側面的較高部位鑿開洞口，進而利用噴霧桿將水霧灌注到貨櫃內部。
5. 進行滅火作業時，船上人員應密切注意火場與附近區域的溫度變化和煙霧濃度，以便能在適當時機採取有效措施，譬如：
   (1) 發現某些部位的溫度升高或煙霧增大時，應額外佈置水帶並且加強滅火作業。
   (2) 發現艙內煙霧濃度繼續增大以致能見度降為 15 公尺以下時，船長應立即下令終止作業、撤離人員而後啓動全區式 CO_2 滅火系統。
6. 利用全區式 CO_2 滅火系統撲滅貨櫃船之大艙火災。

3-10-3　圍堵火場與防止蔓延

　　利用水霧或全區式 CO_2 滅火系統撲滅貨櫃船大艙火災時，其有關火場圍堵與防止火災蔓延等作業措施，與雜貨船或散裝船完全相同，故不再加以贅述，請參閱本書第三章 3-7 節內容。

3-10-4　清理火場

1. 船舶靠泊碼頭之前，不得對失火貨櫃實施清理工作。
2. 在港吊卸貨櫃期間，任何未經許可的人員均不得進入艙內。
3. 航行期間被灌注 CO_2 氣體的貨櫃船大艙，在卸貨期間可能處於缺氧狀態；船方應確定其處於人員安全空間（Safety Space for Man）狀態，始得允許人員進艙活動。
4. 卸貨之前，船上人員應將水帶備便在甲板上，藉以因應緊急之需。

3-11　危險貨櫃爆炸失火案例

　　巴拿馬籍 M.V. Hanjin Pennsylvania 號貨櫃船全長 930 英呎（約 282 公尺），裝載總量 4,389TEU，係由德國 Dr. Peters Group 投資公司出資建造者，其外觀

如圖 3-8 所示。該輪於二
○○二年四月建造完成之
後立即交由簽訂長期傭船
契約的 Hanjin 公司經營
使用，其聯營航線遍佈東
南亞洲和歐洲海域。然
而，該輪卻於下水後的第
五航次，於二○○二年
十一月八日由新加坡啟航
前往漢堡期間，在斯里蘭
卡海域附近發生嚴重的爆
炸與火災事件，其場景如
圖 3-9 所示。

圖 **3-8**　Hanjin Pennsylvania 號貨櫃船之外觀

3-11-1　背景與火場狀況評估

1. Hanjin Pennsylvania
   號啟航後第四天，二
   ○○二年十一月十一
   日當地時間 0600 時左
   右航行於西印度洋斯
   里蘭卡海域時，在距
   離可倫坡大約 88 海浬
   處（北緯 05° 43.39'
   N，東經 0 82° 27.28'
   E），左舷 No.4 貨艙
   之甲板貨櫃突然發生
   爆炸並且引燃火災。

2. 事件發生時，當場造

圖 **3-9**　貨櫃船發生爆炸與火災之場景

成一名船員嚴重灼傷，一名船員死亡。

3. 船上載有 3,500 個貨櫃，甲板貨櫃之積載情形如下：

(1) No.1 至 No.3 貨艙甲板上堆放 60 個裝載煙火類貨物之貨櫃，其內容物被宣告如下：UN 0336 Fireworks 1.4G 與 UN 0337 Fireworks 1.4S。

(2) 貨艙甲板上大約堆放 100 個冷凍貨櫃。

(3) 其他均爲一般貨櫃。

3-11-2　滅火作業過程

1. 十一月十一日發生火災之後，船上人員迅速動員並且利用水帶實施滅火作業。然而，由於燃燒範圍廣泛而且火勢猛烈，船上人員無法立即撲滅火災。

2. 發現火勢有延燒跡象時，船上人員積極動用可資利用的滅火系統、裝置與器材，並且使用各種方法施展滅火作業。

3. 滅火作業持續進行至十一月十二日 0300 時左右，船長發現始終無法有效地控制火勢而且火場經常傳出微弱的爆炸聲，因而毅然宣佈棄船令。所幸，十九名搭乘救生艇筏進行海上求生的船員均獲得其他船舶救助成功。

4. 十一月十三日取得救難合約的 Smit 與 Wijsmuller 公司派遣裝備滅火設施的救難船抵達肇事現場。爲避免火勢延燒到 No.1 至 No.3 貨艙甲板上之煙火類貨櫃，救難人員密集使用海水噴灑火場附近的貨櫃；最後發現船身吃水有明顯增加之趨勢，因而停止噴灑作業。

5. 十一月十四日 No.4 貨艙火災持續燃燒而且逐漸朝 No.5 貨艙蔓延之趨勢。

6. 十一月十五日 No.4 貨艙發生第二次爆炸，火焰迅速延燒至住艙前方的 No.6 貨艙而導致更劇烈的第三次爆炸。

7. No.6 貨艙爆炸所產生的強大爆轟威力，不但將 30 噸重之艙蓋掀翻並且波及駕駛台、住艙與機艙等處，以致其結構發生嚴重扭曲和變形，如圖 3-10。

8. 十一月十六日船上的火勢漸漸熄滅而且剩下零星的火苗。

9. 十一月十八日爆炸艙區持續降溫中，但仍具有相當高的溫度。

10. 十一月二十五日該輪被拖往新加坡港。雖然火災已經熄滅，但救難公司仍未宣佈該輪處於安全狀態。

11. 十二月十三日該輪抵達新加坡港。

12. 十二月十六日經過檢查確認處於安全狀態。

13. 二〇〇三年一月九日開始卸下貨櫃並且清理火場。

圖 3-10　No.6 貨艙爆炸後之駕駛台景況

3-11-3　火災發生原因

依據災後調查報告之推論，認為導致 Hanjin Pennsylvania 號貨櫃船發生爆炸與火災的可能原因包括：

1. 船上部份貨櫃內裝有未經申報或錯誤申報的由中國出口至歐洲之鈣次氯酸鹽（Calcium Hypochlorite），而且積載時並未適當遠離熱源。

2. 航行於高溫的赤道海域時，由於冷凍貨櫃所附設之柴油機疏於保養或維修以致油料洩漏，加上甲板上的電路纜線或接頭受損而產生高溫的電弧。

3-11-4 易氧化物質之危害

鈣次氯酸鹽為氫氧化物，屬於 IMDG Code 所分類的第五類易氧化物質（Class 5.1 UN 2880），主要作為除藻劑、殺菌劑、除臭劑、除霉劑或氧化劑等用途。鈣次氯酸鹽在下列情況下均會產生熱能，故而具有引燃火災或爆炸之潛在危險：

1. 環境溫度超過 35℃時即會自行分解。
2. 與燃料產生劇烈化學反應。
3. 與水產生化學反應。

易氧化物質暴露在高溫處所而發生火災或爆炸之案例時有所聞，案例一：一九九七年十月 M.V. Contship France 號在大西洋航行期間，裝載在熱燃料油艙上方的鈣次氯酸鹽貨櫃起火燃燒而導致船舶沉沒。案例二：三具裝有氯化鈣（漂白劑）的貨櫃，從日本神戶港運抵基隆港而後存放在台北貨櫃場期間，由於白天溫度高達 35℃以上而於一九七八年八月十五日發生爆炸，導致附近數百個貨櫃遭受損壞。其次，大多數易氧化物質會對人員健康造成傷害或環境污染，譬如：

1. 可能對接觸人員的眼睛或皮膚造成灼傷。
2. 所散發之蒸汽或粉塵對人體之敏感部位具有刺激性。
3. 燃燒之後容易產生毒性氣體而導致人員中毒事件。
4. 與易氧化物質接觸後的水，通常會對環境造成污染。

3-11-5 討論及建議事項

1. 船上人員收受危險貨物裝船時，應遵照 IMDG Code 指導綱領完成適當之積載、儲存、繫固、支撐與充填作業。
2. 處置鈣次氯酸鹽等易氧化物質時，船上人員應特別注意採取下列措施：
   (1) 避免容器受到物理性傷害而發生破裂。
   (2) 避免水漬滲入容器內而產生熱能。
   (3) 儲存場所之溫度不得超過 30℃，尤其是含氯量較高的易氧化物質。
   (4) 儲存場所通風良好，無論採用自然通風或機械通風。
   (5) 儲存場所應盡量遠離油類、紙器、木材與纖維製品等易燃物質。

3. 易氧化物質引燃火災時，應實施適當的滅火作業行動：

 (1) 易氧化物質燃燒之後容易產生毒性氣體，滅火人員應配戴呼吸器具並且穿著消防衣著，以免發生中毒或人身傷害事件。

 (2) 使用手提式滅火器撲滅小型火災。

 (3) 使用水帶撲滅中大型火災；對火場四周與附近持續噴灑水霧，但應盡量避免使用壓力強大之水柱，以免水漬滲入容器內。

 (4) 使用海水撲滅火災時，應避免船艙積水過多而對船舶穩度造成不利影響。

 (5) 啟動火場附近可資利用之撒水、泡沫、化學乾粉或二氧化碳滅火系統撲滅大型火災。

 (6) 在可行狀況下，盡速將失火容器移離現場。

4. 危險品託運貨主應依規定完成貨物之包裝、標誌、標示與運送申報程序；若未照實申報或故意誤報，不知情的船員當然會將危險品視同一般貨物處置之，因而潛在火災或爆炸之危險。

5. 冷凍貨櫃所附設之柴油機與輸油管路、甲板上的電力輸送纜線或附屬組件，應定期實施檢查、保養與維修作業，以免發生漏油或形成電弧。

6. 重視貨櫃船火災之預防、防備與應變工作

 (1) 隨時具有高度之防火意識、養成良好的生活習慣與採取安全作業措施，例如：電器設備之操作使用、廚房之清理、燃料油補給作業、危險貨物之處理與火工作業等。

 (2) 充實危險貨物的防火、滅火與處理等方面的相關專業知識。

 (3) 落實滅火設備、裝置與器具之檢查、保養與維修工作。

 (4) 定期實施貨櫃船火災之演習與訓練，包括甲板貨櫃與艙內貨櫃之滅火作業。

 (5) 熟悉火災信息之緊急通報與請求救助之程序。

3-12　LNG 船管路漏氣之火災案例

液化天然氣（Liquefied Natural Gas, LNG）為碳氫氣燃料，其主要成份為甲烷（大約佔 87%）和少數比率的乙烷、丙烷或丁烷等物質；液化天然氣燃燒

時,具有煙霧稀少、火焰熾旺與輻射熱能高等特徵。茲將液化天然氣的主要特性摘述如下:

1. 液態 LNG 的比重約為 0.5 左右。
2. LNG 的液化溫度(Liquefaction Temperature)約為 -162℃(-260℉)。
3. 在大氣壓力下,溫度達到 15.6℃(60℉)時,液態 LNG 將沸騰而產生蒸發氣,使其體積膨脹 600 倍。
4. LNG 蒸發氣溫度升高至 -112℃(-170℉)時,其比重與空氣相同。
5. LNG 氣體雖然無色、無味而且無臭,但會對眼睛與呼吸道造成危害;液態 LNG 接觸皮膚時,將會造成凍傷之危險。

　　裝載 LNG 的艙間或容器必須使用不鏽鋼、特殊鎳鋼或銅合金等材料構成者,否則極容易因脆裂而發生漏氣現象;為偵測容器是否發生漏氣之目的,LNG 通常會添加具有濃郁氣味但不含毒性成份的甲硫醇(Methyl Mercaptan)作為警示劑。其次,為因應氣體外洩與火災等意外事故之應急目的,LNG 裝載船必須依 SOLAS 國際公約和 IGC 章程之規定,置備下列額外的火災防護設備與裝置,如圖 3-11 所示:

1. 甲板水沫系統(Deck Water Spray Systems),其主要功用包括:
   (1) 甲板破裂或設備損壞以致外洩氣體時,可抑制或驅散氣體,降低火災之發生機率。
   (2) 冷卻甲板與附近區域,防止火源。
   (3) 火災發生時,可在駕駛台、住艙與控制室等核心艙區形成防護水幕,藉以阻隔輻射熱。
   (4) 冷卻管路系統與貨艙表面,以免輻射熱增高而破裂或損壞。
2. 任何 LNG 船應在主甲板上與歧管附近,裝設數量足夠而且性能符合要求標準的甲板型化學乾粉噴鎗裝置(Deck Dry Chemical Skid-Mounted Units),用以撲滅可能發生的火災。

　　其次,LNG 裝載船必須依規定備置數量足夠的人員安全防護器具,並且隨時維持在立即可用之狀態,例如:專業防護衣著、保護面罩、橡皮手套與自給式壓縮空氣呼吸器等。船上人員處理漏氣事件、進行滅火作業、接近火場關閉閥門或採取其他必要的危險行動時,均應事先穿著或配戴適當的防護裝備或器具,藉

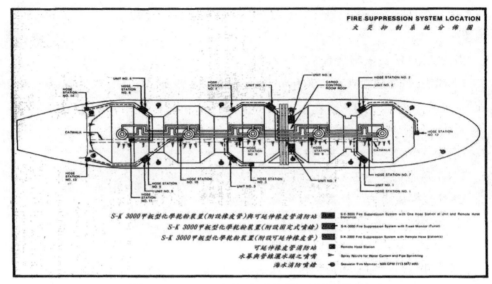

圖 3-11　LNG 甲板火災抑制系統分佈圖

以確保人身安全。

3-12-1　火災發生背景

　　某 LNG 船於靠碼頭卸貨期間，船上人員發現卸貨管路破裂導致液態 LNG 洩漏；外洩的液態 LNG 立即被從硬管上方連續噴向甲板的水沫作用而形成蒸發氣 [註八] 並且引發火災。

3-12-2　火場狀況與評估

1. 船上的管路輕微破損、洩漏出少量液態 LNG 並且形成小型火災。
2. 碼頭吹襲著向岸風，致使船上的火焰逐漸向岸方設施蔓延。

[註八]：LNG 船進行裝卸貨作業時，從硬管上方連續噴灑水沫，乃爲依 IGC 規定所需採取的例行性安全措施之一。

3. LNG 船碼頭附近靠泊數艘其他船隻 [註九]。

3-12-3　圍堵火場

1. LNG 船啓動全船火災警報系統，並且利用汽笛信號通知本船、其他船舶與岸方機構人員進入緊急戒備狀態，甚至採取必要的應變措施。

2. LNG 船人員接獲火警訊息之後，立即採取下列措施：

   (1) 關閉貨泵：停止輸送作業。

   (2) 啓動甲板水沫系統：對甲板噴灑水沫，藉以防止火源。

   (3) 關閉破裂處的上方與下方閥門：阻斷管路流。

   (4) 在失火場所附近佈置兩組水帶滅火小組，對管路破損部位持續噴灑水霧，藉以降低火場溫度。

   (5) 關閉甲板上的任何開口與貨艙的通風吸入口。

   (6) 備便火場附近的捲輪式化學乾粉滅火裝置，請參考 7-9-2 內容。

3-12-4　滅火作業

1. 使用水霧：一組水帶滅火作業人員在另一組人員的水霧防護之下，逐漸接近起火點並且撲滅火災。

2. 使用化學乾粉：利用固定式或捲輪式化學乾粉滅火裝置撲滅火災。

3-12-5　防止火災蔓延與人員安全

1. 持續利用固定式甲板水沫系統，對失火部位附近的甲板和船殼等處噴灑水沫。

2. 確實要求接近火場實施各項應急作業的人員，均應事先穿戴安全防護衣著並且置備必要的設備與器材。

3. 應盡量準備火場附近的充足滅火設施，譬如：

   (1) 水帶與海水噴鎗。

[註九]：依現行法令規定，LNG 船靠泊碼頭進行裝卸貨作業期間，同一碼頭附近不得靠泊其他船隻。

(2) 捲輪式化學乾粉滅火裝置。

(3) 甲板型化學乾粉平台裝置。

3-12-6　重新展開卸貨作業

失火的 LNG 船必須取得現場指揮官（船長或港區消防隊長）的同意之後，始能重新展開卸貨作業。現場指揮官應對下列事項完成評估，始能作成最後決策：

1. 液態 LNG 的洩漏管道是否關閉。
2. 船上的撒水系統是否已將 LNG 蒸發氣驅散至船外。
3. 卸貨管路的破損部位是否已經修護。
4. 所有緊急應變設備系統、裝備和器具，是否恢復爲立即可用狀態。

3-13　LNG 船碰撞之火災模擬案例

目前全球下水營運的 LNG 船已經超過一百艘，依據海難資料顯示，LNG 船雖然曾經發生零星的管線漏氣、人員傷害或輕微擦撞等意外事件，並無發生高能量碰撞之紀錄。

本案例屬於模擬案例，其假設背景爲：LNG 船與雜貨船發生碰撞，而且雜貨船之船艏插入 LNG 船的舯部；碰撞之後，LNG 船引燃火災並且波及雜貨船；由於雜貨船船員訓練有素，事故發生之後均能採取適當的滅火與海上求生行動。茲將模擬狀況下的 LNG 船滅火作業過程描述如下：

3-13-1　火災發生背景

1. 某 LNG 船與航速大約 17 節的雜貨船發生碰撞之後，雜貨船的船艏撞入 LNG 船的舯部，貫穿雙重船殼並且損壞 No.3 貨艙，以致液態 LNG 洩漏至外部的堰艙（Void Spaces）。
2. 部份外洩之液態 LNG 接觸海水之後，產生劇烈的沸騰而且形成大量蒸發氣。
3. 堰艙內的過剩氣體經由設置在球形艙頂部的洩放閥（Relief Valves）和船殼上的裂縫排出艙外時，被碰撞所產生的火花引燃而形成火災。

4. LNG 船發生火災之瞬間，由於堰艙內部壓力過高而使船殼加速破損，所散逸出的大量氣體促使船舯的燃燒範圍持續朝海面擴散，以致雜貨船幾乎陷入火海之中。

5. LNG 船的燃燒部位侷限於船舯，並未朝艏艉方向蔓延。

3-13-2　火場狀況與評估

1. LNG 船設置有五個球形艙，各艙容量均為 25,000 立方米（大約 150,000 桶），僅有一個艙破損、洩漏而且引燃火災。

2. 發生碰撞而且引燃火災時，海風從 LNG 船 No.3 貨艙之右舷正橫吹向雜貨船。

3. 碰撞地點位於大洋海域，附近不僅無任何陸地港口，亦未發現其他航行船隻。

4. LNG 船駕駛台當值航行員立即啟動全船火災警報系統，通知船上人員進入緊急戒備狀態。

3-13-3　圍堵火場

1. LNG 船啟動船上的固定式甲板撒水系統，對 No.3 貨艙與附近處所噴灑水霧。

2. 施展數量足夠的水帶，利用高速水霧冷卻火場附近之甲板和船殼等部位。

3. 備便捲輪式化學乾粉滅火裝置，但未立即操作使用。

4. 利用推進與操舵系統操縱船舶，盡量使火場保持在下風位置。

5. 可能會陷入火海的雜貨船，船長必定會宣佈棄船命令而促使船上人員採取海上求生行動，因而 LNG 船亦須對海上求生人員實施救助作業。在可行情況下，雙方船長應事先利用船上的通信設施完成諮商並且議定最有效的救助程序與方法。

3-13-4　防止火災蔓延

1. LNG 船利用固定式甲板撒水系統持續對其他未失火的四個球形艙噴灑水霧，以避免溫度升高而發生破損漏氣之情形。

2. 在 LNG 船火災未熄滅之前，對雜貨船實施任何滅火行動均是徒勞無益的。

3. LNG 船除了救助雜貨船的海上求生人員之外，應設法集中人力與設備資源防

止火災蔓延。

3-13-5　撲滅火災與人員救助

1. LNG 船因救助雜貨船人員之需要而改變航向時，應隨時利用水霧防止火災蔓延至鄰近艙區。
2. 在火災期間，LNG 船應利用固定式甲板撒水系統、水帶噴嘴和海水噴鎗，對 No.3 貨艙與其附近結構物持續噴灑水霧，藉以發揮冷卻作用。
3. LNG 船應利用惰氣系統對 No.3 貨艙的堰艙灌輸惰氣，以便發揮窒息作用。
4. No.3 貨艙所散逸的蒸發氣數量未減弱之前，LNG 船火災不可能被撲滅；爲防止火災蔓延，水霧噴灑作業經常需要維持若干小時以上。
5. 發現 No.3 貨艙所逸出的蒸發氣數量明顯下降時，LNG 船滅火人員可進一步採取下列措施：
   (1) 利用甲板型平台裝置與捲輪裝置，將化學乾粉散佈至起火點，迅速撲滅火災。
   (2) 操作數量足夠的噴霧桿，對破裂部位噴灑低速水霧，防止蒸發氣繼續散逸至堰艙。

3-13-6　清理火場

1. 當兩船的火焰完全熄滅之後，應維持水霧噴灑作業，直至船體結構物溫度降至不至於發生復燃的安全溫度爲止。
2. 兩船互相碰撞的接觸部位，可能因劇烈摩擦而形成火源，船上人員應採取適當的防範措施。
3. 將 No.3 貨艙與堰艙維持在惰化狀態並且定時實施檢查，愼防復燃之發生。
4. 清查船體結構、設備、佈置與屬具之損害結果如下：
   (1) LNG 船僅有 No.3 貨艙與舯部船殼受損。
   (2) 雜貨船之損壞部位分佈於艏尖艙、No.1 貨艙和上層結構物。
   (3) 兩船之推進與操舵系統均能正常操作。
5. 在可行的情況下，雙方船長經過檢查、評估並且確定船舶具有足夠穩度時，應互相商討脫離船身之適當措施。

3-14　Massachusetts 號機艙失火案例

　　M.V.Massachusetts 號是一艘於一九八八年建造完成之鋁質結構通勤渡輪，全長 87.6 呎，總噸位 99 噸，隸屬於 Massachusetts Bay Lines 公司，船上配置有四名船員（含船長）。二○○六年六月十二日 1615 時在美國麻州波士頓港附近之 Long Island 橋東南側發生機艙失火事件，事故地點如圖 3-12 所示。

3-14-1　火災發生背景

　　Massachusetts 號為往返於 Rowe's 碼頭與 Hingham 造船廠之間的渡輪，二○○六年六月十二日早上依照既定船期表完成三航次接駁服務和兩航次觀光航程之後，下午 1430 時停靠在查理斯鎮的船塢進行主機維修工程。由於該輪船齡已達十八年而可能存在某些機械性問題，船長乃與船塢技術人員詳細討論並且決定執行下列三項維修事宜：

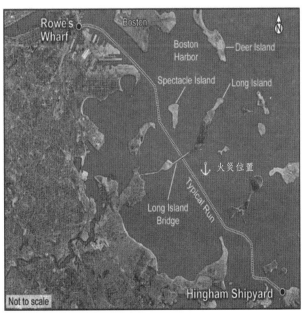

圖 3-12　Massachusetts 號在圖示錨位發生火災

1. 檢修右舷外側主機的通風管超量排放廢氣之問題

　　該問題經技術人員檢查之後，發現主機連結通風管道之部位缺少一個覆蓋墊圈，而且決定在一週內完成改善作業（但並未立即實施）。

2. 檢修左舷側發電機的閃火問題

　　在最近的週末期間，船上人員曾經察覺該現象並且通報船長；經船塢技術人員檢驗結果，認為該發電機並未存在點火情形。同時，船長在此疑點未經確認之前，決定暫時停止使用左舷側發電機。

3. 檢修左舷內側主機的空轉速率高於正常值之問題

　　經技術人員檢查之後，認為主機空轉速率過高係因 No.3 汽缸的燃油噴射器存在瑕疵所導致者，請參考圖 3-13。

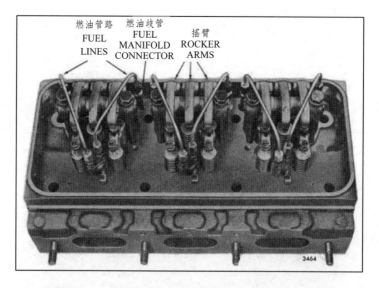

圖 3-13　底特律柴油機主機的汽缸燃油噴射器

　　負責維修 Massachusetts 號的技術人員在該船塢已經具有十二年的工作經驗，在完成柴油主機噴射器的更換作業之後表示：該型式主機換裝新的噴射器不需重新進行設定；本人相當熟悉產品規格，根本不需要再參閱說明書。其次，在安裝噴射器時，該技術人員認為如果過度旋緊會造成燃油管破

裂，故而並未使用轉矩扳手。當安裝完成之後，該技術人員在閥門開啓的狀態下啓動主機、進行勘驗並且確認已無任何洩漏情形。

　　然而，主機操作與維修說明書中提出兩段警告：「洩漏的燃油會稀釋潤滑油甚至損壞主機，維修和服務人員應該瞭解燃油洩漏可能導致的嚴重危害。當移除、處理或安裝燃油跨接管路時，必須遵循正確的作業程序」；「燃油洩漏如果未被事先察覺，可能致使不正常的燃油與潤滑油蒸發氣從主機或曲軸箱的通風口溢出」。因此，技術人員在閥門開啓之狀態下進行檢測時，若有燃油與潤滑油的蒸發氣聚集在封閉空間，仍有引燃火災之可能。

3-14-2　火災事故過程

1. 1430-1500 時進行主機檢查和修護工程。
2. 1600 時 Massachusetts 號離開船塢，駛回 Rowe's 碼頭搭載六十五名乘客前往 Hingham 造船廠。離港時天氣狀況十分良好，船長利用廣播對乘客進行安全簡報；簡報完畢之後，船長立即勘查空調系統是否順利運轉，但未發現任何異狀。
3. 1615 時上甲板水手發現艉部冒出黑煙並且通報駕駛台；左舷內側主機的高水溫警報器亦同時發出警報信號。在此緊急情況下，船長陸續採取下列因應措施：
   (1) 立即下令關閉故障主機並且將其他三部主機的轉速從 2,000RPM 降為 1,300RPM，而後前往機艙勘查。
   (2) 船長開啓機艙的右舷側艙門時，發現大量濃煙冒出而關閉之；迅速利用電話指示駕駛台的船副再停止兩部主機，僅只保留右舷內側主機維持運轉。
   (3) 指示水手將旅客撤離至上甲板並且發放救生衣；其中一名旅客為海岸巡防隊官員，船長委請其利用手機聯絡海岸巡防隊協助救援。
   (4) 船舶通過 Long Island 橋南端時，船長命令船副帶著一名水手到船艏準備下錨，同時利用 VHF 呼叫距離最近的 Laura 號渡輪前來協助。
   (5) 在 Long Island 橋南端 0.5 浬處拋錨之後，關閉機艙通風系統與所有主機。
4. 1630 時 Laura 號渡輪右舷傍靠 Massachusetts 號並且於 1635 時將旅客全數

撤離，船上人員則留在船上繼續展開滅火工作。由於船上的滅火設施幾乎設置在機艙，而且船長堅持不得開啓機艙以免助長火勢，因此滅火成效十分有限。

5. 1840時港區警察船Protector號左舷傍靠Massachusetts號；於1645時將船長和船員移至船上並且利用VHF請求消防船支援。

6. 1656-1703時港區消防船Firefighter號起航、接送消防人員和補給裝備器材。

7. 1730時消防船抵達現場並且以右舷傍靠Massachusetts號，但因火勢強烈而無法進入機艙。消防人員要求將Protector號上的船員移至另一艘警察船Guardian號，設法尋找其他進入機艙之路徑；船長則移至Firefighter號協助滅火指揮作業。

8. 1746時船長告知Massachusetts號主機上方的主甲板上有一處可開啓的金屬艙口蓋；消防人員迅速移除螺絲、掀開艙口蓋並且對機艙噴灑海水。

9. 1848時火災熄滅之後，消防人員利用抽水機排除機艙內的積水，藉以維持船舶穩度。

10 2040時消防人員離開現場。

11. 2130時船長和其他船員被送往Hingham造船廠。

12. 2240時Massachusetts號渡輪被拖往Deer Island碼頭進行調查。

3-14-3　事故調查、原因推斷與法令推動

1. 結構損害部份

　　經調查結果證實本火災案例係因高熱所造成者，其損害情形概如：

(1) 接近主甲板的燈具、電線絕緣體、機器以及艙壁內襯均被燒毀或熔化。

(2) 機艙左舷側的通風進氣管損毀，以致通風機墜落至下一層甲板。

(3) 主機上方、左側和右側的支撐鋁條變形下垂，如圖3-14所示。

圖 3-14　主機左側被熔化變形之結構物

2. 設備損害部份

(1) 左舷內側的主機完全燒毀而且通往
第三汽缸噴射器的燃油管斷裂，如
圖 3-15 所示。

(2) 其他主機亦因消防人員向機艙噴水
滅火而全數報廢。

3. 船員生活作息和毒理學測試

(1) 船上人員的行為表現和言語表達，
均未顯示因生活作息狀況不佳而導
致精神異常狀態。

(2) 各船員皆擁有合格的適任證書並且
遵照規定實施船上的當值作業。

圖 3-15 左舷內側主機的第三汽
缸燃油管斷裂

(3) 經毒理學測試結果，確認船員並無吸食毒品之情形。

4. 火災肇因之推斷

　　火場鑑識人員勘查船舶殘骸時，發現左側的注油管破裂而使燃油滴落引
擎齒輪箱，累積的燃油從主機下方的排氣管支管溢出，以致形成高熱表面而
著火燃燒。因此，推斷火災原因為：

(1) 技工在維修引擎期間未將附有燃油噴頭的燃油管完全接妥，以致造成燃
油滴落而引起火災。

(2) 因船上並未裝置新型的固定式滅火系統和火警偵測警報系統，致使火災
發生時無法立即獲得訊息並且展開滅火行動。

5. 法令推動

(1) 要求港區應建置實施酒精測試之場所與設備

　　依據美國麻州法令規定，重大海上事故發生後之兩小時內，應對
船上人員進行酒精測試。本事件發生時，由於當地醫院的急診室十分繁
忙，因而延至隔天早晨安排時間替船員進行毒物反應測試，但未實施酒
精測試。嗣後，麻州政府機關對該事件進行檢討，認為船員如果酗酒過
度可能妨礙當值作業甚至衍生意外事故，因而進一步要求制定下列規
定：在港區附近應建置實施酒精測試的專用場地、設施和器材。

(2) 要求客輪裝設固定式滅火系統和和火警偵測警報系統

　　　本事件發生之後，麻州政府機關修訂法令強制要求任何噸位的客輪均應設置符合標準的固定式滅火系統與火警偵測警報系統。

3-14-4　檢討與建議事項

1. 技術人員之檢修服務：船塢負責主機維修工作的技術人員，在安裝噴射器時若能再參閱說明書的指示操作，應可避免發生火災。
2. 船方之驗收作業：船上的機器設備經岸方人員完成維修之後，船方人員應審慎實施驗收工作，尤其是使用電力或燃油之設備系統。本案例之資深技工雖然具有豐富之維修經驗，卻因過度自信而未確實旋緊燃油管接頭。
3. 人數清點與統計作業：撤移旅客時，Massachusetts 號渡輪並未事先清點與統計人數，該項工作係在旅客登上 Laura 號後完成之。在海難發生的緊急狀下，船長應隨時清點人數並且掌握人員動態，譬如：旅客和船員的處境是否安全；是否有因過度驚慌而跳海逃生者；是否有因錯認疏散路徑而誤陷火場者。
4. 船舶穩度之考量：消防人員利用海水撲滅船舶火災時，極容易因船艙積水而使船身發生傾斜、翻覆甚至沉沒等不利的結果，因此應將船舶穩度列為主要的考量因素。就本案例而言，消防人員決定對機艙火場噴灑海水時，應同時安排足夠數量的抽水機，隨時排除艙內的積水。
5. 船長決策適當：機艙火災發生之後，船長堅持不得開啟機艙艙門而動用艙內的滅火設備；此項決定雖然限制船上的滅火行動，但卻成功地防止火勢蔓延而延長旅客的逃生時間。
6. 人員撤移迅速：Massachusetts 號渡輪將乘客撤移至 Laura 號渡輪之前未曾清點與統計人數，確為值得批評的疏漏。然而，該撤移行動僅只花費五分鐘時間，其效率仍應給予稱許。

3-15　本章結語

　　由上述所探討的案例發現，船舶火災並不全然如想像中一般恐怖或者無法對

付。船上人員若能及時掌握滅火時機、展現迅速的動員能力並且適當採取滅火措施，通常均能成功地達成滅火任務。

　　船舶火災案例可提供船員對各類船舶火災進行深入探討，具有高度的教育、訓練與參考價值，因此建議船上安全委員會應定期蒐集相關資料，供作船員閱讀或討論之用。

第二篇　船舶火災理論與應變作業篇

第四章　火災理論

4-1　燃燒之化學原理

燃燒是燃料分子與氧氣分子以適當的濃度比率混合成可燃性混合氣體（Combustible Mixed Gas）並且接觸溫度足夠的熱能之後，進而產生氧化反應（Oxidation Reaction）甚至連鎖反應（Chain Reaction）的結果，如圖4-1所示；由於在燃燒之過程中會產生明顯的亮光和熱能，故屬於劇烈的氧化反應。

任何普通物質暴露在大氣環境下，均會與空氣中的氧氣交互發生化學作用（亦即氧化反應）並且散發熱能。如果氧化反應係以緩慢的速率進行時，只會產生微弱的熱能而不至於形成亮光或火焰，例如：金屬銹蝕、木材腐爛、果蔬腐敗或稻穀發酵等現象。

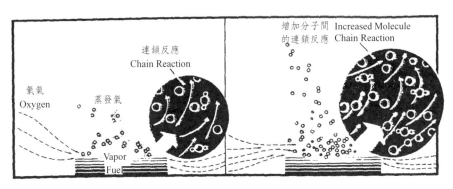

圖 4-1 　液體燃燒反應之結果

4-1-1　燃燒三角形

燃料、氧氣和熱能（或溫度）是形成燃燒的三項基本要素，該等要素必須同時存在始能形成燃燒，因此可利用圖4-2所示的燃燒三角形（Triangle of

Combustion）表示燃燒之基本概念。

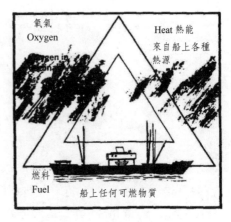

　　燃料、氧氣和熱能（或溫度）等三項要素必須同時存在始能形成燃燒，是燃燒的必要條件。然而，任何具有燃燒必要條件之環境空間並不必然會形成燃燒，除非具備下列充分條件：

1. 燃料濃度介於燃燒範圍之間。
2. 氧氣濃度超過 11%。
3. 熱能溫度超過燃料的燃燒溫度以上。

4-1-2　燃料、燃燒範圍與氧氣濃度

圖 4-2　燃燒三角形

1. 燃料

　　燃料（Fuel）係指任何可以形成燃燒的可燃物質，其型態可區分為固體、液體與氣體等三種。

(1) 固體燃料

　　　船上之固體燃料不勝枚舉，諸如：1) 木材、紙器、衣著、繩索、帆布、墊材、家具與三夾板等。2) 為船舶所裝載的各種不同包裝形式與散裝形式的貨物。3) 穀類、漁類加工原料或可燃性金屬等。任何固體燃料如欲形成燃燒，必須先被加熱分解而且變成氣體狀態，此過程稱為熱裂解（Pyrolysis），如圖 4-3 所示。

　　　固體物質的燃燒速率（Burning Rate）依其形狀與體積大小而定，屑狀或薄片狀者較體積龐大者容易燃燒，因前者之受熱表面積比率大於後者，故較容易被加熱而釋放蒸發氣。其次，表面不規則而且粗糙的固體燃

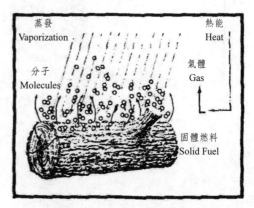

圖 4-3　燃料之熱裂解作用

料亦較表面規則而且平滑者容易起火燃燒。依實驗資料顯示，固體燃料之著火溫度普遍介於 149℃至 538℃之間。

(2) 液體燃料

　　船上最常見的液體燃料包括：燃料油、潤滑油、柴油、汽油、油漆和油料稀釋劑等。

　　由於液體燃料之分子結構不如固體燃料一般緊密，故而較容易形成蒸發氣。在常溫的大氣環境下，高度揮發性油品所產生的油氣，經常足以與空氣混合成可燃性混合氣體，例如：汽油在 -43℃的低溫即可揮發出蒸發氣。相對地，燃料油或潤滑油等重質油品，則必須被加熱至 200℃以上的溫度，始能產生足夠濃度的油氣而引發火災。

　　其次，由於液體燃料之蒸發氣比重大於空氣，比較容易聚集在位置較低的處所而後迅速擴散，因而該類火災發生時，通常具有較大的燃燒規模而且損害程度亦較為嚴重。就燃燒熱而言，液體燃燒後所釋放的熱量，約相當於同質量固體燃料的 2.5 倍；其燃燒熱量的散發速率約為固體燃料的 3 倍至 10 倍。此外，因液體燃燒時具有較高的輻射回饋（Radiation Feedback）強度，促使液體快速加熱而且釋放更多的蒸發氣，如圖 4-4 所示。

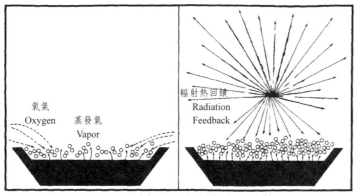

圖 4-4　輻射熱回饋使液體釋放蒸發氣

(3) 氣體燃料

　　　船上所裝載的氣體燃料概有液化天然氣（LNG）、液化石油氣（LPG）和許多經過加工製造的可燃性氣體，諸如：烷類氣體、烯類氣體、醇類氣體、苯類氣體、乙炔和氫氣等。

　　　氣體燃料與空氣混合而成的可燃性混合氣體，如果接觸溫度足夠的火源即可形成燃燒，而且產生猛烈火焰與高強度的輻射能。

2. 燃燒下限、上限與範圍

　　　燃料所產生的蒸發氣必須與濃度足夠的氧氣以適當的濃度比率互相混合成可燃性混合氣體之後，始能被引燃。任何蒸發氣形成可燃性混合氣體時，所需佔有的最小體積百分比稱為燃燒下限或爆炸下限（LFL/LEL: Lower Flammable Limit/ Lower Explosive Limit）；蒸發氣的濃度低於此下限時，即無法形成燃燒或爆炸，除非處於特殊的環境條件之下[註一]。相對的，蒸發氣形成可燃性混合氣體時，所允許佔有的最大體積百分比稱為燃燒上限或爆炸上限（UFL/UEL: Upper Flammable/ Explosive Limit）；蒸發氣的濃度高於此上限時，亦不至於發生燃燒或爆炸。所謂燃燒範圍或爆炸範圍（Flammable Range/ Explosive Range）係指蒸發氣所佔有的體積百分比介於燃燒或爆炸上限與下限之間。

　　　茲依表 4-1 所顯示的數據舉例說明如下：汽油油氣的燃燒範圍介於1.4%~7.6% 之間，汽油油氣與空氣之混合比為 1.4%：98.6%、3.2%：96.8% 或 5.7%：94.3% 時，皆屬於可燃性混合氣體；如果汽油油氣與空氣之混合比率為 0.5%：99.5%、1.1%：98.9% 或 9.0%：91.0% 時，皆屬於不可燃的混合氣體。

[註一]：第二章 2-4 節所介紹的可燃氣體測量儀，利用通電的 Wheatstone 電橋，使濃度低於燃料下限的碳氫氣產生燃燒現象，即為例子之一。

表 4-1　可燃液體與氣體之燃燒範圍

物質名稱	燃燒下限（%）	燃燒上限（%）
汽油油氣	1.4	7.6
煤油油氣	0.7	6.0
甲烷	5.0	15.4
乙烷	2.5	15
丙烷	2.1	9.5
丁烷	1.8	8.4
氧化乙烯	2.0	100.0
氨	15.5	27.0
氫	4.0	74.2
苯	1.4	8.0
甲苯	1.4	6.7
二甲苯	1.1	7.0

　　綜合上述論述可知：原子或分子結構較為緊密的固體或液體燃料，必須經由熱分解或蒸發作用產生足夠濃度的蒸發氣（燃料分子），進而與氧氣分子混合成可燃性混合氣體，始能構成燃燒的充分條件之一。

　　其次，讀者必須認知下列事實：燃料發生燃燒時，係因可燃性混合氣體著火燃燒，而非燃料本身的成份物質。茲以蠟燭之燃燒實驗為例，進一步說明蠟燭燃燒的主體是蠟油受熱融解所形成的可燃性混合氣體，而非燭心材料或油蠟等物質，請參考圖 4-5：

(1) 燭心被點燃之後，其熱能溶解蠟油而產生蒸發氣，並且與附近空氣形成可燃性混合氣體，因而開始燃燒。

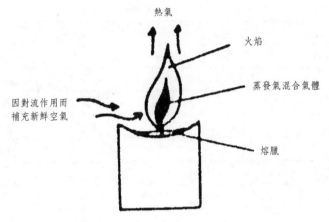

熱氣

火焰

蒸發氣混合氣體

因對流作用而
補充新鮮空氣

熔臘

圖 4-5　蠟燭燃燒時之火焰

(2) 新鮮空氣（氧氣）藉由對流作用持續地供應至燃燒的燭心附近，而使燃燒熱氣逐漸上升，因而繼續保持燃燒。

(3) 發生白熾火焰的部份屬於完全氧化的區域。

(4) 發紅光部份係因氧氣供應不足而使碳粒子無法完全燃燒的區域。

(5) 中央的陰暗區域係因可燃的混合氣體尚未被加熱至燃燒溫度所產生的現象。

3. 氧氣濃度

　　依據實驗結果顯示，氧氣與燃料分子混合成可燃性混合氣體時，氧氣濃度應介於 21% 至 11% 之間；任何空間的空氣含氧濃度低於 11% 時，即使燃料分子濃度介於燃燒範圍（1%~11%）之內，亦不可能形成燃燒，如圖 4-6 所示。

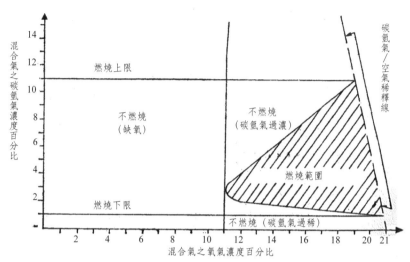

圖 4-6　大多數碳氫化合物氣體之燃料分子與氧氣濃度

4-1-3　火災四面體與連鎖反應

1. 火災四面體

　　雖然利用「火災三角形」是說明燃燒（或火災）原理的最簡單方式，但卻無法完整地解釋火焰燃燒真相，即燃燒反應物與生成物互相之間所產生的連鎖反應（Chain Reaction）；依據實驗結果證實：

(1) 燃燒反應物之間所產生的連鎖反應是促進燃燒的額外動能。

(2) 燃燒之後的連鎖反應，經常致使燃料的實際燃燒時間超出預期燃燒時間。

　　因此，探討燃燒原理時，應將連鎖反應列為第四項基本要素，而且與燃料、氧氣和熱能構成火災四面體（Fire Tetrahedron），如圖 4-7 所示。

2. 連鎖反應

　　連鎖反應又稱為化學鏈式反應（Combustion-chain Reaction），依化學反應動力論，任何物質產生化學反應之

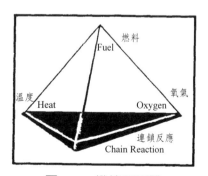

圖 4-7　燃燒四面體

前，各反應物質的分子必須以等於或大於某一最低能量互相進行撞擊，始能完成反應。以辛烯之燃燒爲例，其反應式爲：

$$C_8H_{16}+12O_2 \rightarrow 8CO_2+8H_2O$$

在反應發生之前，一個辛烯分子必須先與十二個氧分子發生碰撞（即十三個分子必須以一定比例互相衝擊），始能順利完成反應，但其發生機率不大。一般而言，參與燃燒反應的各分子通常必須經歷複雜的連串反應，始能繼續保持燃燒反應之連鎖發展，此稱爲有焰燃燒鏈。在連鎖反應過程中所形成的任何有助於完成燃燒反應之物質稱爲連鎖傳遞質；任何瞬間均可能產生數億萬個連鎖傳遞質。由於各連鎖傳遞質可能再以不同型式互相結合而形成中間生成物，因而連鎖傳遞質的存在時間或僅爲數億分之一秒而已。茲以氫氣燃燒爲例（其反應式爲：$2 H_2+O_2 \rightarrow 2 H_2O$），將連鎖反應說明如下：

(1) 燃燒發生之後，由於 H_2、O_2 和 H_2O 等反應物質的分子互相衝擊，以致反應物質遭受破壞而形成 O、H 和 OH 等連鎖傳遞質：

$$H_2 \rightarrow 2H$$
$$O_2 \rightarrow 2O$$
$$H_2O \rightarrow OH+H$$

(2) 如果連鎖傳遞質與反應物質之間交互結合反應，則除了連鎖傳遞質之外，將會進一步形成 H_2 與 H_2O 等中間生成物，因而加速燃燒（或爆炸）速率：

$$H+O_2 \rightarrow OH+O$$

$+H_2 \longrightarrow OH+H$

$+H_2 \longrightarrow H_2O+H$

4-1-4 燃燒之抑制方法

「火災四面體」燃燒原理謂如：燃料、氧氣、熱能與連鎖反應等四項要素必須同時存在始能繼續保持燃燒。因此，若能設法消除任何一項燃燒要素，即可達成控制與撲滅火災之目的，例如：將氧氣（空氣）稀釋或隔絕，則火焰將會熄

滅；利用冷卻方法使火場溫度降低至燃料之燃燒溫度以下，則不可能繼續燃燒；
若能將可燃物質移除，即可終止燃燒。茲將抑制燃燒之方法介紹如下，如圖 4-8
所示：

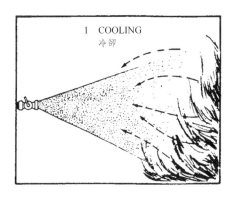
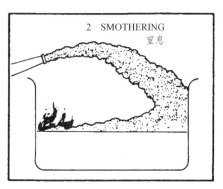
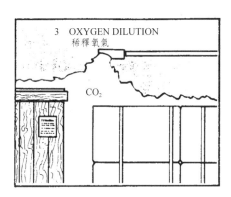
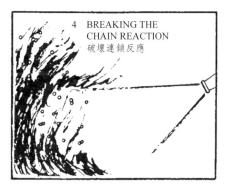

圖 4-8　抑制燃燒之方法

1. 冷卻法

　　所謂冷卻法（Cooling Method）係利用汽化熱較大之滅火劑吸收火場熱
量，藉以降低火場溫度的滅火方法；其基本原理乃利用汽化熱產生速率大於
燃燒熱產生速率的物質，使火場溫度有效地降至燃燒溫度以下，進而達成滅
火目的。

　　就冷卻作用而言，由於水的汽化熱高達 539 Kcal/gm，故而具有優越的

冷卻效果：雖然近年來多種新型滅火劑已經被開發應用，其所具有的冷卻效果仍舊無法超越之。

2. 窒息法

　　所謂窒息法（Smothering Method）係利用滅火劑將燃燒物質的表面完全覆蓋而阻絕空氣中氧供應，或使火場中的可燃性氣體濃度稀釋至燃燒下限以下，以便達成滅火目的之方法，例如：

(1) 使用泡沫覆蓋燃燒的油槽表面，隔離空氣與油氣之接觸界面。

(2) 對失火艙間灌輸 CO_2 氣體。

3. 氧氣稀釋法

　　所謂氧氣稀釋法（Oxygen Diluting Method）係設法稀釋火場中的氧氣濃度，進而達成滅火目的之方法，例如：

(1) 貨艙失火時，關閉通風系統、艙蓋與其他通風管口。

(2) 對失火艙區噴灑水霧而產生水蒸氣。

4. 破壞連鎖反應法

　　所謂破壞連鎖反應法（Breaking Chain Reaction Method）乃利用具有破壞燃燒連鎖反應的滅火劑，藉以撲滅火災的方法，例如：

(1) 化學乾粉之使用。

(2) 海龍之使用。

5. 移除法

　　所謂移除法（Starvation Method）乃設法將可燃物質移離火場附近，藉以防止火災繼續燃燒或蔓延的滅火方法，例如：

(1) 分散燃燒中的固體物質。

(2) 將失火油艙底部的油貨移至其他艙櫃。

(3) 搬離緊鄰高溫艙壁的易燃貨物。

4-2　術語與名詞

4-2-1　蒸發

液體物質所暴露的環境溫度高於其沸點（Boil Point）時，將會發生沸騰而產生蒸發氣的現象，稱為蒸發或氣化（Vaporization）。由於液體之蒸發速率依蒸氣壓力而定並且與溫度成正比，故而應避免易燃液體物質暴露在高溫的環境之中。

液體物質的蒸發傾向與程度，通常可利用其閃火點表示之。燃燒形成之後，其所產生的熱能將使液體溫度上升至沸點，但其蒸氣壓力強度不至於迅速增大；因為此時液體吸收火源的輻射熱已達最大熱值，而且恰與沸騰（或蒸發）所需之熱量相等。液體開始燃燒時，暴露在空氣中的表面溫度通常高於其燃燒溫度，如能將燃燒中之液體冷卻至其燃燒溫度以下，則蒸發速率將大幅下降而無法產生足夠的蒸發氣。

4-2-2　閃火點或閃火溫度

閃火點或閃火溫度（Flash Point/Temperature）係指任何物質受熱之後，其表面散發出蒸發氣並且與附近空氣混合成可燃性混合氣體時，若有火源引燃即會產生瞬間閃火現象的最低臨界溫度；此溫度下所產生的蒸發氣濃度較低，故而無法繼續維持燃燒。

依據定義，閃火點低於 60℃ 之物質稱為引火性物質（Volatile Substances），閃火點低於 26.7℃ 之物質稱為易燃性物質（Flammable Substances）。例如：No.6 燃料油之閃火點為 65.5℃，屬於非引火性物質；汽油之閃火點為 -18℃，屬於易燃性物質。

4-2-3　著火點或著火溫度

著火點或著火溫度（Combustion Point/Temperature）係指任何可燃物質受熱之後，其表面散發出濃度足夠的蒸發氣並且與附近空氣混合成可燃性混合氣體時，若有火源引燃即會形成持續燃燒之最低臨界溫度；任何燃料之著火溫度通常

高於閃火溫度而低於發火溫度。

4-2-4　發火點或發火溫度

存放於密閉空間的可燃物質，由於本身所產生的化學熱能或外界所提供的熱能之作用，將會產生蒸發氣並且提升環境溫度；環境溫度升高之後，將會促使可燃物質加速產生蒸發氣而使環境溫度逐漸升高；當環境溫度高達可燃物質的發火溫度時，即可能發生自燃（Spontaneous Combustion）。

致使可燃物質發生自燃的最低臨界溫度稱為發火點或發火溫度（Ignition Point/Temperature）。

4-3　火之蔓延方法

燃燒時各反應物質的分子，不斷地被破壞或結合而產生熱能，該熱能之移動將致使火災蔓延。熱能由某處傳遞至其他處所的方式有傳導、對流和輻射等三種方式。

4-3-1　傳導

所謂傳導（Conduction）乃藉由物體之互相接觸，熱能直接經由物質分子傳遞至其他物體之方式，例如：金屬艙壁將熱能傳導致鄰近艙區。

4-3-2　對流

所謂對流（Convection）是指熱能經由氣體或液體等媒介而傳遞至其他處所之方式，例如：因冷熱空氣交替作用而形成氣流，致使熱能傳遞至他處。阻斷對流之根本方法為清除空間內的媒介物質，而使其保持真空狀態，但實務上不切實際，而關艙門即是最佳作法。

4-3-3　輻射

所謂輻射（Radiation）是指熱能在空間內如同光一般行進通過[註二]，而傳遞至其他處所之方式，例如：人員面對火焰或陽光時，臉部會產生灼熱之感覺。

任何物體受到輻射作用時，除部份被反射的熱能之外，將會悉數吸收其他熱能。紫外線波長約爲 40×10^{-6} 公分，紅外線波長約爲 70×10^{-6} 公分；燃燒所產生的輻射熱波長，通常大於紫外線而小於紅外線。一般而言，具有赤熱火焰的燃料所散發之輻射熱波長較短，例如：木材或紡織品燃燒會產生赤熱型火焰；具有白熱火焰的燃料所散發之輻射熱波長更短，例如：易燃金屬或塑膠製品燃燒會形成的白熱型火焰。

4-4　發火源之種類

任何具有足夠熱能之發火源（Sources of Ignition）均可能引燃火災，爲確保火災安全，船上人員應將防止火源發生的措施列爲首要之務。熱能係能量轉換的結果，熱能來源可區分爲化學能、電能、機械能與核能等四大類，茲將其產生方式進一步分析如下：

4-4-1　化學熱能

因產生方式之不同，化學熱能（Chemical Heat Energy）可區分爲燃燒熱、自體發熱、發酵熱與溶解熱等四種；最容易引起船舶火災者爲自體發熱。

1. 燃燒熱

燃料完全燃燒之後，將會產生水蒸氣、二氧化碳、NOx、SOx 與其他氣體等燃燒生成物，所謂燃燒熱（Combustion Heat）或燃料熱值（Caloric Fuel Value）係指燃燒生成物所具有的總熱能。依據實驗結果顯示：木材、

[註二]：光和熱均以波形傳播。光波是電磁波的一部份，其頻率極高（紅外線 10^{12} 赫茲以上，紫外線 10^{15} 赫茲以上），波長極短（約爲 55×10^{-6} 公分）速度約每秒 30 萬公里（在真空管中求得）。

棉花與石油等普通可燃物質的燃燒熱，大約為每消耗 1 立方米氧氣即可產生
478.2Kcal 之熱量；在任何情況下，若能減少燃燒火場的氧氣供給量，必能
降低燃燒熱之發生率。

2. 自體發熱

　　自體發熱（Spontaneous Heat）乃船上最經常出現而且引發自燃火災的
化學熱能。自燃火災之發生原因，係因自體發熱之累積而使環境溫度高達可
燃物質的發火溫度所致者，並不需要仰賴外界提供任何引燃之火源。

　　在海上運送過程中，海運貨物可能以不同方式產生自體發熱，其發熱速
率須依空氣供給量而定；其熱量累積程度則須依環境條件而定。當貨艙的環
境溫度高達某一溫度時，艙內的易氧化貨物質將因氧化作用而產生熱能；在
大氣環境下，由於氧化速率緩慢，其所產生的少量熱能較容易散逸至四周，
故而不至於形成自燃現象。相對地，如果發熱速率增高而且熱量逐漸累積
時，則可能引發自燃火災。

　　其次，對貨艙供給足夠的空氣時，雖然可能促進氧化作用而增加自體發
熱，但若因空氣對流作用增強而加速艙內熱量之散逸，則亦不至於發生自燃
火災。例如：將大量沾有油漬的破布放置在通風不良的處所時，可能起火自
燃；若放在通風良好之處所時，則不至於發生自燃；若棄置在密閉的垃圾桶
之內時，則根本無法形成燃燒。總而言之，空氣之供給如果構成產生自體發
熱的理想條件時，即可能形成火災的潛在火源。

3. 發酵熱

　　微生物對有機物質進行分解時，所產生之熱能稱為發酵熱（Heat of
Decomposition），例如：將棉花、木材或紙器等碳水化合物質暴露在濕空
氣之中，將會產生腐敗現象而逐漸釋放熱能。

4. 溶解熱

　　任何物質溶解於液體中，將會產生溶解熱（Heat of Solution），例如：
將方糖溶解在水中或將硫酸溶解在水中，均會產生熱能。

4-4-2　電氣熱能

電能通過導體或在空氣中發生火花時，皆會產生電氣熱能（Electrical Heat

Energy），其產生型式可歸納為下列四種：

1. 電阻

　　　　電流在導體中流動時，電子流必須與導體內的原子發生衝擊，始能繼續流通。電子流與導體原子之間發生衝擊的效應稱為電阻，因而產生的熱能稱為電阻熱（Heat of Resistance），例如：使用具有散熱性的電阻材料製造電暖器、微波爐或烹飪器具。

　　　　由於原子與分子結構（或性質）之差異，各種電流導體皆具有不同的電阻；電阻與單位電子量流通時所需之能量成正比。因此，電阻愈低的導體均屬於良好導體，例如：銅與銀等金屬。

2. 電路超負載

　　　　電能在導體中被轉換為熱能時，其大小乃與電阻和電流之平方成正比；導體將因該熱能作用而使其溫度逐漸上升，若欲促使該熱能散逸藉以抑止溫度上升，則裸線電纜優於被覆電纜，而且單線電纜優於撚線電纜。當電路超負載（Overload）而產生過熱的高溫時，被覆電纜之絕緣物體可能著火燃燒。

3. 電弧

　　　　在導體中流動的電子流一旦中斷時，即會產生電弧（Electrical Arcs）。電弧至少具有 300℃ 高溫，其所散發的熱能足以引燃任何可燃性物質，甚至於熔解金屬。依據工業安全法規，所謂「安全電路（Safety Circuit）」必須符合的規定之一為：「不論任何原因，在電流突然接通之情況下，縱使有引火性混合氣體存在之場所，應不至於發生電弧」。

　　　　所謂靜電電弧（Static-Electrical Arcs）係指兩個獨立物體互相接近時，由於所累積的電荷電位差過大而且一為陽性一為陰性，以致形成放電現象。靜電電弧之放電時間極為短暫，故而不至於引燃木材、紙器或橡膠等 A 類燃料，但卻容易致使可燃性氣體與引火性微粒子起火燃燒[註三]。

[註三]：靜電所形成之電弧可能無法引燃木頭或紙器等普通物質，但卻極容易引燃可燃性液體與氣體物質，甚至於數量足夠之小麥粉或煤炭粉等微粒子物質，而造成粉塵爆炸。

4. 雷電

雷電（Lightning）乃累積大量靜電之電荷雲，對具有不同電性的電荷雲或地面物體所發生的大量放電現象，並且形成耀眼的閃光；該放電現象通常由多次的電能來回衝擊所組成，每次衝擊之持續時間僅為數百萬分之一秒而已。雷電接觸通電物體時，電流可高達 200,000 安培；雷擊事件通常發生於其放電通路之導電性較差的物體，以致發生物理性破壞，同時產生高溫而引發火災。

雷電之主要衝擊路徑通過大氣層時，溫度將會升高至 30,000℃左右，而且以超音波速度行進；其壓力波所形成的近似爆炸威力足以摧毀附近的結構物。其次，因強勁電流放電所形成的閃光本身具有相當高的溫度，故而足以引燃火災。

4-4-3　機械熱能

機械熱能（Mechanical Heat Energy）之產生方式可區分為摩擦熱、撞擊火花和壓縮熱等三種；最容易造成船舶火災者為撞擊火花：

1. 摩擦熱

由於移動、震動或滾動之結果，致使直接接觸的物體表面互相摩擦，以致形成摩擦熱（Friction Heat），其危險性需依熱能高低和單位發熱量大小而定。例如：

(1) 連續摩擦兩根金屬條。

(2) 利用皮革連續擦拭木器。

(3) 船體橫搖而使艙內金屬線圈來回移動摩擦。

2. 撞擊火花

兩具堅硬的物體，若在瞬間以強勁的作用力互相接觸時，將會形成撞擊火花（Friction Sparks）並且釋放大量的熱能。例如：

(1) 船舶互相碰撞。

(2) 焊接用氣體鋼瓶倒塌而撞擊甲板。

(3) 艙內的陰極保護板脫落而碰撞艙底。

茲將撞擊火花之發生過程說明如下；因撞擊或摩擦所發生之熱能，將使

剝落飛散後之金屬片表層溫度上升而且更容易氧化，而該氧化熱之增加可能致使金屬片白熱化。雖然白熱化之溫度依金屬種類之不同而異，但大多高於引火性液體之閃火點；例如鐵器撞擊所形成之火花溫度約為 1,370℃，含有少量鐵質之銅鎳合金則為 260℃ 以上。

　　撞擊火花所具有的熱能，雖然不至於引燃熱容量極小的普通物質，但容易引燃易燃性氣體。基於火災安全之考量，油貨、LNG 或 LPG 等危險貨物裝載船，雖然均利用不生火花工具實施作業，船上人員仍應小心使用工具，以免產生意外的撞擊火花。

3. 壓縮熱

　　氣體被壓縮時，因氣體分子被迫進行更緊密結合而產生的熱能稱為壓縮熱（Heat of Compression），例如：

(1) 灌充壓縮空氣呼吸器具的氣體鋼瓶時，鋼瓶溫度會升高。

(2) 柴油機的運轉原理；先壓縮汽缸內的氣體使溫度驟增至柴油的發火溫度以上，再噴射柴油使其燃燒而產生動力。

4-4-4　核能熱能

　　放射性物質之核子進行分裂與融合反應時，將會散發熱能、壓力與輻射能，稱為核能；核能熱能（Nuclear Heat Energy）通常為一般物質所產生化學熱能之百萬倍以上。

4-5　爆炸

　　為確保船舶安全，火災預防措施、防止爆炸措施和滅火應變作業均為船上人員必須重視之課題。所謂爆炸係由下列原因所造成者：

1. 爆轟（Detonation）產生強勁的壓力波而且燃燒速度大於音速。

2. 可燃性混合氣體雖然未達到爆轟條件，卻因化學變化而於瞬間形成劇烈的爆轟。

3. 因壓力容器遭受破壞，而產生物理性或機械性變化所致。

4. 因原子反應所致。

4-5-1 化學反應所致之爆炸

因化學反應所產生之化學性爆炸，其爆轟波的傳播速度每秒至少超過 1,000 公尺。表 4-2 所顯示資料為炸藥類物質之爆轟速度：

表 4-2 炸藥之爆轟速度

炸藥	爆轟速度（m/sec）
氮化鉛	5,300
雷酸汞	5,400
三硝基甲苯	6,870
苦味酸	7,260
硝化甘油	8,625

可燃氣體必需與氧氣混合成可燃性混合氣體，而且可燃氣體所佔有的體積混合比必須介於爆炸範圍之內，始能引發化學性爆炸。表 4-3 所顯示資料為可燃性混合氣體之爆轟速度：

表 4-3 可燃性混合氣之爆轟速度

可燃性氣體	體積混合比率（Vol%）	空氣或氧氣	爆轟速度（m/sec）
乙醇	6.2	空氣	1,690
乙烯	9.1	空氣	1,734
一氧化碳	66.7	氧氣	1,264
二硫化碳	25.0	氧氣	1,800
甲烷	33.3	氧氣	2,146
苯	11.8	氧氣	2,206
乙烷	25.0	氧氣	2,356
丙烷	25.0	氧氣	2,600
乙炔	40.0	氧氣	2,716
氫	66.7	氧氣	2,821

4-5-2　物理反應所致之爆炸

壓力容器遭受破壞時，可能導致物理性爆炸事故。爲抵抗容器內部所產生的壓力，鍋爐或氣缸等壓力容器皆須具有足夠之強度；其所需強度取決於容器的內部壓力；壓力容器之破壞強度至少應爲正常使用壓力之四倍以上。

其次，爲防止內部壓力異常升高而發生物理性爆炸事件，壓力容器均應裝置洩壓安全閥。導致壓力容器發生爆炸的主要原因可歸納爲：

1. 當值人員操作錯誤或疏忽應盡的職責。
2. 洩壓安全閥故障。
3. 壓力容器本身所存在之缺陷。

4-5-3　核子反應所致之爆炸

因核分裂或核融合所發生之爆炸稱爲核子爆炸；核分裂係使用鈾 235 或鈽 239，核融合係將一對輕核子融合而產生重原子核。在空中發生核子爆炸時，其能量大約以爆風 50%、熱射線 35% 以及放射能 15% 之比率散發。

4-6　燃燒生成物之危險性

燃燒所形成的水蒸氣、火焰、熱能、煙霧、有害氣體與有毒氣體等物質稱爲燃燒生成物，該等物質對船舶、貨物或人體均會造成不同程度的損失與傷害。

4-6-1　火焰與熱之危害

任何人員接觸火焰時，可能發生燒傷、灼傷與損害呼吸氣道的正常功能等危險，因此必須隨時與火場保持適當距離；即使完全武裝的滅火作業人員亦不可例外；一般而言，縱使穿戴防火衣著的人員，亦頗難忍受 60°C 以上的溫度。爲防止人員燒傷或灼傷的安全防護器具，有頭盔、衣褲、靴子與手套等防火衣著；爲防止人員呼吸困難，可利用具有不同功用的呼吸器具。

火災發生之後，當人員遭受過熱空氣之危害時，將因脫水、熱衰竭、燒灼或氣道阻塞等原因，以致造成不同程度的人身傷害或死亡事件。其次，滅火

人員如果長期暴露在高溫的火場之中，可能由於體液流失過多而造成失溫症
（Hypothermia）現象[註四]；嚴重失溫時，人體的中樞神經可能損壞以致無法救助。

4-6-2 有害與有毒氣體之危害

燃燒所產生的有害與有毒氣體包括：二氧化碳、一氧化碳、二氧化氮、一氧
化氮、氨、硫化氫光氣以及水蒸氣等，茲將其所具有的危險性扼要敘述如下：

1. 一氧化碳

一氧化碳（CO）是燃燒的主要生成物之一，具有強烈之毒性，其安全極
限值（Threshold Limit Value, TLV）[註五]介於 30ppm 至 50ppm 之間。可燃物
質的碳元素若被完全燃燒即會產生二氧化碳，如果空氣供給不足而造成不完
全燃燒時，則將產生一氧化碳，因此在密閉性火場產生一氧化碳的機率遠大
於通風良好的火場。其次，根據研究發現在 800℃以上的高溫環境下，游離
性碳元素相當容易與氧氣互相反應而產生一氧化碳。

一氧化碳與人體血液中的血紅素之結合力大約為氧氣的 210 倍，因而人
員吸入一氧化碳之後，將會迅速取代氧氣地位而使血液的氧氣濃度下降而發
生匱乏。其次，由於一氧化碳侵入人體時，肺臟分解血液中二氧化碳之機能

[註四]：所謂失溫症乃體溫已經降至無法依賴人體之器臟功能而維持的最低臨界溫度。人體的
標準體溫為 36.8℃，隨著環境溫度的冷熱變化，藉由器臟功能之調節應將體溫正常維
持在 36.3℃~37.3℃之範圍。一般而言，體溫降為 36.1℃時，即會出現頭暈或昏眩等
初期失溫現象；如果體溫逐漸降低，更嚴重的痛苦現象將會陸續出現，而且增加急救
之困難度。

[註五]：所謂安全極限值（TLV；Threshold Limit Value）係用以表示有害或有毒氣體之安全濃
度的參考指標，濃度單位採用 ppm（Parts of Per Million）。例如：石油氣之 TLV 為
300ppm 表示：任何健康正常的人員，如果在石油氣濃度低於 300ppm 的環境下，每
天工作八小時以下而且每星期（五天）之連續累積時數低四十小時，將不至於危害作
業人員之健康狀況。相對地，如果人員暴露在濃度大於安全極限值的環境中，其可能
遭受的危害程度將取決於氣體濃度與暴露時間等兩項因素而定。

將會同時遭受破壞，故而即使吸入少量的一氧化碳，對人體生命亦可能構成相當程度的危害：茲利用表 4-4 將一氧化碳濃度與人員致死時間之關係表示如下：

表 4-4　一氧化碳濃度與人員致死時間

濃度（容積百分比）	人員致死時間
$\geq$ 500ppm（0.05%）	大約三小時
$\geq$ 1,500ppm（0.15%）	大約一小時
$\geq$ 4,000ppm（0.4%）	一小時以內
$\geq$ 13,000ppm（1.3%）	六分鐘以內

此外，一氧化碳除具有猛烈之毒性外，也爲易燃性，當其與空氣混合容積比介於 12.5% 至 77% 之間，則可能發生爆炸之危險。

2. 二氧化碳

二氧化碳（CO_2）爲無味、無臭、無色而且不具毒性之氣體，其安全初限值爲 5,000ppm。空氣中如果含有過量的二氧化碳將會對人身造成傷害。尤其科學家已經證實二氧化碳是造成地球溫室效應之元凶；一九五八年在夏威夷海拔 3,400 公尺山上測得二氧化碳濃度僅爲 315ppm，二〇〇六年則高達 380ppm，增加幅度爲 21%，平均年增濃度爲 1.4ppm；預測二〇〇八年以後的平均年增濃度將升至 2.0ppm 濃度。

一般而言，空氣中之二氧化碳含量若爲 2% 時，人員的呼吸速度與深度將會增加 50%；若爲 3% 時，人員的呼吸速度與深度將會增加 100%；若爲 5% 時，大約經過一小時，人員將會發生呼吸困難的現象；濃度高達 10% 以上時，人員呼吸數分鐘即可能死亡。

3. 氧化氮

二氧化氮（NO_2）爲茶褐色的氣體，具有猛烈之毒性，其濃度一旦達到安全初限值 25ppm 時，任何暴露人員可能無法繼續呼吸三分鐘以上。氨氧化物或硝化綿分解時，將會產生二氧化氮；金屬燃燒並且接觸一氧化氮，亦會產生二氧化氮。

一氧化氮（NO）之毒性極低，對敏感的鼻腔與咽喉會產生些微的麻痺作用。除非濃度夠高，否則一氧化氮不至於對人身造成明顯的傷害。

4. 氨

含有氮素的毛質或絹質可燃物質燃燒時，將會產生氨氣（NH_3）。氨氣對人體之眼睛、咽喉以及肺臟等器官具有強烈刺激性；任何人員暴露在氨氣濃度為 0.25% 至 0.65% 的空氣中三十分鐘以上，可能發生嚴重的人身傷害甚至死亡事件。

5. 硫化氫

毛皮、橡膠或肉類等物質不完全燃燒時，將會產生硫化氫（H_2S），因其具有腐臭味道而容易被嗅覺察知；船上人員發現暴露場所存在硫化氫時，應迅速採取防護措施而且離開現場。

硫化氫的安全極限值為 10ppm，具有強烈毒性。空氣中的硫化氫濃度達到 200ppm（0.02%）時，任何人員呼吸兩次至三次，嗅覺將會逐漸遲鈍甚至於喪失功能；濃度為 0.04% 至 0.07% 時，人員呼吸超過三十分鐘之後，除會發生頭暈、噁心或嘔吐等現象之外，尚有傷害呼吸系統之潛在危險；濃度超過 0.07% 以上時，將會影響神經系統。

其次，皮毛、橡膠或肉類等完全燃燒時將會產生亞硫酸氣，該氣體僅會對人員的眼睛敏感部位造成刺激，而不至於產生更深層的不利影響。

6. 氰化氫

氰化氫（HCN）屬於毒性極高的氣體，為一般火場最具毒性氣體，濃度超過 3,000ppm（0.3%）以上即可能造成人員傷亡事件。一般火場所形成的氰化氫，通常不至於達到危險濃度；含有氮素之毛質絹質材料、酯（Urethane）、聚醯胺（Polyamide）或丙烯（Acryl）等物質不完全燃燒時，始可能散發出致命濃度的氰化氫。

其次，氰化氫具有消毒與驅蟲功能，為船上燻艙作業經常使用的燻艙劑。因此，如果船上人員必須進入正在燻艙的貨艙或貯藏燻艙劑的庫房從事滅火作業時，應特別加強個人安全防護措施，以免遭受氰化氫危害。

7. 氯化氫

含有氯元素之塑膠品燃燒時，將會產生具有刺激性惡臭的氯化氫

（HCl），例如：電器之絕緣體和聚氯乙烯（Polyvinyl Chloride）製品。空氣中的氯化氫濃度約為 1,500ppm（0.15%）時，暴露人員持續呼吸三分鐘，即可能造成傷亡事件；依火災研究報告資料顯示，在電器工廠的滅火案例中，消防人員經常發生氯化氫中毒事故。

8. 丙烯醛

丙烯醛為具有強烈刺激性及有毒之氣體，石油製品燃燒時會產生此種氣體。其在燃燒氣體中所佔比例雖然極微，但濃度為 1ppm 時，即無法使人忍受；當其濃度高達 10ppm 之情況下，則在短時間內會導致人員死亡。

9. 光氣

光氣（$COCl_2$）含有毒性。一般物質所引燃的火災，產生光氣的機率極低。然而，氯化物與火焰互相接觸時，即容易產生光氣，例如：由多氯乙烯製成的塑膠品形成火災；氯元素溶液與火焰接觸時。此外，利用四氯化碳（CCl_4）滅火時經常導致人員死亡事件，其原因乃光氣濃度過高所致。

4-6-3 煙霧與水蒸氣之危害

1. 煙霧

火場中的濃煙與霧氣（Smoke and Fog）係碳粒子與其他不可燃物質的粒子，以懸浮狀態呈現在空氣中的現象。因其表面可能附著水蒸氣、酸性物質或其他化學成份，若被吸入人體之內將會造成相當的危害。

其次，煙霧如果密集籠罩在火場附近，不但會降低滅火人員之視野與能見度而妨礙滅火作業之進行，亦可能使其發生呼吸困難或窒息之危險。

2. 水蒸氣

火災發生之後，燃燒現場會產生水蒸氣、有害氣體與有毒氣體；水蒸氣所佔有的體積百分率至少超過 60%。燃燒所產生的大量水蒸氣可迅速稀釋火場空氣而且降低氧氣濃度，以致火場呈現缺氧狀態[註六]。

[註六]：所謂缺氧狀態係指環境空間的含氧量低於 18% 之狀態。人員暴露在缺氧的環境中，初期徵兆為眼睛感覺刺激、流淚或頭昏；隨著氧氣濃度之減少，其受害程度將會逐漸加深。

　　任何人員暴露在缺氧的環境中，將隨著氧氣濃度之減少而加深受害程度；含氧量低於 15% 時，人員的肌肉組織逐漸喪失控制功能；含氧量降為 14% 至 10% 之間，人員的判斷能力下降而且精神恍惚；含氧量低於 10% 時，人員將會神智不清甚至陷入昏迷狀態；含氧量低於 9% 時，人員可能在三十分鐘以內死亡。

4-7　本章結語

　　火災理論是本書讀者必須具備之專業基本知識；唯有理解火災之化學原理，始能建立正確的防火與滅火方面之邏輯觀念，並且瞭解必須使用何種方法與技術，藉以有效地撲滅各種火災。

　　其次，唯有理解燃燒後之生成物所具有之危險性，始能深刻體認火災之可怕程度，進而激發健全之火災防災意識與行動態度。

第五章　火災分類

　　火災案例之調查與研究資料顯示：就火災範圍、火勢強度、燃燒物質與火場環境等條件而言，從未發現兩件完全相同的火災；但若依據火場之燃燒特性與危險程度等條件，則可將火災加以分類。火災分類之目的，旨在期使滅火人員能依火災種類之不同，選擇採用最適當的滅火劑、滅火策略和方法。

　　目前世界各國普遍採行的兩種火災分類制度，係由國際標準組織（International Organization for Standardization, ISO）與美國國家防火協會（National Fire Protection Association, NFPA）所制定者，分別稱為 ISO 3941 與 NFPA 10[註一]；前者將火災分為五類，後者分為四類；該兩種分類制度之差異性，請參考表 5-1。本章將依據 NFPA 之分類方式，將其內容介紹如下：

表 5-1　火災分類比較表

國際標準組織（ISO 3941） 種類	說明 致燃物質	說明 美國防火協會（NFPA 10） 種類
A	普通固體物質	A
B	液體或可液化物質	B
C	氣體物質	B
E	電力設施與電器設備	C
D	金屬物質	D

[註一]：自 1974 年開始，英國與歐洲國家均採用 ISO Standard 3941 制度，而將火災種類區分為 A、B、C、D 和 E 等五類。NFPA 將上述的 B 類（液體火災）與 C 類（氣體火災）合併為 B 類，將火災種類縮為 A、B、C 和 D 等四類，此與台灣一樣。

5-1 A 類火災

所謂 A 類（或稱甲類）火災，係指任何由主要結構成份爲有機物質的固態燃料所引起的火災，例如：被褥、衣服、木材、橡膠、塑膠、帆布、繩索和紙張等物質，如圖 5-1 所示。A 類火災發生之後，經常會產生大量的水蒸氣、二氧化碳、濃煙、灰燼、殘留物以及微量的有毒氣體。

依據船舶火災之統計資料顯示，A 類火災之佔有率最高，大約 52% 左右；由於水具有優越的冷卻作用，故爲抑制 A 類火災之最佳滅火劑。

雖然固態可燃物質的種類十分繁多，但可概分爲下列三大基本類別：木材與木材製品類、纖維與紡織製品類、塑膠和橡膠製品類等。茲將其燃燒特性分別敘述如下：

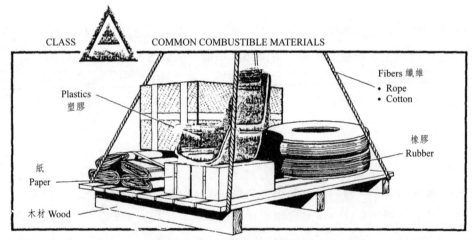

圖 5-1　引發 A 類火災之物質

5-1-1　木材與木材製品類

木材的主要成份爲碳、氫與氧等元素，其次爲氮元素以及少量的其他元素。乾燥的木材與木材加工製品，容易被點火燃燒但不容易形成自燃現象，除非將碎片狀的木屑堆放在高溫場所附近。

一般而言，木材之著火溫度至少須達 204℃以上，但若將木屑長期放置於 100℃以上的高溫處所，亦可能發生自燃。無論引燃方式如何，木材形成燃燒之前，均須先被加熱而且散發出足夠的可燃氣體。其次，木材之燃燒速率則須依熱能溫度、燃料數量、形狀與厚度等主要因素而定；該類物質著火燃燒時，經常會產生大量的濃煙、水蒸氣與碳化物。

5-1-2　纖維與紡織製品類

動植物天然纖維、合成纖維和相關紡織製品，不但被廣泛應用於船上的日常生活和船藝作業方面，而且是船舶經常運送的海運貨物。

植物纖維與紡織製品之著火點高達 400℃以上，因此極不易發生自燃，但卻容易被引燃；該等物質燃燒時，通常會產生令人感覺辛辣的刺激性濃煙；該等物質所形成的火災即使已被撲滅仍有復燃之可能，尤其是捆裝的貨物。

動物纖維和紡織製品起火燃燒時大多屬於悶燒火災，不至於產生猛烈的火焰；除非被具有高溫的火源引燃。

大多數合成纖維與紡織製品之熔化溫度約為 160℃，著火溫度為 450℃左右，故而不容易發生自燃火災，例如：丙烯（Acrylic）、耐龍（Nylon）或聚脂（Polyester）等物質。然而，對於著火溫度較低之物質，仍應審慎防止引燃之發生，例如：醋酸鹽（Acetate）類合成纖維的著火溫度僅為 220℃左右。

5-1-3　塑膠與橡膠製品類

在塑膠產品之加工製造過程中，所需要使用的有機物質種類十分繁雜，諸如：石碳酸（Phenol）、苯精（Benzene）、氨（Ammonia），甲醛（Formaldehyde）、棉製品、木材粉屑、木漿、紙張與布料等物質。相較而言，橡膠產品之製造過程較為簡單；橡膠產品係以橡膠樹汁為主要成份，加入適當比率的黑碳末、油類與酸類物質等添加物，進而加工合成者。

塑膠製品之燃燒特性必須取決於其性質、形狀與數量等因素；依性質而言，塑膠製品大體上可區分為不易燃物質、可燃物質與易燃物質等三大類，例如：傳統的纖維素合成塑膠品，受熱溫度達到 121℃時即會開始分解而可燃性氣體；該氣體濃度足夠時，則可能引燃火災而且不容易被撲滅。

就橡膠製品而言，天然橡膠製品的著火溫度大約為 260℃。一般而言，天然橡膠製品之受熱溫度達到 232℃時，即會開始產生可燃性氣體；合成橡膠製品之受熱溫度必須超過 349℃以上，始能產生可燃性氣體。然而，由於乳液橡膠（Latex）屬於水基乳化物，故而不可能導致火災之危險。

橡膠製品引燃火災時，火場不僅會形成猛烈火焰與大量濃煙，而且容易產生致命的硫化氫和二氧化硫等毒性氣體。

5-2 B 類火災

所謂 B 類（或稱乙類）火災，係指由可燃性液體、易燃性液體、可燃性氣體、動植物性油脂以及類似物質所引發的火災，例如：油品、乙炔氣、LNG、LPG、酒精、油漆或植物油等，如圖 5-2。撲滅 B 類火災的基本原則為：

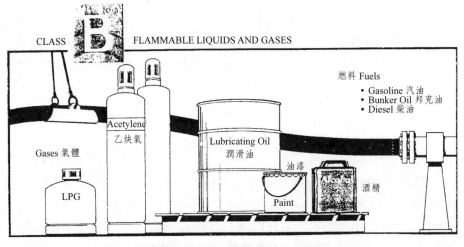

圖 5-2 引發 B 類火災之物質

1. 盡速阻斷或稀釋燃燒火場的氧氣濃度。
2. 抑制可燃氣體繼續蒸發。
3. 設法稀釋火場中既有的可燃氣體濃度。

5-2-1　可燃性與易燃性液體物質

所謂易燃性（Flammable）液體物質依 NFPA 定義，係指任何閃火點等於或低於 37.8℃的液體物質，區分爲 A、B 和 C 等三級；可燃性（Combustible）液體係指任何閃火點高於 37.8℃的液體物質，區分爲 D、E 等兩級[註二]。

由於該類物質之燃燒型態屬於蒸發燃燒，因而溢流或飛濺的油漬波及之處，皆可能形成新的燃燒火場。其次，該類物質之燃燒速率將因燃料種類不同而存在相當的差異，例如：每燃燒一小時，容器中的汽油油位將下降 15 至 30 公分，柴油油位則僅下降 13 至 20 公分。

該類物質發生燃燒的主要特徵是火焰猛烈、溫度極高而且會產生有毒氣體；是否會產生濃煙，則須取決於燃料種類，例如：酒精類物質燃燒時，除了淡藍色的火焰之外，並不容易形成煙霧。

5-2-2　油漆和漆料物質

儲存或使用油漆、假漆（Vanished）、亮光漆（Lacquers）與瓷釉（Enamels）等物質時，均應注意防範火災。水溶性漆料之最低閃火點僅爲 32℃，極容易引燃火災；油性漆料之閃火點至少爲 204℃，因而不容易引起火災。

漆類物質燃燒時，不但會形成大量濃煙而且可能產生毒性氣體。其次，數量龐大的桶裝（50 加侖或 60 加侖）漆料儲放場所，亦可能由於溫度太高而發生爆炸事故。

5-2-3　易燃性氣體物質

所謂氣體物質，係指在常溫（大約 21℃）常壓（大約 1.014Kpa）下，

[註二]：易燃性與可燃性液體之分級定義，請詳見第一章註釋部份。該類物質暴露於大氣狀態下，即可能產生蒸發氣，其蒸發速率隨溫度上升而加速。因而，必須將之存放在密閉的油槽或油艙等容器之中，同時採取必要的安全措施，始能避免引發火災或爆炸的危險，譬如：注意容器內的氣壓變化，控制容器內的含氧濃度以及防止火源等措施。

即呈現氣體狀態之任何物質，船上最常見的易燃性氣體物質為乙炔、乙烯、LNG 與 LPG 等。由於該類物質的分子結構鬆散、體積龐大而且不具有固定形狀；為方便氣體物質之儲存或運送，必須事先利用壓縮（Compressed）、液化（Liquefied）或凍化（Cryogenic）等加工處理方式，縮小其體積而後裝載在不同型式的容器中。為防止容器中的氣體物質外洩而衍生危險，船上人員應隨時注意採取適當的作業措施，並且避免發生下列情形：

1. 容器內部氣壓過高而使容器爆裂。
2. 容器本身強度不足而出現裂痕[註三]。
3. 閥門、壓力真空閥或管路接頭等附屬裝置發生瑕疵。

5-3　C 類火災

所謂 C 類（或稱丙類）火災，係指因電力設備與其附屬設施所引發的帶電火災，例如：發電機、配電盤、開關、纜線與電動馬達等，如圖 5-3。該類火災之發生原因，主要乃由於設備本身所存在的缺陷或船上人員操作使用不當，因而發生短路、超負載或接觸不良等情況而產生電氣熱能。

C 類火災發生時，不但會燒毀物品而造成財產損失，而且極可能使火場附近人員發生觸電、感電、灼傷、燒傷、窒息或中毒等傷亡事件。因之，進行滅火作業之前，必須先切斷電源而且配戴壓縮空氣呼吸器具。其次，為防止觸電或感電之危險，滅火人員應盡量避免使用水或泡沫等滅火劑，而應優先考慮採用二氧化碳、化學乾粉或海龍等滅火劑。

[註三]：由於火災高溫使油類容器本身脆弱處形成裂痕，而導致爆炸的案例不在少數，海運業界稱此狀況為沸騰液體膨脹蒸氣爆炸事故（Boiling Liquid Expanding Vapor Explosion, BLEVE）。

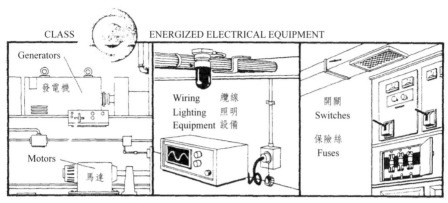

圖 5-3　引發 C 類火災之電力設施

5-4　D 類火災

　　所謂 D 類（或稱丁類）火災，
係指由鎂、鈉、鉀、鈦、鋁等鹼性金
屬或其他易氧化金屬所引發的火災，
故又稱為金屬火災，如圖 5-4。該類
火災通常屬於自燃火災，形成火災的
先決條件取決於金屬與空氣之間的接
觸面積，例如：塊狀、棒狀或條狀金
屬，不至於引發火災；粉狀、粒狀、
薄片狀或捲屑狀金屬，則可能形成火
災。

　　腐蝕的鋼鐵材料之所以形成自
燃，係因鋼鐵氧化所釋放的熱能無法
及時散逸而且繼續累積之結果。同
理，鹼性金屬形成自燃之原因，係因

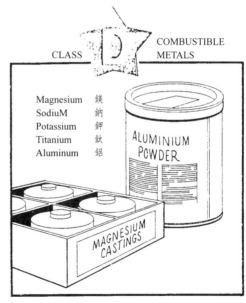

圖 5-4　引發 D 類火災之金屬物質

該等金屬接觸濕空氣（含有水份與氧氣）而產生化學反應並且散發熱能；如果
熱能繼續累積而達到金屬的著火溫度，即會形成自燃。例如：鋁金屬熔點（Melt

Point）高達 660℃，屬於不易燃燒的輕金屬，但若將大量的薄片狀、卷屑狀或顆粒狀鋁金屬堆放在通風不良的場所，則可能引起自燃火災甚至發生爆炸。其次，鎂金屬熔點約為 650℃，是外表光亮而且具有延展性的軟金屬；鎂金屬一旦熔化時，即會形成猛烈的燃燒。在海運實務中，為防止散裝貨艙中的鎂金屬發生自燃火災，船上人員應隨時注意採取適當的通風措施。

就 D 類火災之滅火作業而言，選用滅火劑的基本原則是：「任何含有水份或使用之後會產生水蒸氣的滅火劑均應予以排除」，例如：水、泡沫、二氧化碳與化學乾粉等。換言之，如果貿然使用上述滅火劑撲救 D 類火災，則不但無濟於事，反而可能助長火勢。化學乾粉應用於高溫火場時，經常會形成大量水蒸氣而有助燃之危險，故而仍應避免使用。總而言之，D 類火災發生之後，滅火人員僅能採用下列兩種正確的作業方法：

1. 使用石墨粉、蘇打粉、滑石粉、細砂或石灰粉等乾燥粉末。目前商業型的 D 類火災專用滅火劑係為以石墨粉為主要成份的乾燥粉末混合物，稱為 D 類乾粉（Dry Powder）。

2. 若無乾粉末可資利用時，應令其繼續燃燒以至熄滅為止，不可輕易使用其他滅火劑採取撲救行動；在此期間，滅火人員應設法侷限其燃燒範圍而且慎防火災蔓延。

5-5　混合火災

在實際的火場中，可能發生之火災種類除了上述四種之外，尚有下列三種：

5-5-1　A 類與 B 類混合火災

該類火災係由於火災現場有 A 類及 B 類可燃物質同時存在所致者，可使用水柱、水霧、泡沫、化學乾粉或二氧化碳等滅火劑，以期使發揮冷卻、窒息、氧氣稀釋或干擾連鎖反應等滅火作用。

5-5-2　A 類與 C 類混合火災

通電中之電力設施或電器設備著火時，即形成此種混合火災。此時，可選用

之較適當滅火劑包括二氧化碳、海龍與化學乾粉等，藉以發揮窒息、稀釋氧氣或干擾連鎖反應等作用。但應避免使用水或泡沫等，以免造成人員觸電或電器設備受到水損等不良後果。

5-5-3　B 類和 C 類混合火災

使用電力之裝備或設施，若在充滿可燃性液體或氣體之環境中著火燃燒，即會產生此類火災，其滅火劑仍以二氧化碳、海龍與化學乾粉等為較佳選擇對象。若在不得已之情況下，必須使用泡沫、水柱或水霧，則應慎防觸電之危險。

上述有 C 類火災時，最重要仍是採取斷電措施，再行滅火。

5-6　本章結語

火災係由具有不同成份與性質之燃料所形成者，因而滅火作業人員必須先深入瞭解燃料分類與其燃燒特性，而後再進一步探討各類燃料之最適用滅火劑、滅火劑之應用方式、作業方法甚至使用限制等事項，始能針對複雜的火災型態選擇使用最具有效率的滅火劑。

本書第六章之內容將針對水、泡沫、二氧化碳和化學乾粉等滅火劑的成份、種類、功能和應用等事項作成具體之分析與探討。

第六章　滅火劑

如本書 4-1-4 所述，抑制燃燒（或火災）之方法有冷卻法、窒息法、氧氣稀釋法、破壞連鎖反應法和移除法等五種，任何一種方法發揮作用均可抑制燃燒而且逐漸達成滅火目的。

所謂滅火劑（Extinguishing Agents）係指任何可以發揮冷卻、窒息、稀釋氧氣或干擾連鎖反應等滅火作用的物質，目前普遍被應用於船上的水、泡沫、二氧化碳、化學乾粉或海龍等滅火劑通常具有兩種或兩種以上的滅火作用，如圖 6-1 所示。而 D 類專用乾粉（Dry Powder）係用以撲滅船上 D 類火災的特殊滅火劑，較少應用於陸上之滅火作業。

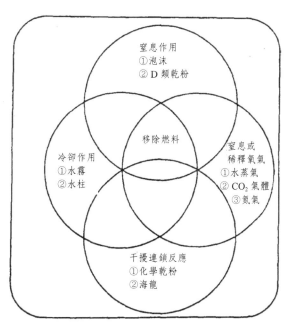

圖 6-1　滅火劑大多兼具兩種以上之滅火作用

　　滅火劑的選擇和使用必須根據火災種類與可能存在的風險決定之,而非依據火災發生的地點,譬如:火災種類如果屬於 B 類火災,則不論發生在機艙、泵間、廚房或甲板上等處所,均應適時利用泡沫、CO_2 或化學乾粉等滅火劑撲滅之,請參考圖 6-2。其次,本章擬將各種滅火劑的特性、滅火功能與應用方法等分別介紹如下:

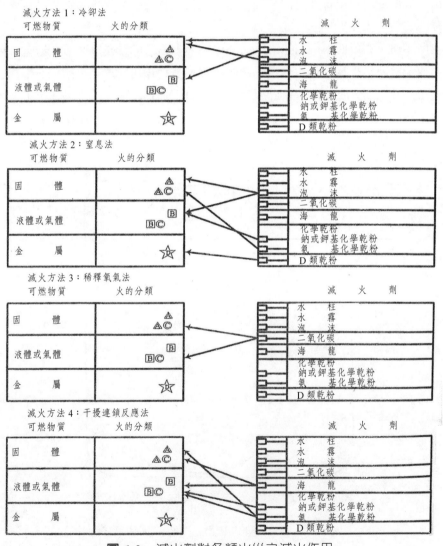

圖 6-2　滅火劑對各類火災之滅火作用

6-1　水

　　水（Water）屬於比重較大的液態物質，因而容易被加壓而且透過管路系統完成輸送；若再藉由管路末端的噴嘴設計，更可增加其運動速率、射程與改變噴水方式。

6-1-1　水之滅火功能

　　水所具有的最優越滅火功能為冷卻作用，而且是其他滅火劑望塵莫及者；液態的水被應用於火場而且汽化為水蒸氣時，將從火場中吸收龐大的熱量（水的汽化熱為 539cal/g），因而能夠迅速降低燃燒物質之溫度而促使火災熄滅。

　　其次，水具有相當明顯的窒息作用：當液態水變成氣態的水蒸氣時，體積將膨脹為 1,700 倍左右，故而不但能稀釋火場中的燃料和氧氣濃度，其所形成之氣壓也可抵制部份空氣侵入火場，而使火災能夠有效地獲得控制。

　　就滅火作用而言，無論淡水、海水、硬水、軟水或蒸餾水，皆能發揮相當的冷卻與窒息效果。

6-1-2　船舶火災發生時之用水要領

　　船舶火災發生時，船體四周的海水雖然取用不盡，但仍須盡量節省用水以避免對船舶穩度造成不利之影響。如果過度用水撲救火災而使大量的海水積留在船艙時，則可能因船體之重量負荷增加或形成自由液面（Free Surface）[註一]等結果，以至於船體發生傾斜，甚至導致翻覆或沉沒等海難事故，尤其積水區域位於較上層的艙區，如圖 6-3 所示。因此，如何利用最經濟而且正確的方式使用海水撲救船舶火災，是船上人員必須重視的基本課題之一。一般而言，船上通常利用下列兩種方式將海水輸送到火場：

1.　利用消防水總管滅火系統（Fire Main Water System）。

[註一]：自由液面乃指某船艙空間注入液體物質，但未達滿艙狀態時，則艙內的液體表面，將隨著船體搖晃而自由流動，因而增強船體向左右舷側搖晃之效應。

2. 利用手動式或自動式撒水（Sprinkler）
　或水沫（Sprayer）系統。

圖 6-3　水若積留於船上較高部位時，則將影響其穩定度

　　依據船舶火災案例分析結果顯示，由於船上消防水總管滅火系統與其附屬裝置疏於檢查或維護，經常致使原本可被輕易撲滅的初期小型火災，演變成大型火災而造成嚴重損失。因此，上述兩種系統所使用的泵、管路、水帶、閥門與其他附屬組件等，平時必須妥善實施檢查、保養和維修工作，使確保於隨時可用之正常狀態。其次，藉由定期之演習與訓練，使每位船員瞭解並且熟悉系統之操作程序，甚至於水帶或瞄子的正確使用要領，均為十分重要的安全事務。

6-1-3　船舶滅火之噴水型態

　　藉由供水管路或水帶末端所銜接的瞄子設計，可改變噴水方式而且將水輸送到火場。船用水帶瞄子的噴水型態計有水柱、高速水霧與低速水霧等三種型態。

1. 水柱

　　設法縮小輸水管路末端的噴嘴口徑，即可形成具有較大射程的水柱（Straight Streams），如圖 6-4；水柱之射程遠近則須取決於瞄子仰角所形成的水平分力與水之重力所形成的垂直分力。就船上所使用的瞄子而言，其出水壓力大約為 100 磅 / 平方英吋（100 p.s.i），瞄子的水平仰角若為 35° 至 40° 之間，其水平射程最遠；瞄子的水平仰角若為 75° 時，其垂直射程最高。

　　滅火作業中使用水柱之目的，主要乃由於火場溫度過高而使人員無法接近，故必須採用遠距離噴水方式，以便降低火場附近的溫度。實際上，利用水柱滅火時，能有效吸熱而且汽化之水量大約只有 10%，其餘數量龐大的海水墜落甲板之後，將會排出舷外或流入船艙，故不僅滅火效果相當有限，而且容易影響船體之穩度。

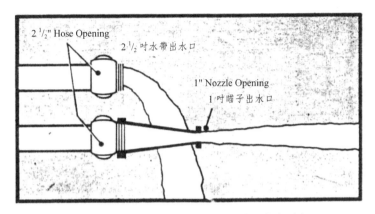

圖 6-4　縮小瞄子末端口徑，則可增加射程

　　水柱應用於火場時，應瞄準其底部藉以潤濕或沖散火場中的可燃物質，切勿瞄準火場上方的火焰。如果滅火人員一時無法確認可供瞄準的火場底部有利位置時，應暫時關閉瞄子而且停止給水，以避免過量用水、事倍功半甚至對船舶穩度造成負面影響。此外，如果船舶環境複雜而無法將水柱直接輸送到火災現場時，則應設法運用可行的間接反射方式，如圖 6-5。

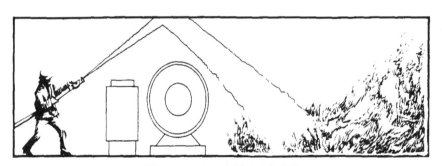

圖 6-5　利用水柱反射滅火

2. 高速水霧

　　利用水霧噴頭將水柱轉變為霧狀的微小水滴之後，將大幅增加其與空氣接觸的表面積，故不僅具有顯著的吸熱效果（發揮冷卻作用）而且能產生大量的水蒸氣（發揮窒息作用）。其次，由於使用水霧滅火之用水量十分有

限，故不至於對船舶穩度造成不利影
響。然而，射程與瞄準度皆不如水柱，
是利用水霧滅火之唯一缺點。

　　所謂高速水霧（High-velocity
Fog Streams）係指由多用途噴嘴（All-
purpose Nozzle）的水霧瞄子直接形成
的霧狀水滴，如圖 6-6 所示。高速水霧
除具有冷卻與窒息作用之外，尚且具有
驅散熱氣與煙霧的特殊作用。因此，當
滅火作業人員向火場挺進時，應盡可能
將瞄子的水平仰角調整為 20° 至 30° 之
間，藉以達成滅火與人身保護[註二]的雙
重目的。

　　高速水霧如果應用在走道、客艙或
餐廳等人員活動較為頻繁的火場時，應
盡量設法開啓與滅火作業方向相反的對
向之門、窗或其他開口，藉以方便陷身
火場內的人員逃生，而且促使火場內的

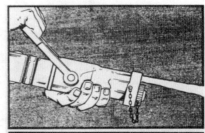
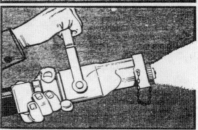
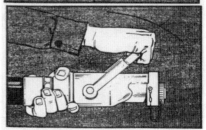

圖 6-6　多用途瞄子

熱氣、煙霧或火焰能夠有效地疏散；如果火場內的熱氣、煙霧或火焰無處疏
散，將會威脅滅火人員而且影響作業效率。

3. 低速水霧

　　低速水霧（Low-velocity Fog Streams）乃利用銜接於多用途瞄子上的噴
霧桿（Applicators）裝置所形成的水霧，其滅火作用與高速水霧不相上下，
但水霧的運動速率較慢而且射程較近。

　　所謂噴霧桿係為末端呈現彎曲角度的彎管，其尾端的噴水頭狀如鳳梨而

[註二]：水霧所形成的水幕，不但可驅散熱氣與濃煙，而且可過濾濃煙中的碳粒子，同時吸入
　　　較多的新鮮空氣。

且有形成水霧的細孔。就其規格而言，適合銜接 $2\frac{1}{2}$ 吋或 $1\frac{1}{2}$ 吋兩種口徑的瞄子；彎度爲 60° 至 90° 之間；長度爲 3 呎至 16 呎之間，如圖 6-7。

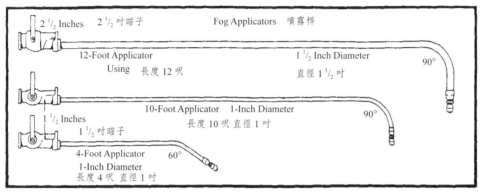

圖 **6-7**　船用之低速水霧噴霧桿

6-1-4　其他種類的滅火用水

除了天然的海水與淡水之外，爲使水能發揮某些特殊的功能，故而利用加工方式製成下列滅火用水：

1. 深透水（Wet Water）：將化學物質加入天然的水中，使降低其表面張力而增加其滲透能力。對於火場中或附近的捆裝棉花或捲裝纖維等多毛孔物質，可利用濕水事先予以潤濕，藉以達到防止燃燒之目的。

2. 厚黏水（Thick Water）：將化學物質加入天然的水中，使增加其黏稠性。厚黏水主要應用於火場附近的垂直建物表面，藉由其緩慢流動的特性而達到保護作用。

3. 滑流水（Rapid or Slipper Water）：於天然的水加入少量的氧化聚乙烯，則可降低其與管壁間的磨擦力，而提高射程。

6-2　泡沫

泡沫（Foams）係由無數個泡泡所構成的覆蓋表層。火場中的燃燒物質若被

泡沫完全覆蓋，將會阻絕其蒸發氣與空氣互相混合，進而發揮窒息作用。其次，由於泡沫含有水份，故亦能產生副冷卻作用。

理想的泡沫必須具有相當的流動性、含有充足水份、結構緊密以及黏性足夠等特性。否則，可能因耐熱性或黏性不足，而產生乾枯、萎縮或破裂等消泡情形，以致形成復燃現象。一般而言，泡沫品質之優劣可依據下列三項檢定準則加以確認：

1. 產生 25% 泡沫量之還原時間。
2. 泡沫膨脹率大小。
3. 泡沫之抗熱能力。

泡沫之類型可區分為化學泡沫與機械泡沫等兩種類型，茲將其形成原理、特性、膨脹率、優點與使用注意事項等分別介紹如下：

6-2-1　化學泡沫

目前所使用的化學泡沫（Chemical Foam）乃利用鹼性的碳酸氫鈉水溶液（Sodium Bicarbonate Solution，稱為 A 物質水溶液），與酸性的硫酸鋁或硫酸鐵水溶液（Aluminum Sulfate Solution or Iron Sulfate Solution，稱為 B 物質水溶液），互相混合後，使其進行化學反應而產生者。該類泡沫的泡泡中所包含的氣體為二氧化碳（CO_2），其泡沫產生量僅為用水量的 7 倍至 16 倍而已。

在使用之前，A 物質水溶液與 B 物質水溶液係被分別存放在互相隔離的容器內，例如：手提式泡沫滅火器之內容器與外容器（俗稱內膽和外膽），或者較大型的漏斗，如圖 6-8。

由於化學泡沫之品質與性能較差，美國海軍研究實驗室（U.S. Navy Research Laboratory）建議船舶從事滅火時，應盡量採用膨脹率較高的機械泡沫。

6-2-2　機械泡沫

機械泡沫（Mechanical Foam）係指利用機械裝置，使泡沫原液（Foam Concentrate）、水與空氣等三要素完全混合之後並且於瞬間形成的泡沫。泡沫原液的主要成份為蛋白質、合成清潔劑（Synthetic Detergents）和界面活性劑

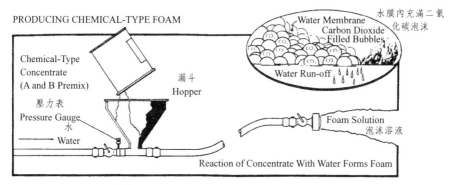

圖 6-8　漏斗型化學泡沫裝置

（Surfactants）[註三]等三部份。界面活性劑必須與空氣接觸，始能增強其形成泡沫之活性，而泡沫中所包含的氣體則為空氣，如圖 6-9。

　　雖然泡沫原液之基本成份與性質皆十分類似，但不同泡沫原液仍具有特殊的滅火功能，茲僅就其種類與滅火功能扼要介紹如下：

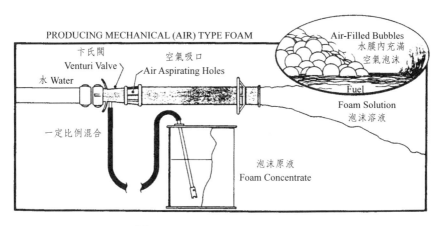

圖 6-9　手提式機械泡沫裝置

[註三]：界面活性劑係由不同種類的清潔劑、潤濕劑（Wetting Agents）以及肥皂液等物質混合而成者，其作用旨為提升泡沫濃縮與空氣混合時之活性。

1. 蛋白質泡沫原液

　　蛋白質（Protein）泡沫原液係將含有豐富蛋白質的動植物性廢棄物水解之後，再加入礦物鹽類物質所製成者，為第二次世界大戰期間即已被應用之最傳統的機械泡沫滅火劑，其規格有 3% 及 6% 等[註四] 兩種。

　　該類原液可與各種水混合使用，但水中不能含有油份。其次，若將防凍劑加入原液之中，則即使在零下 23℃的低溫環境下，也可形成泡沫。再者，該類泡沫原液不可與化學乾粉聯合使用。

2. 抗酒精蛋白質泡沫原液

　　抗酒精蛋白質（Alcohol-resistant Protein）泡沫原液與蛋白質泡沫原液的成份十分相似，唯一差別乃多添加了不可溶解的皂液，用以對付酒精、酮類、醚類或乙醛等水溶性有機液體物質所形成的火災。油船上所運載的貨品若為上述物質，則應選用此類原液作為泡沫滅火劑。

3. 合成泡沫原液

　　合成泡沫原液（Synthetic Foam Concentrate）中清潔劑之主要成份採用烷硫化物（Alkyl Sulfonates）。其形成泡沫之速率較蛋白質泡沫原液更為迅速，而且所需使用的混合水量較少，因此較適用於缺水場所之滅火作業。其次，此種泡沫可與化學乾粉聯合應用於火場。然而，由於該種泡沫覆蓋層的抗熱能力較差，故經其抑制撲滅的火場，仍有再度復燃的危險。

4. 水膜泡沫原液

　　所謂水膜泡沫原液（Aqueous Film-Forming Foam Concentrate, AFFF），由於其所形成的水膜狀泡沫能於極短時間內迅速擴散，而且完整地覆蓋燃燒物質表面，藉以發揮窒息與冷卻作用，故俗稱「快滑水膜泡沫」。其次，由於此種泡沫具有優越之滲透能力，故可用以撲救 A 類火災，亦可應用於 A 類和 B 類火災同時存在的火場。

[註四]：所謂 3% 泡沫原液，係指於實際應用時，該原液與水的混合比例為 3：97；而 6% 者之混合比例為 6：94。故此，機械泡沫滅火設備之規格，也要符合該兩種原液之使用而予以設計。

　　AFFF 爲美國海軍研究實驗室負責研發的滅火劑，該研發計畫之預期目標爲：先利用化學乾粉滅火劑抑制火災，隨即使用 AFFF 迅速在火場表面覆蓋水膜狀泡沫，以便達到徹底摧毀火災之目的。然而，在研發之最後試驗階段發現，AFFF 實際上根本不需要仰賴化學乾粉滅火劑之協助，即能單獨發揮高效率的滅火效果。

　　AFFF 具有高效率的滅火作用的關鍵因素，乃因其界面活性劑之成份係由極性化分子所組成者；一端稱爲極性端或親水基（Polar Base/Water Soluble Base），另一端稱爲非極性端或親油基（Non-polar Base/Oil Soluble Base）。極性化分子的親水基僅與水發生作用，而排斥油類物質；相對地，親油基僅與油類物質發生作用。因此，AFFF 運用於 B 類火災時，親油基將會積極地親近火場中的油類物質，而親水基則僅與泡沫中的水份互相作用，故能形成完整、緊密而且微薄（厚度約 0.003 公分）的泡沫層，如圖 6-10。

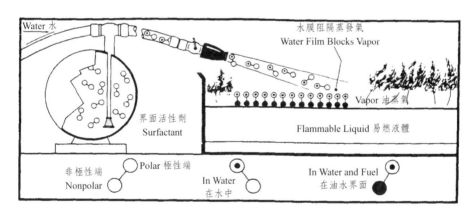

圖 6-10　AFFF 中之界面活性劑分子，一端親水而另一端親油

6-2-3　泡沫供給標準

　　無論使用化學或機械泡沫滅火系統（或裝置）進行滅火，所應掌握的基本原則爲：「所形成的泡沫數量，必須能夠完全覆蓋火場」，否則無法達到撲滅火災的最終目的。因此，船上所設置的固定式泡沫滅火系統之泡沫供給量，必須符合

IMO 或各國政府主管機關之最低要求標準。以美國爲例，聯邦政府對美國籍船舶的泡沫供給標準作成下列原則性規定：

1. 一般船舶 [註五]

   對每平方公尺面積的艙區而言，每分鐘至少能施放6.5公升的泡沫量（即每10平方呎之泡沫施放率爲1.6gal/min），而且該施放率能繼續維持3分鐘。

2. 油輪

   (1) 對於每平方公尺面積的艙區而言，每分鐘至少能施放 6.5 公升之泡沫量（即每 10 平方呎之泡沫施放率爲 1.6gal/min），而且該施放率能繼續維持 5 分鐘。

   (2) 對於每平方公尺面積的甲板或其他開放空間而言，每分鐘至少能施放 9.7 公升之泡沫量（即每 10 平方呎之泡沫施放率爲 2.4gal/min），而且該施放率能持續 15 分鐘。

6-2-4 泡沫膨脹率

所謂泡沫膨脹率（Expansion Ratio），係指泡沫原液的水溶液體積與其所形成的泡沫體積之比率大小；泡沫膨脹率超過 1：100 者，通常稱爲高膨脹率泡沫。目前船用泡沫之膨脹率至少爲 1：300，甚至高達 1：800 者；其所形成之泡沫厚度通常超過 2 呎，甚至達到 5 呎左右。目前船上所使用的泡沫比傳統泡沫具有更廣泛而且優越之滅火作用，不僅可應用於 A 類與 B 類火災，而且可應用在密閉艙區或開放空間等處所發生的火災。

6-2-5 泡沫之使用限制與注意事項

泡沫雖然是優秀的滅火劑之一，但仍有其使用限制以及必要的注意事項：

1. 泡沫爲具有導電性之水溶液，故勿貿然應用於未切斷電源的通電火場。

2. 不適用於可燃金屬所引發的 D 類火災。

3. 一般泡沫不適用於氣體或凍化液體物質所引發的火災，除非高膨脹率泡沫，

[註五]：係指油輪除外的各類商船，如貨櫃船、散裝船、汽車船或雜貨船等。

可於短時間內形成厚度足夠之泡沫。

4. 泡沫應用於重油槽火災時，極容易造成油槽底水分沸騰現象，致使燃燒中油類溢流而擴大火災範圍，尤其是含水量較多的原油等油類物質。

5. 利用泡沫滅火時，除應事先確定泡沫量足夠完全覆蓋燃燒表面之外，尚須確認剩餘的備用泡沫量，是否足以彌補原先覆蓋的泡沫層因高溫破壞而出現的缺口。

6-2-6　泡沫之優點

泡沫雖然有某些使用上的限制，但因具有下列優點，故而適用於 A 類與 B 類火災之撲救作業：

1. 泡沫具有最優越之窒息效果，而且能發揮部份冷卻作用。

2. 燃燒表面所形成的泡沫覆蓋層，可阻隔可燃性蒸發氣之散發。

3. AFFF 泡沫含有較多的水份而且具有較強的滲透能力，能濕潤可燃物質的內部，如捆裝、束裝與包裝貨物等，藉以達到防火之目的。目前碼頭與貨物倉棧等岸上設施普遍採用此種泡沫滅火劑。

4. 泡沫最適合撲救大型油艙火災。唯若火災發生時，油貨若仍在輸送流動中，則應先設法停止貨泵之運轉，並且關閉閥門。

5. 無論海水或淡水、軟水或硬水，均能與泡沫滅火劑混合成水溶液而加以利用。

6. 泡沫若能以適當的速率施放且逐漸形成完整的覆蓋層，則不容易被破壞而出現缺口。

7. 利用泡沫滅火時，其用水量極少，故不至於增加海水泵之負擔。

8. 泡沫原液之重量有限，因此固定式泡沫滅火系統的佔用空間較小。

6-3　二氧化碳

船上的貨艙、油艙、機艙、電機房或儲藏室等艙區，普遍採用固定式二氧化碳滅火系統作為滅火利器。二氧化碳於大氣狀態下呈現氣態，加壓之後可被液化或固化；於零下 43℃ 之低溫下，二氧化碳呈現固態，稱為乾冰；其臨界溫度為

31℃，在此溫度以上，無論壓力多大，二氧化碳仍為氣態。對絕大多數物質而言，二氧化碳不會助燃而且具有窒息作用，但若與可燃性金屬互相作用時，則仍具有助燃效果。

　　二氧化碳之比重約為空氣的 1.5 倍，故較容易下沉至低處而籠罩在燃燒的火場附近。其次，由於二氧化碳不具有導電性，故可應用於通電之電器設施所引起的 C 類火災。再者，由於其使用後不至於在火場留下類似水漬、泡沫或溶解物等殘留物，故為最乾淨之滅火劑。

6-3-1　二氧化碳之滅火功能

　　二氧化碳所具有之滅火作用，主要為稀釋火場周圍的空氣而降低燃燒所需之氧氣濃度，進而發揮窒息作用。其次，二氧化碳具有冷卻作用，但效果並不明顯。

　　由於使用該類滅火劑滅火時，在全區應用時必須使發生火災的空間完全彌漫足夠濃度之二氧化碳，始能達到抑制火災之目的，因此需要較長的滅火作業時間；經常需要耗時 24 小時以上。

6-3-2　二氧化碳之利用

　　二氧化碳主要仰賴窒息作用而達成滅火目的，對於密閉空間火災具有高度的滅火效率。船上大多數場所適合應用該類滅火劑，諸如：

1. 可燃性石油類與油脂類物質之裝載及堆放艙間。
2. 設置馬達、發電機或電子航海儀器裝置等電氣或電子設備之處所。
3. 機艙、電報房、油漆間以及其他機器間。
4. 廚房與烹調場所。
5. 存放珍貴藝術品、精密儀器或者怕濕怕潮的貨品之艙間。

6-3-3　二氧化碳之使用限制

　　利用二氧化碳實施滅火作業時，必須確實瞭解其使用限制、熟悉操作要領並且防範作業危險：

1. 不適用於氧化物質

　　對本身含有氧元素之物質（即氧化物），二氧化碳不但無法發揮滅火效果，更可能弄巧成拙。譬如：鎂金屬形成火災時，若貿然使用二氧化碳滅火劑進行滅火時，則將因其兩者間之交互反應，而產生碳粒子、氧氣與氧化鎂等物質，以致火場額外獲得更多的助燃物和燃料，更且助長火勢。

2. 開放空間使用二氧化碳之滅火要領

　　二氧化碳應被侷限於某固定空間，始能發揮其最大之窒息作用，因此，若被應用於開放性空間時，其效果將會大打折扣。然而，利用手提式或半固定式二氧化碳滅火器撲滅艙外或甲板火災而成功的案例，卻仍是經常可見的。至於該等場所之二氧化碳滅火器使用方法與要領為：

(1) 自火場之上風處施放二氧化碳。

(2) 二氧化碳滅火器之有效射程大約 1.5 公尺，操作使用時必須將手持握把放低，使其噴嘴對準燃燒物質之底部（Fire Base），並且以左右來回方式迅速掃動。

(3) 滅火時應由近而遠，否則容易形成回火而傷害滅火人員。

3. 慎防復燃

　　由於二氧化碳之冷卻效果相當有限，因而即使火災已被窒息，但火場溫度仍舊無法迅速降至著火溫度以下，以致經常有復燃（Burn Back）之可能。

　　有鑑及此，若利用二氧化碳撲滅開放性空間火災之後，應隨即搭配其他滅火方法再對火場進行徹底的冷卻。其次，利用二氧化碳撲滅密閉艙間火災之後，依然必須定時對艙內灌注適量的二氧化碳，直至艙內溫度明顯下降為止；艙內溫度如果處於著火溫度以上，切勿貿然開啟艙蓋以免空氣進入艙內而發生復燃之危險。

4. 避免人員傷害

　　二氧化碳屬於不導電的物質，但若應用於具有高壓電之電力設施所引發的 C 類火災時，依舊必須保持至少 1 公尺以上的安全距離。

　　其次，雖然二氧化碳並未具有毒性，滅火人員如果長期暴露於含有高濃度之二氧化碳氣體的空氣中，極容易陷入頭昏或昏迷狀態；如果受害者未被即時發現而撤離至通風良好的場所，亦可能導致死亡之危險。

6-4 化學乾粉

化學乾粉（Dry Chemical Powder）滅火劑為粉狀的化學物質；其名稱與 D 類專用乾粉（Dry Powder）十分接近，但兩者所具有的成份、性質與滅火功用均迴然不同。

6-4-1 化學乾粉之種類

目前船上所使用之化學乾粉，依其組成成份而言，概可分為下列五個種類：
1. 碳酸氫鈉類

　　碳酸氫鈉（Sodium Bicarbonate）化學乾粉為價格最便宜的傳統滅火劑，普遍被應用於廚房以及其排煙管道、燃料輸送管路等容易聚集動植物油脂物質之場所。雖然，該類滅火劑能夠迅速發揮發滅火作用，但由於碳酸氫鈉物質在高溫的火場中，極易被分解而消耗殆盡，因而容易造成復燃之情況，此為滅火人員必須注意防範之處。
2. 碳酸氫鉀類

　　碳酸氫鉀（Potassium Bicarbonate）化學乾粉適用於液態燃料所引發之火災，因其可快速驅逐火場中之火焰，而且具有防止復燃之功能。
3. 氯化鉀類

　　氯化鉀（Potassium Chloride）化學乾粉係為搭配蛋白質泡沫原液之利用而研發之產品，其滅火特性與碳酸氫鉀化學乾粉大同小異，但具有相當的腐蝕性。
4. 尿素碳酸氫鉀類

　　尿素碳酸氫鉀（Urea Potassium Bicarbonate）化學乾粉是具有最卓越滅火效果之化學乾粉，因其價格十分昂貴，故較少被採用。
5. 單磷酸銨類

　　單磷酸銨（Monoammonium Phosphate）化學乾粉，稱為多用途化學乾粉，因適用於 A、B 與 C 類火災，故又稱為 ABC 化學乾粉。該滅火劑中之銨鹽成份可干擾燃燒之連鎖反應，而磷酸鹽成份可轉變為可熔解的偏磷酸

（Metaphosphoric Acid）而覆蓋於固態的燃燒物質表面，藉以抑制燃燒之進行，因此滅火效率迅速而且效果優越。

6-4-2 化學乾粉之滅火功能

1. 干擾連鎖反應作用

   連鎖反應是促使火災能夠持續進行的關鍵因素。化學乾粉具有卓越的干擾連鎖反應作用；因其應用於火場時，可逕自與燃料、氧氣、水蒸氣或硫化物等物質因受高溫分解所形成的單分子物質（稱為連鎖傳遞物質）互相結合，藉以抑制各單分子物質重新組合成新型的助燃物質（稱為中間反應物質），進而達到滅火目的。

2. 冷卻作用

   任何化學乾粉皆無明顯的冷卻能力，但由於熱能具有自高溫處向低溫處轉移之傾向，因而溫度較高之燃燒物體的部份熱能，將會朝向溫度較低的化學乾粉轉移，以致能發揮某種程度的冷卻作用。該冷卻作用之大小，必須依據火場與化學乾粉兩者之間的溫差而定；溫度差異愈大，則冷卻作用愈強。

3. 窒息作用

   當化學乾粉與火場中的熱能與燃燒物質互相反應時，將會產生小量的二氧化碳氣體和水蒸氣，以致能稀釋火場周圍之可燃性蒸發氣與氧氣濃度，而發揮些微的窒息效果。

4. 遮蔽輻射熱作用

   化學乾粉噴灑至火災現場，將會形成混沌的粉霧而且瀰漫四周，以致部份原本能夠回饋至火場之輻射熱，將被粉霧遮蔽或吸收，因而間接地發揮其協助火場降溫的功能。

6-4-3 化學乾粉之利用

多用途化學乾粉是目前船上所普遍採用者，雖可適用於 A、B 及 C 等三類火災，但若應用於 A 類火災時，由於化學乾粉無法深入普通燃燒物質之內部，因而必須特別慎防復燃之發生。一般而言，不論何種化學乾粉滅火劑均可適用於下列物質或場所：

1. 可燃性的石油類與動植物油脂類物質。
2. 電氣設施與電子儀器裝置。
3. 捆裝或束裝的纖維紡織品。
4. 瀝青、松脂、樹脂與塑膠製品等固態物質。
5. 機器間、機艙、油漆間與廚房等容易發生 B 類火災之場所。

6-4-4　化學乾粉之使用限制

1. 化學乾粉所造成的粉霧，不但會降低滅火作業人員之能見度，濃度太大時甚至可能導致呼吸困難或窒息事件。
2. 任何易氧化物質或可燃金屬所形成之火災，均不可使用化學乾粉予以撲救。
3. 化學乾粉受高溫作用之後，將會在物體表面形成不易刮除的霜狀絕緣薄層（Insulated Coating）。因此，火場附近若有精密的電子設施或通信設備時，應審慎操作使用或事先完成覆蓋工作。
4. 在具有濕氣或水份之環境下，化學乾粉停留在物體表面時，十分容易產生腐蝕或斑點。

6-5　D 類乾粉

D 類乾粉是唯一能夠控制而且撲滅 D 類火災之滅火劑；如果貿然使用其他滅火劑撲滅 D 類火災，反而可能助長火勢、加速火災蔓延甚至造成爆炸之危險。

6-5-1　D 類乾粉之滅火功能

D 類乾粉主要仰賴覆蓋窒息作用達成滅火目的，其次為稀釋氧氣之作用，但效果相當有限。

6-5-2　D 類乾粉之種類

目前普遍被商船採用之兩種商業型 D 類乾粉，主要成份均為石墨粉（Graphite Powder）。石墨粉除了能夠覆蓋火場表面而發揮窒息作用之外，並且能產生少量水蒸汽和二氧化碳氣體而達到稀釋氧氣之作用。於實際應用時，滅

火人員可利用鏟子、杓子與漏斗等工具，將該袋裝或桶裝的石墨粉散佈至燃燒物質表面。

其次，可將氯化鈉鹽類（Sodium Chloride Base）乾粉末預先填裝在手提式滅火器或較大型之容器中，而後分別利用蓄壓小鋼瓶所產生的二氧化碳氣體或氮氣壓力，將其逼離容器而經由管路輸送至火場；當粉末掉落燃燒的金屬表面時，即會形成堅硬之表殼而發揮窒息效果。氯化鈉鹽類滅火劑如同石墨粉一般，可應用於各種易燃金屬所引發的 D 類火災；對於鈉金屬火災，尤其具有顯著的滅火效果。

事實上，對於各種類易燃金屬所形成之火災，均有適用的專屬滅火劑，因此國家政府主管機關或產業團體機構[註六]皆應彙集並且印製相關資料，提供船東與船舶經營者參考使用。

6-6　海龍

海龍（Halon）滅火劑為鹵化物（Halogenated Compound）滅火劑之簡稱，其成份係由碳元素與一個或多個鹵素元素所組合而成者，諸如氟、氯、溴或碘等元素。

根據蒙特婁國際公約對氟氯碳化物全面禁止和限制使用規定，自一九九六年起船上亦將逐漸限制海龍滅火劑之使用；在此之前，曾被准許應用於船上之海龍滅火劑為 Halon 1301 以及 Halon 1211 等兩種類型，前者之化學名稱為溴三氟甲烷（Bromotrifluoromethane），後者稱為溴氯二氟甲烷（Bromo-chlorodifluoromethane）。雖然 NFPA 已分別針對該兩種滅火劑制定要求標準並且允許使用，但某些先進國家對於船上應用 Halon 1211 之條件仍有相當嚴格之

[註六]：例如加拿大的國家安全評議會（The National Safety Council）或美國的製造業化學師協會（The Manufacturing Chemists' Association）等，每年皆印製「可燃性金屬火災參考資料」，並且表列其滅火方法以及滅火劑名稱。

管制規定 [註七] 。

6-6-1 海龍之滅火功能

多數火災專家普遍認定海龍滅火劑的主要滅火功能是干擾連鎖反應作用的結果，但其確實原因究竟是緩和連鎖反應、破壞連鎖反應或造成其他反應所致然，則尚未能完全明瞭。

Halon 1301 滅火劑在船上應用時，乃以液體狀態被儲存於高壓容器內，當其被壓迫而輸送到火場時，則爲無色、無臭而且不導電的蒸發氣體。

Halon 1211 滅火劑所形成之蒸發氣體也是無色的，但具有淡淡的香味。於實際應用時，該滅火劑同樣利用容器予以儲存，由於其蒸發壓極小，故而必須利用具有較強壓力之氮氣加壓，始能順利輸送至火場。

6-6-2 海龍之利用

海龍滅火劑之應用相當廣泛，但成本較爲昂貴，特別適用於下列情況所引發的火災：
1. C 類火災：電氣設備。
2. B 類火災：使用或存放可燃性石油類、動植物油脂類物質的場所。
3. A 類火災；爲防止復燃，在船艙中必須使用較長的作業時間或搭配其他冷卻方法，以便徹底撲滅火災。
4. 火場中存在高價值之設施或物品，但不能使用其他滅火劑撲救者。
5. 設置精密設施的電腦資訊室或控制室火災，應使用 Halon 1301 滅火劑，不可採用 Halon 1211 滅火劑。

[註七]：依美國海岸防衛隊（The Coast Guard）所頒訂的船舶設備規格表（Equipment Lists），其准許 Halon 1301 應用於船上之手提式滅火器與固定滅火系統方面，但 Halon 1211 之應用，則須先經過防衛隊司令官批准同意後始能使用。

6-6-3 海龍之使用限制

海龍滅火劑之使用限制極少，必須注意事項概有兩項：

1. 不適用於本身含有氧元素之物質所形成之火災。
2. 不適合撲救可燃性金屬與氫化物（Hydrides）火災。

6-7 其他滅火劑

除了上述五種滅火劑之外，傳統型的滅火劑亦可用以撲滅火災，唯其效果通常極為有限；茲分別將細沙、木屑與水蒸氣等滅火劑介紹如下：

1. 細沙

利用細沙覆蓋於燃燒的油類物質表面，可將火災窒息。其次，可利用細沙在火場附近作成圍堤，藉以防止溢流之油料向四周擴散。然而，以細沙作為滅火劑時，因其需求數量龐大，需要熟練的散佈敷灑技巧而且容易掉落侵入機器設備之中，故而不是經濟且理想的滅火劑。

雖然如此，細沙仍為各國政府現行法規中核定的滅火劑之一，但得以用其他滅火劑取代之；例如美國第 46 項聯邦法規（CFR）規定：「利用油料作為燃料之鍋爐間，必須置備 0.28 立方米（即 10 立方呎）之細沙」，但該滅火劑可利用 9.5 公升（相當於 2.5 加侖）之泡沫滅火劑、或 6.8 公升（相當於 15 磅）之二氧化碳滅火劑、或 4.5 公升（相當於 10 磅）之化學乾粉滅火劑取代之。

此外，細沙如同上述許多滅火劑一般，不可用以撲救 D 類火災；其原因乃細沙中所含之水份，受火場高溫的作用結果，將會釋放出氫氣以及氧氣，以致於助長火勢。

2. 蘇打粉

蘇打粉可應付初期的小型油類火災。該類滅火劑之滅火作用能產生二氧化碳，達到滅火效果。

3. 水蒸氣

　　船上的鍋爐所產生之水蒸氣是最早被應用於船上之滅火劑，鍋爐所形成之水蒸氣其主要滅火作用，乃為稀釋火場中的空氣濃度而達到窒息效果。

　　然而，由於水蒸氣本身溫度極高，因此不但無法即時發揮冷卻效果，當艙內的水蒸氣凝結成水滴而使壓力降低時，由於艙外之空氣重新灌入艙內，極可能造成死灰復燃之情況。

　　其次，高溫且含氧量不足的水蒸氣，也容易使滅火人員造成嚴重灼傷或窒息之意外事故。

　　再者，艙內的大量水蒸氣凝結為水滴而且聚積於艙底時，容易形成自由液面或增加船舶負荷，而影響船舶之穩定性。

　　鑑於上述缺點，水蒸氣於一九六〇年代中期已陸續被各國政府通令禁止應用於船上，例如一九六二年元月一日以後建造之美國籍船舶，原則上不可採用水蒸氣作為滅火劑；如欲使用必須經過美國海岸防衛隊核准。

6-7　本章結語

　　滅火劑係指任何具有冷卻、窒息、稀釋氧氣或破壞連鎖反應等作用之滅火物質。因此，讀者必須深入瞭解水、泡沫、二氧化碳、化學乾粉以及 D 類乾粉等滅火劑的滅火作用，甚至於其所具有之物理與化學特性，始能依據火災種類與可能存在之風險，而在最短時間內決定使用何種滅火劑和採取何種滅火方法。

第七章　手提式與半固定式滅火器具設備

　　為期使船舶火災能夠迅速地獲得控制或撲滅，船上各處皆設置消防栓、消防站、手提式滅火器（Portable Extinguishers）與半固定式（或移動式）滅火裝置（Semi-portable /Movable Fire Installations），並且於船艙、機艙或泵間等場所設置固定式滅火系統（Fixed Fire Extinguish Systems）。由於各種滅火器具、裝置與設備系統皆具有不同的滅火功能與操作方法，船上人員必須熟悉其操作步驟與作業要領，始能發揮最高之滅火效率。

　　本章所介紹的手提式滅火器具有攜帶方便之特性，故隨時可被帶往火場而對初期火災展開機動性的滅火作業。然而，由於手提式滅火器的滅火劑數量有限，其持續作業時間僅能維持續 1 分鐘至 3 分鐘左右，故而對於規模較大的火災通常無法發揮效用。

　　有鑑及此，船上人員接收火災警報信號之後，必須迅速抵達部署表（Muster List）所指定的崗位並且完成相關準備工作，尤其是水帶的銜接與佈置作業；船上人員一旦發現手提式滅火器無法達成任務時，必須立即使用水帶展開後續的滅火作業。

7-1　手提式滅火器之一般規定事項

　　目前船上所使用的手提式滅火器具與半固定式滅火裝置，可區分為水系、泡沫、二氧化碳、化學乾粉和海龍等種類，請參閱附錄二與附錄三。船上人員運用該等滅火器具和裝置時，除應詳細參酌相關的操作和使用說明之外，尚應注意遵守下列事項：

1. 是否已經符合 SOLAS 國際公約的要求標準，諸如：
   (1) 承裝液體的手提式滅火器之容器體積不應超過 13.5 公升，但不應少於 9 公升；其他種類滅火器亦應具有相同之輕便性。

(2) 任何滅火器於實際操作使用時，如果預期將會產生足以危害暴露人員之毒氣時，則應禁止使用。

(3) 住艙、公共場合與各消防控制站等處所，均應置備數量足夠而且型式適當之手提式滅火器。

2. 手提式滅火器應貯放在受保護艙間的入口附近。

3. 船上實施滅火訓練時，應促使每位船員瞭解日常活動或工作場所的滅火器存放位置。

4. 各類型滅火器每年至少應檢查與測試一次；每次檢查、測試或訓練之後應完成必要的重新填裝作業，並且貼上標示有重裝日期與檢測人員簽名的標籤。

5. 重新填裝泡沫滅火器時，應遵照說明書之指示使用冷水或溫水調合酸鹼粉末；切勿將未調合均勻的酸鹼水溶液裝入滅火器之中。

6. 隨時檢查各類型滅火器鋼瓶是否發生銹蝕情形；確認嚴重銹蝕時，應立即予以更換。

7. 二氧化碳滅火器鋼瓶每四年必須試壓一次；測試作業須遵照製造廠商的說明或指示。其次，二氧化碳滅火器每月應稱重一次，注意鋼瓶上所標示的空瓶重量與總重量，藉以核對二氧化碳是否發生洩漏。

8. 所有水系滅火器只能填裝淡水，不可使用海水；因為海水對於金屬容器具有相當的腐蝕性。

9. 化學乾粉滅火器每個月必須搖動一次，以避免乾粉結成硬塊；該類滅火器如果維護得宜，使用年限可達三年左右。

此外，必須在滅火器的鋼瓶上明顯標示火災種類、容量、淨重、總重、使用時間與辨識顏色等詳細資料，各類型滅火器之相對滅火能力或規格大小之分級，則利用阿拉伯或羅馬數字（Arabic or Roman Numerals）表示之。NFPA 之分級制度採用阿拉伯數字，在容器外標示 A、2A、4A、B、5B、20B……等字樣，例如：4A 滅火器的滅火能力為 2A 之兩倍，20B 之滅火能力為 5B 之四倍，其餘類推；美國海岸防衛隊之分級制度採用羅馬數字「I」表示最小等級，「V」表示最大等級，而且在容器外標示 AII、BI、BIII、BIV、CII……等字樣，例如：B III 是中級的 B 類火災滅火器，其滅火能力約為 BI 等級之十倍，但僅為 BV 等級的三分之一左右，請參閱表 7-1。

表 7-1 美國海岸防衛隊之手提式滅火器分級表

滅火劑		水系	泡沫	二氧化碳	化學乾粉
種類	規格	加侖	加侖	磅	磅
A	II	$2^{1}/_{2}$	$2^{1}/_{2}$	—	—
B	I	—	$1^{1}/_{4}$	4	2
B	II	—	$2^{1}/_{2}$	15	10
B	III	—	12	35	20
B	IV	—	20	50	30
B	V	—	40	100	50
C	I	—	—	4	2
C	II	—	—	15	10

7-2 使用手提式滅火器之人員安全作業守則

　　船上的手提式滅火器或半固定式滅火裝置旨為因應小型之初期火災，使用時應遵守下列人員作業安全基本守則：

1. 任何人員發現火災時，應先利用最迅捷的方式散播火災警訊，並且通知駕駛台啓動全船警報信號（General Alarm Signal），而後再採取可行的滅火措施；未完成通報程序而擅自採取滅火行動，是十分不智而且冒險的作法。

2. 切勿越過火場取用滅火器而誤入陷阱；因為火場另一端可能是死巷或通路已被阻隔。

3. 任何人員進入密閉的房間或艙間滅火時，應隨時保持安全的撤退路徑。

4. 進艙滅火人員應隨時提高警覺，切勿使火場處於人員與逃生出口之間的不利狀況。

5. 如果發現利用手提型滅火器撲救艙間火災而無法達成任務時，滅火人員應立即撤離現場。同時，應設法關閉門、窗或其他通風管道，藉以緩和火勢與防止蔓延。

7-3　水系滅火器

水系滅火器（Water-Type Extinguishers）適用於 A 類火災，其主要種類有鹼酸式、加壓氣瓶式以及蓄壓式等三種，茲介紹如下：

7-3-1　鹼酸式水系滅火器

鹼酸式水系滅火器（Soda-Acid Extinguishers）為最古老的水系滅火器，目前仍有少數小型船舶採用之；絕大多數商船所配置的水系滅火器均屬於蓄壓式與加壓氣瓶式。

鹼酸式水系滅火器主要係由圓筒形的外容器與錐狀內容器所構成者。外容器中注滿碳酸鹽類或碳酸氫鹽類等鹼性物質水溶液，內容器則填裝酸性物質水溶液；當內容器之酸性水溶液與外容器之鹼性水溶液完成化學反應之後，其所產生的氣體壓力將會壓迫溶液表面，進而促使溶液經由噴嘴噴出。該型式滅火器通常使用碳酸氫鈉水溶液與硫酸水溶液，兩者互相反應之後，即會產生二氧化碳氣體而壓迫容器內的液體，其化學反應式為：

$$2NaHCO_3 + H_2SO_4 \rightarrow Na_2SO_4 + 2CO_2 + 2H_2O$$

鹼酸式水系滅火器計有兩種型式，早期利用撞擊容器底部的柱塞操作之錐形滅火已被淘汰，目前所使用者係利用設置於容器頂部的壓鈕操作之，其總容積為 9.5 公升，總重量為 13.6 公升，屬於 NFPA 分級制的 2A 等級（相當於 USCG 分級制的 AII 等級）。

如圖 7-1 所示，該型式滅火器的鋼瓶蓋下方裝設一具管狀玻璃瓶，瓶內填裝半滿之硫酸水溶液（0.23 公斤）；鋼瓶容器內則充裝 10 公斤左右的碳酸氫鈉水溶液（濃度大約 7%）。當撞擊壓鈕擊破管狀玻璃瓶時，酸鹼液體於 55 秒的短時間內即可完成化學反應，而迫使容器內的液體噴出，其射程可達 10 公尺左右；持續噴灑之作業時間通常少於 1 分鐘。

其次，就噴射方式而言，目前船上所使用的鹼酸式水系滅火器通常採用倒立噴射方式，將溶液輸送到火場；茲將該型式滅火器之操作要領描述如下：

1. 移除撞擊壓鈕之安全護罩而後用力作動壓鈕（擊破內容器）。

2. 從上風部位慢慢地接近火場，並且使滅火器保持於正立狀態。

3. 趨近可能接近的安全距離（至少 1.5 公尺以上）時，應迅速倒立滅火器、將噴嘴瞄準火場底部並且以左右來回方式連續掃射。

　　由於酸鹼化合物具有較強之腐蝕性，船上人員使用鹼酸式水系滅火器時應注意下列安全事項：

1. 滅火人員應謹慎操作滅火器，以免溶液接觸皮膚或眼睛而發生灼傷事件。

2. 定期對滅火器實施檢查與維護作業；在倒立使用之狀態下，滅火器的內部壓力高達 130p.s.i. 以上，如果因銹蝕過度或其他損壞以致容器強度不足時，則可能發生爆裂事件。

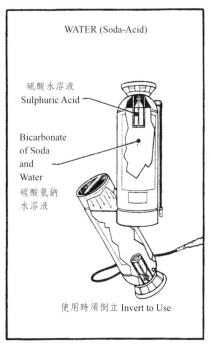

圖 7-1 鹼酸式水系滅火器

7-3-2 加壓氣瓶式水系滅火器

　　鹼酸式水系滅火器之最大缺點是利用弱酸溶液充當滅火劑，故而容易對人身或物品等造成傷害或損失。若使用加壓氣瓶式（Gas-Cartridge Operated）水系滅火器，直接以二氧化碳氣體作為驅動液體之動力，則可不須藉由酸鹼化學反應所形成的氣壓而迫使水液噴出，如圖 7-2。該型式滅火器之總容積、總重量、射程和使用時間等規格與性能，均與鹼酸式水系滅火器相當，亦屬於 NFPA 分級制的 2A 等級滅火器。

　　加壓氣瓶式水系滅火器的操作方法與鹼酸式水系滅火器十分類似：先按下壓鈕，使撞擊器的尖端刺破 CO_2 加壓氣瓶之金屬封片；當 CO_2 氣體逸出之後，即可壓迫水液噴出容器之外，如圖 7-3 所示。

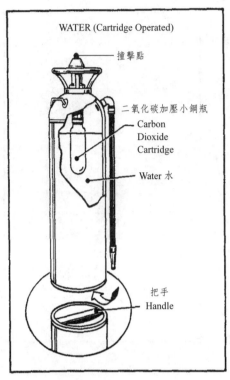

圖 7-2　加壓氣瓶式水系滅火器

圖 7-3　加壓氣瓶式水系滅火器之操作
方法

　　加壓氣瓶式水系滅火器使用之後，應依下列方法實施換裝作業：

1. 檢視氣孔（或其他排氣裝置），確定無任何阻塞物之後始將鋼瓶蓋緩慢旋開。
2. 依設計型式之不同，朝左（或朝右）旋轉卸下鋼瓶蓋下方的 CO_2 加壓氣瓶。
3. 清洗容器並且添充淡水；如須使用防凍劑，則應同時添加。
4. 確實旋緊鋼瓶蓋使其達到氣密程度。
5. 將橡膠管固定於容器之崁架上。

　　由於 CO_2 加壓氣瓶一經刺破之後，滅火器只能維持 1 分鐘左右之連續作業時間，因而操作人員應採用間歇性噴水方式，以便延長有效的作業時間。

7-3-3　蓄壓式水系滅火器

蓄壓式（Stored-Pressure Type）水系滅火器之容器內充裝淡水，並且利用壓縮空氣筒或空氣泵打進新鮮空氣，使壓力計的指示壓力到達 100p.s.i（相當於 700 百帕或毫巴[註一]）為止，如圖 7-4 所示。

蓄壓式水系滅火器之總容積、總重量與射程等規格或性能，與前述兩種型式滅火器十分類似。操作該型式滅火器時，僅須先拔除安全插栓，而後用力握緊壓柄即可使容器內之淡水噴出。

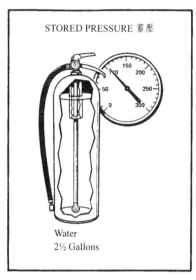

圖 7-4　蓄壓式水系滅火器

7-4　泡沫滅火器

手提式泡沫滅火器（Foam Extinguisher）適用於 A 類及 B 類火災，一般規格之容積為 9.5 公升，屬於 NFPA 分級制的 2A:4B 等級（相當於 USCG 分級制的 AII:BII 等級）；其射程介於 30 至 40 呎之間；連續施放泡沫時間大約可維持 1 分鐘；所產生之泡沫量約為 80 公升（滅火器容積之八倍左右）。其次，由於手提式泡沫滅火器產生泡沫之原理不同，因而泡沫可區分為兩種類型：

1. 經由化學反應所產生者，稱為化學泡沫。
2. 經由機械裝置所產生者，稱為機械泡沫，又稱空氣泡沫。

[註一]：百帕（Hectopscals, hPa）或毫巴（Minibar, mb）均為氣壓單位，1 帕（Pascal, Pa）= $1N/m^2$，1 毫巴（mb）= 1/1,000 巴（Bar）；一大氣壓力（1atm）= 1.01325Bar = 1013.25mb = 101,325Pa。因此，1 百帕（hPa）= 1 毫巴（mb），目前氣象報告或日常生活所使用之氣壓單位均已改用百帕或千帕（Kilopascals, kPa）表示，例如：高氣壓 1,013 hPa 或輪胎氣壓 60 kPa。

7-4-1　化學泡沫滅火器

目前船上所使用的化學泡沫滅火器
（Chemical Foam Extinguishers）係由一個內
壁襯以鋁金屬薄片的鋼瓶（稱為外容器）與一
個圓筒狀的塑膠容器（稱為內容器）所構成
者，如圖 7-5 所示。

化學泡沫滅火器之外容器填裝達到固定
刻度的碳酸氫鈉水溶液[註二]（濃度 8%），液面
上的剩餘空間約為 5% 總體積；內容器則盛裝
硫酸鋁水溶液（濃度 13%）。當內外容器內
的水溶液互相混合時，即可產生二氧化碳和泡
沫；其化學反應式為：

$$6NaHCO_3+Al_2(SO_4)_3$$
$$\rightarrow 6CO_2+2Al(OH)_3+3Na_2SO_4$$

化學泡沫滅火器計有倒立式和封片倒立式

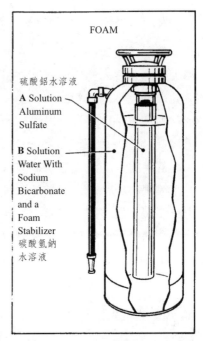

FOAM

硫酸鋁水溶液
A Solution
Aluminum
Sulfate

B Solution
Water With
Sodium
Bicarbonate
and a
Foam
Stabilizer
碳酸氫鈉
水溶液

圖 7-5　手提式化學泡沫滅火器

等兩類；但因船體經常處於搖晃運動狀態，故而必須採用封片倒立式者：

1. 倒立式化學泡沫滅火器

倒立式（Turn Over Type）泡沫滅火器是最早被開發應用者，其設計與
結構均十分簡單；因其內容器頂部具有圓周狀之柵孔結構，若將滅火器倒立
時，內外容器內的酸鹼水溶液即會進行化學反應而產生二氧化碳和泡沫；當
鋼瓶內二氧化碳氣體形成足夠的壓力時，將迫使泡沫從噴嘴噴出；在順風狀
態下，其射程可遠達 30 呎左右。茲將其操作與使用要領扼要描述如下，請
參考圖 7-6：

[註二]：該碳酸氫鈉水溶液，含有 3% 之穩定劑，例如：石竹（Saponin）、甘草（Liquorice）
或土耳其紅油（Turkey Red Oil）等。穩定劑對於化學反應不產生作用，但可強化泡
沫避免破裂。此外，化學反應中所產生之氫氧化鋁（Al(OH)₃），亦具有強化泡沫之
功能。

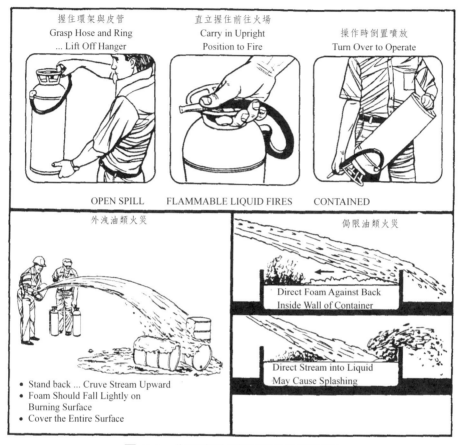

圖 7-6　化學泡沫滅火器之操作方法

(1) 攜帶滅火器從上風側或室內的安全部位趨近火場，並且停止在接近火場
　　的適當距離處。

(2) 倒立滅火器而且以上下來回方式用力搖晃。

(3) 將噴嘴瞄準火場並且施放泡沫；如為 A 類火災，應噴向火源根部；如為
　　B 類火災，則應瞄準容器的垂直艙壁噴灑泡沫。

2. 封片倒立式化學泡沫滅火器

　　　封片倒立式（Seal Turn Over Type）化學泡沫滅火器之設計結構與倒立
式者不同，其主要差異計有兩項：

(1) 內容器係由可以拆裝的上下兩段結構物所組成（上段長度大約 6 公分，具有圓周狀之柵孔結構），以便能在兩段結構物之間安放錫箔紙或其他同質材料的封片，藉以防止內外容器內的酸鹼溶液發生意外的混合作用，例如：船體劇烈搖晃或滅火器傾倒等狀況。

(2) 在剛瓶蓋上裝設一具附有上下兩個閥門的彈簧壓鈕，下閥門位於柵孔下方，使內容器保持在關閉狀態；上閥門位於鋼瓶蓋下方，封閉泡沫通往噴嘴之出口。

利用封片倒立式化學泡沫滅火器滅火時，作業人員應掌握下列操作與使用要領：

(1) 攜帶滅火器從上風側或室內的安全部位趨近火場，並且與火場保持適當距離。

(2) 移除彈簧壓鈕之安全護罩，而後抨擊彈簧壓鈕。

(3) 倒立滅火器並且以上下來回方式用力搖晃。

(4) 將噴嘴瞄準火場並且以正確方式噴灑泡沫。

化學泡沫滅火器使用之後必須實施重新填裝工作，茲將其作業步驟與相關注意事項說明如下：

(1) 慢慢旋開鋼瓶蓋，取出鋼瓶蓋並且卸下內容器。

(2) 徹底洗淨鋼瓶蓋、內容器與外容器等組件，同時清除任何渣屑。

(3) 依照廠商說明書或指示，將酸鹼粉末分別置放在乾淨之水桶內，利用淡水調和並使均勻溶解。

(4) 將碳酸氫鈉水溶液注入外容器，並且達到固定刻度。

(5) 將硫酸鋁溶液倒入內容器達到 95% 狀態。

(6) 將內容器之外表擦拭乾淨，而後銜接在鋼瓶蓋下方置入外容器之中；滅火器屬於封片型者，應確定彈簧壓鈕置於關閉狀態。

(7) 對著噴嘴吹氣，測試橡皮管是否暢通；利用目視方式，檢查通氣孔是否有異物阻塞。

(8) 清理鋼瓶蓋螺紋上殘留物，而後旋緊鋼瓶蓋。

7-4-2　機械泡沫滅火器

機械泡沫滅火器（Mechanical Foam Extinguishers）又稱為自吸式泡沫滅火器（Self-Aspiration Foam Extinguishers），其泡沫係由泡沫原液所產生者而非化學溶液。依泡沫原液之驅動方式而言，機械泡沫滅火器可區分為三種型式：

1. 蓄壓式機械泡沫滅火器

蓄壓式（Stored-Pressure Type）機械泡沫滅火器係將泡沫原液與水所形成之混合溶液貯存在容器中，而後利用高壓空氣或氮氣蓄壓。當容器內之高壓氣體被釋放時，可將混合溶液一併逼出，使其通過橡皮管而與噴嘴前端之氣孔所吸進的空氣互相作用，進而產生數量龐大的泡沫。於操作使用之前，應先拔除壓柄上的安全插栓，而後一手握著噴嘴對準火場之垂直艙壁，另一手握緊釋放壓柄即可噴出泡沫。

2. 加壓氣瓶式機械泡沫滅火器

加壓氣瓶式（Gas-Cartridge Type）機械泡沫滅火器主要係由鋼瓶（稱為外容器）、筒狀塑膠容器（稱為內容器）、CO_2 高壓氣瓶與輸送管路等組件所組成。鋼瓶內儲存淡水，盛滿泡沫粉的筒狀塑膠袋緊密附著在 CO_2 高壓氣瓶而且浸泡於淡水之中。操作者按下彈簧壓鈕之後，壓鈕上的刺針將會穿破 CO_2 氣瓶封片、釋放高壓氣體、破壞塑膠袋而使泡沫粉與水互相混合形成泡沫溶液，然後經由橡膠管與噴嘴噴出泡沫；至於空氣則由噴嘴上之氣孔進入，而與泡沫溶液互相作用；其操作使用步驟如下：

(1) 移除鋼瓶蓋頂端的安全護罩，並且按下彈簧壓鈕。

(2) 一手握著噴嘴瞄準噴射點，另一手握緊釋放壓柄即可噴出泡沫。

3. 加壓氣瓶泡沫液式機械泡沫滅火器

加壓氣瓶泡沫液式（Gas-Cartridge and Foam Solution Type）機械泡沫滅火器主要係由鋼瓶（外容器）、液化 CO_2 高壓氣瓶（內容器）與輸送管路等組件所組成；鋼瓶內儲存泡沫溶液，液化 CO_2 高壓氣瓶則固定於鋼瓶蓋下方；其操作步驟與加壓氣瓶式者相同。

7-4-3　泡沫滅火器之使用

使用手提式泡沫滅火器時，除須遵照說明或指示操作之外，應盡量利用鋼瓶遮擋臉部，藉以降低滅火人員受到火焰熱能的威脅或傷害程度。

其次，於啟用該等滅火器之前，應盡可能自上風處接近火源；在接近之過程中，應用力搖動鋼瓶促使酸鹼溶液加速混合，以便產生足夠壓力與泡沫。

再者，切勿將泡沫直接射擊在油火表面而造成油漬濺溢的現象；泡沫噴射點應位於垂直艙壁或其他垂直建物之上並且距離燃燒表面適當高度（大約 30 公分），使泡沫逐漸堆積而後完成覆蓋。

7-5　二氧化碳滅火器

二氧化碳滅火器（Carbon Dioxide Extinguishers）為裝有高壓液化二氧化碳之鋼瓶，開啟洩放閥而後按下噴嘴的壓柄即可噴出二氧化碳氣體。二氧化碳鋼瓶之規格，係以鋼瓶所能裝填的實際重量稱呼之；目前船上所使用的手提式二氧化碳滅火器大多屬於 15 磅裝者。

鋼瓶內之二氧化碳有三分之二容積為液體狀態，其壓力約為 850p.s.i.（溫度為 70°F 時）。由於鋼瓶內的氣壓將會隨著溫度上升而增加，為防範鋼瓶發生爆裂或爆炸事故，船上人員應注意下列四項安全措施：

1. 鋼瓶所承裝的液態二氧化碳不得超過總容量之 86%。
2. 鋼瓶強度至少須達 3,000p.s.i.。
3. 鋼瓶應附有安全洩壓裝置；當內部壓力升高至危險狀態（約 2,700p.s.i.）即可自動洩壓。
4. 鋼瓶儲存場所的溫度不應超過 54°C，始能確保其內部壓力處於安全狀態。

滅火器內的液態二氧化碳釋放至大氣中時，立即呈現氣體狀態而且體積膨脹為 450 倍左右。由於液態二氧化碳之體積急速膨脹而釋放熱量的結果，將致使二氧化碳氣體之溫度迅速下降，甚至部份降至零下 43°C 而形成固態雪花（俗稱乾冰）。因此，使用二氧化碳滅火器時，操作人員應慎防眼、臉或皮膚等部位受到傷害甚至凍傷。

該類滅火器主要應用於 B 類與 C 類火災,其規格自 5 磅至 20 磅(不包含 32 磅左右的鋼瓶重量);射程分別爲 3 呎至 8 呎;持續施放時間爲 8 秒至 30 秒之間。依 NFPA 分級制,5 磅裝的二氧化碳滅火器屬於 5B:C 等級,15 磅裝者屬於 10B:C 等級(相當於 USCG 分級制的 CII 等級)。

7-5-1 二氧化碳滅火器之型式與操作方法

老式的手輪式(Disk Type)二氧化碳滅火器係利用手輪開啓洩放閥,已經被淘汰使用相當時間。目前船上所使用的 15 磅裝手提式二氧化碳滅火器,均採用手把式洩放閥,茲將其操作方法介紹如下,請參考圖 7-7:

1. 由上風處所將滅火器攜至火場,並且盡量接近火場。
2. 使鋼瓶保持正立狀態,拔除安全插栓。

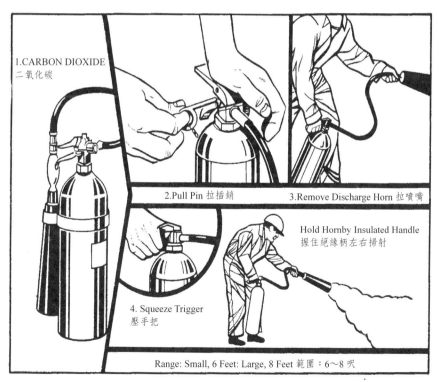

圖 7-7 二氧化碳滅火器之操作方法

3. 用手握住喇叭狀噴嘴前方的絕緣握把，並且將噴嘴指向火源；除絕緣握把之外，手部長期接觸橡皮管或噴嘴時，可能發生凍傷。

4. 用力壓下鋼瓶上方的壓柄，開啟洩放閥（氣體射程約為 5 呎）。

5. 將噴嘴瞄準火源底部，採用間歇性壓放手把並且以左右來回掃動方式，斷續地釋放二氧化碳氣體；例如：壓下手把並且左右來回移動噴嘴四次至五次，而後鬆放手把停止釋放。

6. 確認近身的火燄已被撲滅之後，始能向前挺進並且重複第 5 項動作。

　　從上風處施放二氧化碳氣體，除可避免人員受到煙燻火烤之外，尚可利用風力而將氣體帶進火場。其次，採用間歇性壓放手把而斷續地釋放二氧化碳氣體的方式，不但可隨時觀察作業狀況，而且可節省氣體；如欲將鋼瓶內的氣體一次洩放完畢，可利用安全插栓的圓形鐵環套緊手把。

　　然而，利用二氧化碳滅火器時，即使火焰已經完全熄滅，仍須以間歇方式對火場噴放二氧化碳氣體，藉以防止復燃之發生。

7-5-2　二氧化碳滅火器之檢查

　　二氧化碳滅火器之檢查作業每年至少應實施一次，藉以確定其鋼瓶強度是否足夠、液態二氧化碳之重量是否減輕與洩壓裝置是否能正常運作等。一般而言，船上無法實施鋼瓶強度之測試與檢驗作業，必須送交岸上的專業機構處理之。因此，船上人員僅能利用下述方法對二氧化碳滅火器之重量實施檢查：

1. 先將滅火器放在磅秤上秤取總重量。

2. 計算二氧化碳淨重；由總重量扣除下列兩項數據：

　　(1) 空瓶重量大約 30 磅（標示於鋼瓶上）。

　　(2) 橡皮管與喇叭管重量大約 2 磅。

　　充滿二氧化碳之滅火器總重量約為 47 磅，如果扣除上述 32 磅重量的結果少於 13.5 磅（減少 10% 以上），則表示鋼瓶或洩放閥可能存在瑕疵；船上人員發現上述狀況時，應迅速將鋼瓶送廠實施必要的檢查、修護或重裝。

7-6　化學乾粉滅火器

化學乾粉滅火器（Chemical Dry Powder Extinguishers）所使用之乾粉，依火災種類不同而有所區別，例如：用以撲滅 B 類火之化學乾粉通常為碳酸氫鈉（美國籍船舶大多使用碳酸氫鉀），但亦有使用碳酸氫鉀與其他元素所製成者[註三]。

目前船上普遍採用的氣瓶式化學乾粉滅火器，依重量（不含鋼瓶與附屬組件）區分，計有 2 磅裝至 30 磅裝等不同規格；射程介於 10 呎至 30 呎之間；連續施放時間介於 5 秒至 40 秒之間。

7-6-1　化學乾粉滅火器之型式

就型式而言，化學乾粉滅火器可區分為加壓氣瓶式和蓄壓式等兩種，茲分別扼要介紹如下：

1. 加壓氣瓶式化學乾粉滅火器

加壓氣瓶式（Gas-Cartridge Type）化學乾粉滅火器又可細分為外插型與內插型等兩種不同的設計結構方式。

(1) 外插型加壓氣瓶式滅火器

該型滅火器之鋼瓶外附有一個高壓的 CO_2 小鋼瓶，鋼瓶頭附有密封金屬片。操作者如果用力按下握把上方的壓板，擊發器的撞針將刺穿密封金屬片，而使 CO_2 溢入大鋼瓶之中，然後迫使鋼瓶內的化學乾粉經由吸管而從噴嘴噴出。

(2) 內插型加壓氣瓶式滅火器

其構造與外氣瓶式大致相同，唯一不同之處乃將小鋼瓶改置於大鋼瓶內，而且在小鋼瓶外加裝一層擴散套，有關 CO_2 氣體之釋放方式改以鋼瓶頂端中央部位所設置之擊發器作動之。

[註三]：詳如本書第六章 6-4 所介紹的化學乾粉之種類。

2. 蓄壓式化學乾粉滅火器

　　蓄壓式化學乾粉滅火器目前幾乎已被商船淘汰使用；該型式滅火器係使用充氣裝置預先將氣體輸入鋼瓶內並且達到大約 100p.s.i. 的高壓，瓶上附有一壓力指示表。使用該滅火器時，操作者只要拔除安全插銷並且握緊壓柄，即可促使乾粉從噴嘴噴出。卸下噴嘴與橡皮管之後，即可重新將高壓空氣輸入鋼瓶中。

7-6-2 化學乾粉滅火器之操作方法

　　目前商船普遍採用加壓氣瓶式化學乾粉滅火器，茲將其操作步驟摘述如下，請參考圖 7-8：

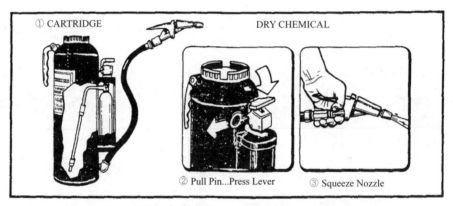

圖 7-8　外插型加壓氣瓶式化學乾粉滅火器之操作方法

1. 攜帶滅火器從上風部位盡量接近火場。
2. 拔除壓板上的安全插銷，而後用力按下壓板（刺破 CO_2 小鋼瓶之金屬封片）。
3. 一手提著鋼瓶另一手握住噴嘴；將噴嘴瞄準火源底部，採用間歇性壓放手把並且以左右來回掃動方式施放化學乾粉。
4. 確認近身的火燄已被撲滅之後，始能向前挺進並且重複第 3 項動作。

7-6-3　化學乾粉滅火器之應用

多種化學乾粉之中，唯有 ABC 乾粉可用以撲滅 A 類火災，因其不但可發揮干擾連鎖反應之作用，並且可被高溫熔化而於燃燒物質表面形成絕緣薄層，藉以抑制可燃性蒸發氣之揮發。

其次，如果利用 ABC 化學乾粉撲救 B 類火災時，應切實依照 7-6-2 節的操作方法，操作者無論左右橫掃燃燒表面或者循序向火場推進時，速度均不宜太快，否則容易造成回火現象，或使滅火人員的身體被濺溢的油漬灼傷。此外，當火場被撲滅之後，各作業人員應緩慢地撤離現場並且嚴防復燃之發生。

如果應用 BC 或 ABC 化學乾粉對付高壓氣體所形成之 B 類火災時，則射擊方向應盡量與氣體之流動方向保持平行，其誤差角度應在左右 10°之範圍之內，否則很難發揮滅火效果。B 類火災發生時，如何設法關閉管路上之閥門而切斷氣體的供給管道，亦為掩護滅火作業人員的主要任務之一。

再者，當利用 BC 或 ABC 化學乾粉撲救 C 類火災時，假若空間太過狹小，則應考慮在粉霧之影響之下，可能降低之火場能見度以及可能導致作業人員咳嗽或呼吸困難等情形。

由於 ABC 化學乾粉受高溫熔解之後，將於電器設備、開關或配電盤等表面形成相當難以刮除的固態殘留物或薄層，以致精密設備或裝置經常受損，甚至無法重新修護利用。因此，C 類火災發生時，應盡可能避免應用 ABC 化學乾粉滅火器。

另外，由於任何化學乾粉及加壓小鋼瓶，通常不致受溫度影響而變質或蒸發，故不但可貯放於船上任何處所，而且也不需要定期填裝。然而，對於化學乾粉滅火器所附屬的蓄壓氣瓶（小鋼瓶）而言，應每隔半年實施檢查與稱重作業，若發現有破損情形或其重量（不包括小鋼瓶重量）少於 14.2 公克時，則應立即予以更換；同時，應檢查其橡皮管與噴嘴等部位，以期能及早發現瑕疵所在。

7-6-4　化學乾粉之重新填裝作業

1. 必須先確認使用過的化學乾粉滅火器之鋼瓶內已無殘餘氣體，始能緩慢旋開鋼瓶蓋。

2. 重新填裝之前應確認滅火器鋼瓶是否完全乾燥；切勿以爲乾粉滅火器之鋼瓶容器不至於發生潮濕。

3. 重新填裝之前，應先清除殘留於洩放管、氣孔與噴嘴內的粉末。

4. 進行重新填裝作業時，乾粉的包裝容器一經打開，應盡速將乾粉裝入鋼瓶內並且旋緊鋼瓶蓋。

5. 操作人員應配戴口罩，以免粉末侵入呼吸道；尤其是含有氯化物之化學乾粉。

6. 應按照說明書的指示將化學乾粉填入鋼瓶；應使用相同種類之化學乾粉，以避免因種類不同而產生化學作用或結成硬塊。

7. 已經使用過之滅火器應更換二氧化碳小鋼瓶。

7-7 D 類乾粉滅火器

D 類乾粉滅火器（Dry Powder Extinguishers）是唯一可用以撲滅 D 類火災之滅火器。目前船上普遍使用者爲氣瓶式乾粉末滅火器，如圖 7-9，其總重量約爲 13.6 公斤；有效射程僅有 6 呎至 8 呎；主要成份爲氯化鈉物質。

DRY POWDER

圖 7-9　D 類乾粉滅火器

7-7-1　D 類乾粉滅火器之操作

D 類乾粉的傳統使用方法乃利用鏟子或杓子等工具將乾燥粉末均勻地散佈在燃燒火場之表面，藉以發揮窒息火災之目的。使用 D 類乾粉滅火器時，必須按照下列步驟操作之，如圖 7-10 所示：

1. 攜帶滅火器從上風部位趨近火場，同時拔除安全插栓。

2. 一手提抓鋼瓶握把，另一手握住噴嘴把柄。

3. 壓下噴嘴把柄（開啓洩放閥）噴出乾粉末。

4. 將 D 類乾粉均勻地散佈在火場表面。

* Aim at Burning Area
* Squeeze Nozzle...Adjust Grip to Change Flow Rate
* Build up Thick Layer of Agent Over Entire Burning Area
* Do Not Break Crust

Press Puncture Lever
壓撞針

Aim...
Squeeze Nozzle Gently
瞄準
輕壓手把

Combustible Metal Fire
可燃金屬火災

圖 7-10 D 類乾粉滅火器之操作方法

7-8 海龍滅火器

海龍滅火器（Halon Extinguishers）係以高壓儲存方式將鹵化烴類物質貯存在鋼瓶之中，當該類物質被釋放至火場時，將會快速氣化進而發揮滅火效能。

海龍滅火器之主要滅火功能為干擾燃燒的連鎖反應，因其冷卻效果相當微弱，故不適用於 A 類火災。其次，海龍滅火器較適合應用於小型或初期的 B 類火災；對於大型的油類火災（尤其是發生於開放空間者），其滅火效果遠小於泡沫滅火劑。再者，由於鹵化烴類物質所產生蒸發氣不具有導電性，故而特別適合用以撲救 C 類火災。

7-8-1 手把式海龍滅火器之類型

海龍滅火器計有 Halon 1211 及 Halon 1301 等兩種型式，其外觀十分相似，如圖 7-11。Halon 1211 滅火器可區分為 2 磅裝至 12 磅裝等多種規格；依 NFPA 分級制，分別屬於 5B：C 等級至 10B：C 等級；水平射程介於 9 呎至 15 呎之間；連續施放時間介於 9 秒至 15 秒之間。相對而言，Halon 1301 滅火器之規格僅有 2.5 磅裝一種；屬於 NFPA 分級制之 5B：C 等級；水平射程為 5 呎左右；可連續操作 8 秒以上。

7-8-2 海龍滅火器之操作

海龍滅火器之操作步驟與使用要領，類似化學乾粉或二氧化碳滅火器，如圖 7-12，但應特別注意人員安全措施：

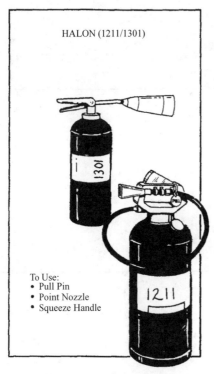

圖 7-11 海龍滅火器　　　　　**圖 7-12** 海龍滅火器之操作方法

1. 將滅火劑噴向最近的火源根部。
2. 採左右掃射方式而且緩慢地往前推進。
3. 將滅火劑均勻地散佈於火場而且濃度必須足夠。
4. 注意風向的變化，滅火人員應盡量處於上風處。
5. 避免造成回火狀況。
6. 應用於 C 類火災時，應先切斷電源並且與高壓電設施保持安全距離。

7. 在密閉空間使用時，應慎防氧氣不足之情形。

7-9　半固定式滅火裝置

所謂半固定式滅火裝置（Semi-Portable Fire Installations），乃其部份設施必須設置在固定處所，但滅火劑可利用延伸管路或可移動的機械裝置輸送到火場，故又稱爲移動式滅火裝置；其設置目的旨在對付初期的小型火災。其次，由於其規格和滅火性能介於手提式滅火器與固定式滅火系統之間，故又稱爲半固定式滅火裝置。茲將船上較常見之半固定式滅火裝置介紹如下：

7-9-1　捲輪式二氧化碳滅火裝置

捲輪式二氧化碳滅火裝置（CO_2 Hose-Reel Fire Installations）常被應用於機艙與設置機器的艙間，其構成組件包括：一個或兩個 50 磅裝 CO_2 鋼瓶、一條長度 50 呎至 75 呎之 1.5 吋橡皮管以及一個裝置開關控制把手之 CO_2 噴嘴。該裝置之一般操作程序如下：

1. 拔掉鋼瓶上之安全插栓，用力拉出鋼瓶控制拉桿（Control Lever）開啓 CO_2 氣體洩放閥，如圖 7-13。
2. 將輸送 CO_2 氣體的橡皮管拉至火場附近。
3. 將橡皮管末端的噴嘴開關控制把手往前推送，即可開啓管路的通氣閥門，如圖 7-14。
4. 操作噴嘴並且將 CO_2 氣體噴向火場，如圖 7-15。
5. 利用該裝置進行滅火之作業步驟與要領，如同使用手提式 CO_2 滅火器一般。
6. 如欲暫時停止施放 CO_2 氣體，將開關控制把手往後扳動即可關閉。

7-9-2　橡皮管式化學乾粉滅火裝置

橡皮管式化學乾粉滅火裝置（Dry Chemical Hose Fire Installations）之構成組件包括：一個化學乾粉儲存槽、一個裝滿高壓氮氣的鋼瓶、一條橡皮管以及一具附有控制開關的噴嘴，如圖 7-16。該裝置所使用之化學乾粉通常爲碳酸氫鈉、碳酸氫鉀或氯化鉀等物質。茲將該裝置之操作步驟描述如下：

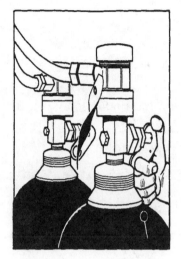

圖 **7-13**　拉出控制拉桿

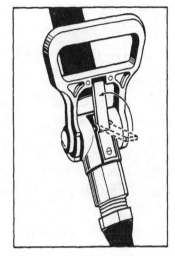

圖 **7-14**　噴嘴開關控制把手

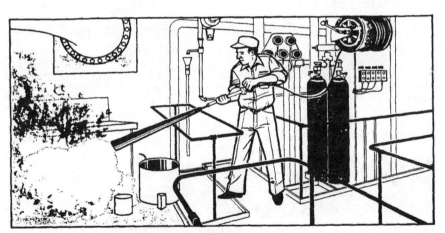

圖 **7-15**　握住噴嘴噴灑 CO_2

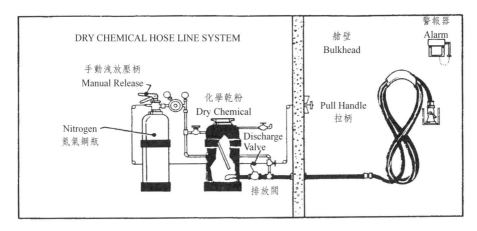

圖 7-16　橡皮管式化學乾粉裝置

1. 啓動洩放氮氣之機械裝置；一般採用遠距離手動方式，亦即用力拉動裝設在艙壁上的拉柄。
2. 高壓氮氣進入化學乾粉之貯存槽，使其壓力增高。
3. 從架上取下橡皮管，並且延伸到火場附近。
4. 手握噴嘴對準火場，而後拉啓控制開關並且噴出化學乾粉。
5. 利用該裝置進行滅火作業時，其操作要領如同手提式化學乾粉滅火器。

7-9-3　機械式泡沫滅火裝置

　　機械式泡沫滅火裝置（Mechanical Foam Fire Installations）之主要構成組件爲：一具附有吸管之機械泡沫噴嘴、一條水帶以及桶裝的泡沫原液等，如圖 7-17。操作該裝置至少需要兩人以上，其操作方法如下：
1. 將機械泡沫噴嘴連接於水帶上，並將吸管插入裝有泡沫原液之容器中。
2. 先開啓消防栓閥門，並且拉動噴嘴上的控制開關。
3. 將泡沫噴向火場。
4. 利用該裝置從事滅火作業之要領，與使用手提式泡沫滅火器相同。
　　通常船上所使用之泡沫原液多爲 5 加侖（相當於 19 公升）裝者，如果水帶的水壓爲 50p.s.i.，則連續產生泡沫之時間可維持 2.5 分鐘；但水壓若爲 100p.

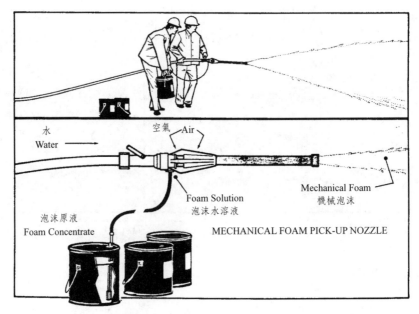

水 Water →
空氣 Air

Mechanical Foam 機械泡沫

Foam Solution 泡沫水溶液

泡沫原液 Foam Concentrate

MECHANICAL FOAM PICK-UP NOZZLE

圖 7-17   手提式機械泡沫裝置

s.i. 時，則僅能維持 1.5 分鐘左右。

7-10　本章結語

操作手提式與半固定式滅火裝置時，必須完全學習並且瞭解下列項目，始能於安全無虞之狀況下發揮最具效率之滅火目的：
1. 瞭解使用該等裝置之所有注意事項。
2. 隨時切記必須遵守之安全守則。
3. 熟悉各種滅火器具之操作方式、維護保養方法以及檢查事項。

第八章　固定式滅火系統

　　船上之固定式滅火系統（Fixed Fire-Extinguishing Systems）可利用自動操作或手動操作方式將數量龐大的滅火劑直接輸送至火災現場，因而能夠更迅速有效地控制火場甚至達成火災目的。根據一九七四年 SOLAS 國際公約與相關的一九八一年修正案之規定，固定式滅火系統乃為船舶基礎結構之一部份，其設計、建造與裝置等工程均由船舶消防設備技師統籌處理，船上人員的職責應以熟悉其操作步驟、檢查、測試、保養和維修等作業事項為主。

　　一般而言，欲在船上任何艙間或場所設置固定式滅火系統之前，消防設備技師應事先考量其可能發生的火災種類而後決定適用的類型，尤其是特殊的例外情況，譬如：對於容易發生 A 類火災的艙間，通常會選擇水系滅火系統；但該類型系統並不適用於容易發生 A 類火災的貨艙[註一]。依據研究資料顯示，任何船舶決定設置固定式滅火系統之前，必須先針對下列因素作成審慎的分析與評估：

1. 保護艙區可能發生的火災種類。
2. 保護艙區特別容易發生火災之部位。
3. 保護艙區發生爆炸之風險率。
4. 保護艙區火災蔓延之可能性。
5. 滅火系統之使用對船舶穩度可能造成之影響。
6. 應採用何種火災偵測與警報系統。
7. 滅火系統對船上人員之安全防護功能。

　　其次，固定式滅火系統之設計、建造與裝置等事項，應符合一般貨船、油船、散裝船、LPG、LNG 或客船等不同種類船舶的性能要求標準；目前商船上

[註一]：對於堆滿貨物之貨艙而言，如果水系滅火系統所使用之水量太少，將無法達成滅火目的；如果水量太多，則不僅會損壞貨物，更可能造成船體傾斜之情形。因此，應選擇二氧化碳滅火系統較為恰當。

所使用的固定式滅火系統概可區分為下列八種類型：

1. 消防水總管滅火系統。
2. 二氧化碳滅火系統。
3. 泡沫滅火系統。
4. 撒水滅火系統。
5. 水沫（Spray）滅火系統。
6. 海龍 1301 滅火系統。
7. 化學乾粉滅火系統。
8. 惰性氣體滅火系統。

8-1 消防水總管滅火系統

依 SOLAS 國際公約規定，消防水總管滅火系統（Fire-Main Extinguishing System）是船舶的的基本配備。船上的消防水總管滅火系統係由主管與支管、消防栓或消防站、消防泵、管路控制閥、水帶與瞄子等組件所構成。

由於該系統管路遍佈全船，故可將海水輸送至各甲板與艙區所設置之撒水頭、噴水器、消防栓、海水噴鎗或泡沫滅火系統等裝置（或設備），藉以配合不同滅火作業方式之需求，請參考圖 8-1。

8-1-1 消防管路與消防栓

消防水總管滅火系統利用密佈在各層甲板的管路，將消防泵所泵進的海水輸送至各支管末端之消防栓（Hydrants）[註二]。因此，各管路口徑必須具有足夠的規格，始能在船上所有消防泵同時運轉之情況下，順利地疏導所泵進的海水並且產生足夠的水壓。依 SOLAS 國際公約規定，各種類船舶的消防栓出水壓力皆應符合要求標準，例如：貨船與雜貨船至少應為 50p.s.i. 以上，油輪至少應為 75p.

[註二]：船上消防栓所在的位置，通常又稱為消防站（Fire Stations）。大多消防站均設置消防箱（Fire Boxes），箱內至少應置備連接於消防栓之水帶與瞄子。

s.i.（相當於 5.1kg/cm²）以上。

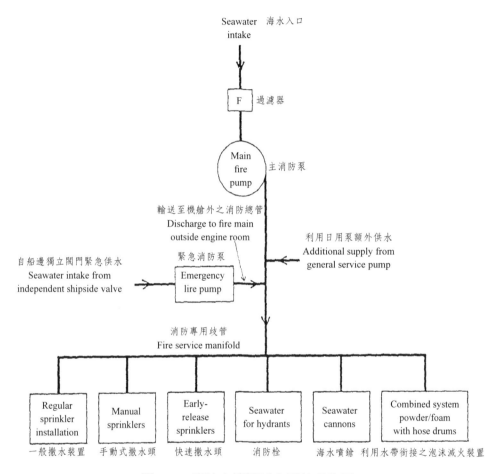

圖 **8-1**　消防水總管滅火系統分佈圖

　　其次，對主甲板以上的消防管路而言，爲避免在寒冷之天況下發生冰凍而造成管路破裂或冰塊阻塞管路等意外狀況，應分別在固定區段的管路之間裝設排水閥，以便能於必要情況下事先排放管路中的積水。

　　消防水總管滅火系統之所有管路係由直徑 4 至 6 吋的主管（Main Pipes）與直徑 1½ 吋（相當於 3.8 公分）或 2½ 吋（相當於 6.35 公分）的支管（Branch

Pipes）互相連接而成；該系統的主管佈置方式概可區分為下列兩種：

1. 單線式管路之佈置

　　單線式消防水總管滅火系統（Single Fire-Main Systems）的主管係與艉艉縱向線平行方向佈置在主甲板上，而且與水平方向或垂直方向的支管互相銜接，使管路系統能夠延伸至各層甲板和艙區，如圖 8-2。一般而言，採用單線式消防管路系統的油船，大多將消防主管設置在艉艉縱向線上；散裝船、雜貨船和貨櫃船等船舶，則敷設於左舷側或右舷側。

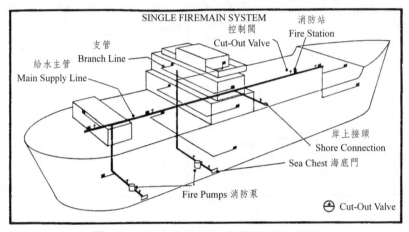

圖 8-2　單線式總消防水總管滅火系統

　　單線式消防管路系統具有節省材料、設置成本低廉、容易維修保養與輸送效率較高等優點；其最大缺點為：主管一旦發生嚴重破損時，則無法將海水輸送至下游管線。

2. 水平環狀式管路之佈置

　　水平環狀式消防水總管滅火系統（Horizontal Loop Fire-Main Systems）的主管在主甲板上形成環狀結構，與水平或垂直方向的支管互相銜接，使管路系統能夠延伸至各層甲板和艙區，如圖 8-3。

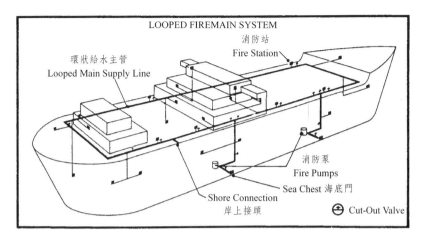

圖 8-3　水平環狀式消防水總管滅火系統

　　水平環狀式消防管路系統所具有之最大優點為：主管如果發生破損時，可隨時利用控制閥關閉損壞管段之通路並且改變海水之流通路徑，而將海水輸送到船上任何處所；其主要缺點為：浪費材料、設置成本昂貴而且維修保養作業較為繁雜。

8-1-2　消防泵

　　消防泵（Fire Pumps）係為將海水自海底門泵進滅火系統之主要設備，如圖 8-4 所示。由於船舶種類、用途與噸位均不相同，各船舶所應設置的消防泵數量、規格和性能均須符合 SOLAS 國際公約的法定要求標準。

1. 消防泵之數量與應急消防泵

　　　為達成滅火目的，任何船舶均應遵照規定設置消防泵；下列船舶至少應設置兩部消防泵：

(1) 船身全長（L.O.A）等於或大於 76 公尺之油船，或總噸位（Gross Tons）等於或大於 1,000 之油船。

(2) 總噸位等於或大於1,000之散裝船、雜貨船、木材船、貨櫃船或汽車船。

(3) 任何長度之客輪，總噸位小於或等於 4,000 者；但總噸位大於 4,000 之客輪，則至少應設置三部消防泵。

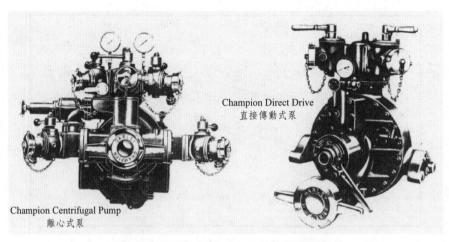

圖 8-4 兩種型式之船用消防泵外觀

　　其次，不常供作油泵用途而且裝設有適當變換裝置的衛生水泵、壓載水泵或日用水泵，均得供作消防泵使用。再者，船上的任何緊急消防泵（Emergency Fire Pumps）皆應符合下列要求標準：

(1) 所使用之動力與柴油機，必須容易啓動、獨立運作而且不受其他機艙作業影響之處所（通常設置在舵機房）。

(2) 能同時供應兩股水柱，其能量須爲總能量之 40% 以上，而且每小時供水量不應少於 25 立方公尺。

2. 消防泵之設置

(1) 任何船舶如果設置兩部以上之消防泵時，不但應分別設置於不同的艙間，而且應擁有獨立的海水管線與電源供給系統。

(2) 爲避免火災發生時，消防泵遭受火焰與熱能波及而無法運作，SOLAS 國際公約規定：設置消防泵的所有艙間之中，至少應有一處必須利用全區式二氧化碳滅火系統加以防護。

3. 消防泵之性能

　　依 SOLAS 國際公約規定，船上消防泵之性能至少應符合下列要求標準：

(1) 油船：各消防泵之輸出效能，至少能同時使兩具消防栓之出水壓力維持

在 75p.s.i. 以上。

(2) 貨船：各消防泵之輸出效能，至少能同時使兩具消防栓之出水壓力維持在 50p.s.i. 以上。

4. 消防泵之安全裝置

(1) 船上各消防泵必須裝設洩壓閥（Relief Valve），藉以防止管內壓力過高而發生危險；洩壓閥之設定壓力通常為 125p.s.i.（相當於 $8.5kg/cm^2$），或比消防泵的出水壓力高出 25p.s.i. 左右。

(2) 應在消防泵之出水管上裝設壓力表，以便能隨時檢視其壓力大小。

(3) 任何與油貨輸送管路連接的貨泵均不得供作消防泵之用途，以免泵進可燃的油類物質。

8-1-3　消防站

1. 消防站裝置與屬具

消防水總管滅火系統旨在將海水輸送至全船各處所設置之消防站（Fire Stations），任何一處消防站至少應具備下列裝置與屬具，如圖 8-5 所示：

(1) 一個附有開關控制閥之消防栓。

(2) 一條連接於消防栓之水帶。

(3) 一具連接於水帶的多用途瞄子。

(4) 其他屬具：噴霧桿、太平斧與扳手等。

設置船上消防站時，首先必須考量其設置場所是否明顯可見而且容易接近，其次為充當衛生清潔與甲板洗滌等作業用途之便利性。

由於設置於通道附近之消防站較容易遭受破壞而發生損害，或因暴露於艙外而較容易腐蝕。因此，船上安全官員（Safety Officers）[註三] 每週應定期檢查消防站設施；同時，應盡量利用滅火演習之機會促使各消防栓每隔兩個月至少能被使用一次。

[註三]：船舶安全官乃隸屬於船上安全與健康委員會（Safety and Health Committee Aboard）之主要成員，通常由大副與大管輪擔任之。

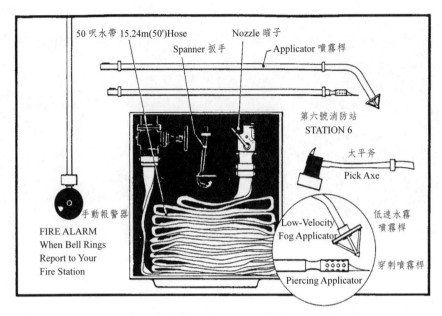

圖 8-5　消防站之屬具

2. 消防站之設置地點

　　船上消防站之設置地點，原則上應符合下列規定標準：

(1) 船上的消防栓所產生之水柱範圍必須能涵蓋全船，但不包含設置機器的艙間。

(2) 任何兩具消防栓的水柱涵蓋範圍必須擁有互相重疊區域。

(3) 任何貨艙與機艙至少應設置兩個消防栓，而且任何一個消防栓即使僅連接一條水帶，亦應能使水柱涵蓋全部保護艙區。

(4) 各消防站必須依順序加以編號。

3. 消防栓

　　船上各消防站所設置之消防栓口徑為直徑 1½ 吋與 2½ 吋等兩種規格，其構成組件包括：控制閥、水帶接頭與水帶支架等，如圖 8-6。

　　依 SOLAS 公約規定，消防栓之水帶接頭的螺紋必須符合國際標準規格；各消防栓皆應設有開關控制閥；客船的住艙區內所設置的消防栓應為銜接 Y

型接頭（Wye Gates）之 2½ 吋消防栓，如圖 8-7。

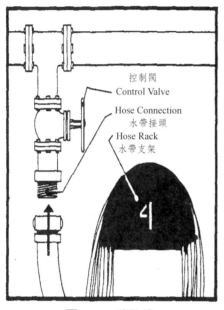

圖 **8-6**　消防栓

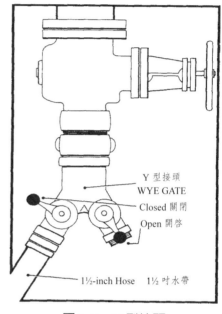

圖 **8-7**　Y 型接頭

8-1-4　滅火水帶

　　滅火水帶（Fire Hoses）乃將海水自消防栓輸送至火場的主要器具，其強度必須足以承受水壓而且內壁的摩擦力愈小愈好。如圖 8-8 所示，水帶之一端附有母接頭（Female Coupling），可銜接消防栓或其他水帶的公接頭；另一端附有公接頭（Male Coupling），可銜接瞄子或其他水帶的母接頭。

1. 水帶種類

　　船用滅火水帶的長度，每條大約為 50 呎（相當於 15.25 公尺）左右，兩端分別附有可供互相銜接的公接頭與母接頭。就構造型式而言，大體上可區分為無襯裡水帶和不滲水水帶等兩大類。

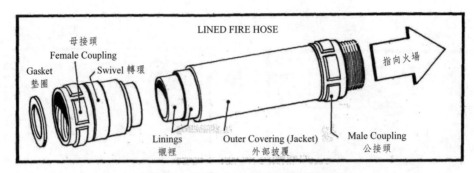

圖 8-8　不滲水水帶之連接與接頭

(1) 無襯裡水帶

　　無襯裡水帶（Unlined Hoses）屬於帆布水帶（Canvas Hoses），其主要構成材料大多採用亞麻，亦有使用苧麻、棉紗或其他植物纖維者。無襯裡水帶充水時，因纖維吸水膨脹而使其水密性與強度增加；若疏於保養維護，則容易變質或破損而發生滲水現象，例如：將水帶放置在高溫處所、長期日曬雨淋或使用之後未適當地加以清洗。目前，該類水帶雖然逐漸被國際商船淘汰使用，但仍有少數小型船隻採用之。

　　無襯裡水帶的主要缺點包括：在潮濕狀態下，水帶材質容易硬化；結構笨重，較不方便操作；容易因撞擊或糾纏而發生破損；貯存在潮濕的環境中，容易發霉甚至腐蝕。

(2) 不滲水水帶

　　不滲水水帶（Non-Percolative Hoses）泛指所有不會滲水的水帶，該類水帶之主要構成材料為亞麻、棉、耐龍或特力龍，其內壁通常襯以橡膠或其他合成材料之襯裡。

　　滅火水帶之直徑有多種規格，船上最常用者為 1½ 吋與 2½ 吋等兩種。為搭配水帶之使用，大型船舶之主甲板以上的艙區大多採用 2½ 吋消防栓，主甲板以下的艙區則大多採用 1½ 吋者；小型船舶則普遍採用 1½ 吋消防栓。其次，由於實驗證明顯示：1½ 吋水帶之操作較為輕便靈活，因而船上的消防栓直徑大多採用 1½ 吋者；即使主甲板上所設置的

2½ 吋消防栓亦會銜接 Y 型接頭，以便能同時連接兩條 1½ 吋的水帶。

2. 水帶之維護與保養

　　水帶為消防水總管滅火系統中最為脆弱的組件，一旦發生破損或存在瑕疵，將無法使瞄子維持正常之出水壓力，甚至因而無法達成滅火目的。因此，船上人員應注意下列水帶維護和保養事宜：

(1) 滅火水帶必須保持清潔；水帶上之污穢物或油脂應用淡水及中性肥皂予以清洗，切不可使用鋼刷以及強鹼性肥皂。

(2) 清洗或使用過之水帶，應先其管內積水排出之後，放置於常溫環境下自然風乾，而後加以貯存。絕不可將水帶暴露於高溫環境下快速乾燥，而使其橡膠襯裡變硬或脆裂。

(3) 勿在水帶或其接頭上塗以油漆或油脂；母接頭上之轉環應保持滑順，並且嵌放墊圈；應確保接頭之螺紋和墊圈處於良好狀態，以便能使用手動方式令其緊密接合而且保持水密。

(4) 由於接頭係由軟性合金製成者，容易因使用不慎而墜落於甲板，或受到撞擊而造成損害。因此，除非急迫狀況，否則勿將水帶之接頭在甲板上拖行。

3. 水帶之摺疊與貯存

　　貯放各消防站的水帶時，必須規則地纏繞於捲盤或收捲在貯放架上；無論纏繞於捲盤或折疊在架上，均應使銜接瞄子之一端能被方便地延展至火場，而附有母接頭之一端應銜接於消防栓的出水口。其次，貯存水帶時，尚應注意下列事項：

(1) 檢查水帶是否完好暢通；潮溼的水帶不能上架、盤捲或折疊。

(2) 檢查水帶母接頭上之墊圈是否完整可用。

(3) 將水帶之母接頭接妥於消防栓之公接頭。

(4) 規則地整理並且貯放水帶。

(5) 將多用途瞄子接妥於水帶末端。

(6) 將瞄子固定於支架上。

　　備用之滅火水帶收藏於櫃內或架上時，應先捲成圓盤狀，並用一根細麻繩捆紮之，如圖 8-9 所示。茲將收捲水帶的收捲步驟介紹如下：

圖 8-9　水帶捲摺與貯放架

(1) 先將水帶清洗乾淨並且風乾。

(2) 將水帶平直地施展在甲板上，抓取公接頭端使其摺向母接頭端，而後將公接頭放置於母接頭之後大約 4 呎距離處。

(3) 從彎摺處開始捲疊水帶而形成圓盤狀。

(4) 完成捲疊時，母接頭應在外側並且距離公接頭大約 1 呎左右，以避免公接頭螺紋遭受碰撞而發生損壞。

4. 水帶之水壓

　　水流經過消防管路、水帶與接頭等組件時，如果發生下列原因將會降低水帶的水壓：

(1) 水流與水帶內壁之間產生摩擦阻力。

(2) 消防管路、水帶或瞄子之內部附著海生物，以致增加摩擦阻力。

(3) 消防管路或水帶破損漏水。

(4) 消防栓、水帶與瞄子之間的接頭發生漏水現象。

(5) 同時使用多條水帶而且超過消防泵供應量。

　　在正常運作狀況下，水帶之水壓損失雖可預先估計，藉以供作滅火人員之參考，但實際的水壓損失可能無法完全符合預估者。以水流速度而言，流速愈大則壓力損失愈大，例如：在使用同規格瞄子之情形下，雖然水壓增加

時流速會隨著增加，但所產生的壓力損失亦會相對增加。其次，在使用不同規格瞄子之情形下，若欲調整消防泵工作效能而使各瞄子皆維持相同的出水壓力，則口徑較大的瞄子流速較高；換言之，瞄子的出水壓力相同時，附有較大瞄子之水帶將會產生較大的壓力損失。此外，水管愈細，則壓力損失亦愈大。

　　滅火人員從事滅火作業時，當然無暇估算繁雜之壓力損失，但至少應瞭解下列情況：增加額外的水帶或將一條粗水帶轉換為兩條細水帶時，將發生壓力損失現象；假設消防栓的出水壓力為 100p.s.i.，水流經過 100 呎長的 2½ 吋水帶之後，其直徑 1 吋的瞄子之噴水壓力將減為 83p.s.i. 左右；如果換上 100 呎長的 1½ 吋水帶，其直徑 5/8 吋的瞄子之噴水壓力將降至 70p.s.i. 而已。

5. 水帶之檢查

　　船上滅火水帶之使用壽命，主要取決於維護保養狀況和使用時間等兩項因素。如果能適當的注意維護與保養，水帶之使用年限大約可維持在五年至十年之間。

　　水帶應貯存於溫度適當而且乾燥之處所。如果貯存場所溫度過高，將促使其表層材料或橡膠襯裡硬化而開裂；如果貯存場所溼度過大而使水份滲入表層或夾層時，則容易致使布質材料發霉而腐爛。

　　其次，滅火水帶不可長期處於固定的折疊或盤繞狀態。因此，重新收存水帶時，切勿依照原先的折疊部位或盤繞方向，以免其表層或襯裡材料造成永久性的彎折或扭曲形狀。

　　再者，完成折疊或盤繞之水帶底部至少應距離甲板 6 吋以上，以避免因甲板實施清掃、洗滌或油漆等作業而遭受污染或浸濕。

　　另外，船上人員應善用演習時機詳細檢查水帶與屬具，如果發現水帶或接頭等組件發生漏水、破裂、損壞、嚴重割傷或擦傷等現象，則應立即換新。茲將船用水帶之檢查方法扼要敘述如下：

(1) 每週之檢查

　① 檢查懸掛在消防箱支架上的水帶是否乾燥並且排列整齊。

　② 檢查水帶貯存場所的通風狀況、溫度與溼度；該場所絕不可存在水漬

　　　　或濕氣。

　　　③ 檢查貯存的水帶狀況，例如：是否乾燥、受潮或腐爛。

　(2) 使用後之檢查

　　　① 將水帶平直地置放在甲板上，檢查水帶是否存在嚴重的磨損、割裂或刺破等傷痕。

　　　② 檢查接頭與螺紋等部位是否發生損壞。

　　　③ 利用淡水清洗水帶之內部與外部，俟其水份瀝乾之後始可掛回支架上。

　　　④ 除非水帶外層沾有油跡，否則應盡量避免使用化學性清潔劑或堅硬的刷具，例如：外層係由橡膠材料構成者，可利用抹布擦除油脂。

　(3) 接頭之檢查

　　　① 接頭損壞時，應立即修理或更新。檢查螺紋絲口，必要時可利用細銅絲刷加以清理。

　　　② 使用軟性肥皂水清洗螺紋內之油脂或污穢物；切勿使用強性肥皂、化學劑或汽油。

　　　③ 勿使用汽油、柴油或牛油等油類物質潤滑螺紋絲口，以避免損害水帶內層之襯裡。

　　　④ 檢查接頭內之橡皮墊圈；發現墊圈損壞時，應立即更換；墊圈內緣不可凸入水道之內。

　(4) 每月之檢查

　　　① 應將放在架上超過三十天之水帶取下並且平直地施放在甲板上，檢查是否有過份磨損、凹陷或塌扁等情形。如欲重新收捲放回架上時，其摺疊或轉折處應與避開舊痕，以免橡膠襯裡摺裂。

　　　② 硬式橡膠水帶之檢查；至少每隔六個月實施水壓試驗，例如：利用靠碼頭機會，每條水帶均以 250p.s.i. 水壓測試，並且查驗是否有滲漏之處。

5. 滅火水帶之附屬組件

　　　應用於滅火水帶之附屬組件，計有下列七項：(1) 固定在一端之公接頭（Male Coupling）、(2) 固定在一另一端之母接頭（Female Coupling）、

(3) 雙公接頭（Double Male Coupling）、(4) 雙母接頭（Double Female Coupling）、(5)Y 型接頭、(6) 減縮接頭（Reducer Coupling）以及 (7) 增大接頭（Increaser or Adapter Coupling）等，請參閱附錄四。

目前之船用水帶接頭主要採用即接型（Instantaneous Type）、N.S. 型（N & S Type）和螺旋型（Screw Type）等三種型式；螺旋型接頭之螺紋規格應符合要求標準。雙公接頭可用以連接兩條水帶之母接頭或噴嘴等用途；雙母接頭可用以連接兩條水帶端的公接頭，或將水帶之公接頭連接至消防栓等用途，如圖 8-10。

圖 8-10　雙公接頭　　　　　　　　雙母接頭

其次，Y 型接頭係用以連接 2½ 吋消防栓並且分出兩個 1½ 吋出水口之裝置；符合標準的 Y 型接頭應在兩出水口處分別設置開關控制閥。

如圖 8-11 所示，減縮接頭係將 2½ 吋水帶之公接頭縮減為 1½ 吋，用以連接 1½ 吋的消防栓或水帶；其大口徑之一端為母螺紋，小口徑之一端為公

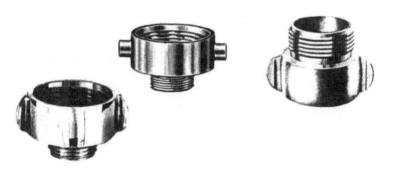

圖 8-11　減縮接頭　　　　　　　　增大接頭

螺紋。相對地，增大接頭係將 1½ 吋水帶之公接頭擴增為 2½ 吋，用以連接
2½ 吋的消防栓或水帶；其小口徑之一端為母螺紋，大口徑之一端為公螺紋。
此外，水帶扳手應具有上緊或卸下不同規格接頭之基本功能。

8-1-5　多用途噴嘴

早期船舶所使用的平直型和普通型瞄子主要用以撲滅 A 類火災、冷卻甲板
或艙壁以及改變甲板上油類之流動方向。因該類型瞄子具有許多缺點，目前已被
完全淘汰，例如：利用平直型瞄子撲滅 B 類火災時，極容易攪動燃燒之油料表
層而產生蒸發氣，故有助長火勢之虞。

依 SOLAS 國際公約規定，一九六二年以後建造的商船均應採用多用途噴嘴
（All-Purpose Nozzle），因該型瞄子可用以產生水柱（Water Stream）、高速
水霧（High-velocity Water Fog）或低速水霧（Low-velocity Water Fog），故又
稱為三用瞄子或連合瞄子（Combination Nozzle）。

為安全起見，水帶之壓力如果超過 100p.s.i. 以上，至少需有三人負責操作
2½ 吋水帶；至少需有兩人負責操作 1½ 吋水帶。同時，進行滅火作業時，應安
排足夠人員輪流替換操作噴嘴或整理水帶。

多用途瞄子有兩個出水口，藉由其控制柄的操縱，即能產生水柱、形成高
速水霧或關閉水流，如圖 8-12 所示。當控制柄拉到後方位置時，瞄子上方之出

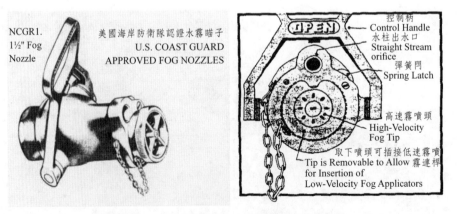

圖 8-12　多用途瞄子之側視圖與正視圖

水口即噴出水柱；當控制柄推到中央垂直位置時，瞄子下方之出水口即噴出高速霧；控制柄推到最前方位置時，即為關閉狀態。

　　多用途瞄子之尺寸有兩種，一種為連接 1½ 吋水帶者，另為連接 2½ 吋水帶者。各瞄子皆有一定之噴水量，而且噴出之水柱亦有一定形態及射程。1½ 吋之滅火水帶之噴水量約為每分鐘 470 公升，而 2½ 吋之滅火水帶之噴水量為每分鐘 660 公升至 1,230 公升。

　　瞄子所噴射之水柱形如棒狀，其特徵為：不需增大水壓即可將大量的水輸送至較遠處所而且具有衝擊力。實施滅火作業時，通常會先利用水柱噴射燃燒物體表面而形成飛濺之水沫；操作時，應盡量將水柱噴射至燃燒火場的上方部位，其飛濺水沫始能以撒水或水霧型態散佈於火場四周，進而發揮較佳的冷卻效果。

　　此外，操作瞄子之作業人員，無論將控制柄由關閉位置變換至水柱位置、由水霧位置變換至水柱位置或關閉水流時，皆應緩慢為之；如果驟然切換控制柄位置，將會產生水鎚效應（Water Shock）之不良效應而使水帶產生劇烈衝擊力，甚至造成瞄子脫落之情形。

8-1-6　高低速水霧瞄子與噴霧連桿

　　如欲利用船上的多用途瞄子噴灑低速水霧時，必須先將瞄子下方出水口的高速水霧噴頭（High-velocity Nozzle Tip）取下，而後換裝具有低速水霧噴頭之噴霧連桿（Fog Applicator）。任何高速水霧或低速水霧噴頭的水壓若能維持在 100p.s.i. 左右，將會形成質地細緻的水霧並且發揮最佳的冷卻效果；水霧噴頭的水壓下降時，其冷卻效果將會逐步減弱；水霧噴頭的水壓低於 60p.s.i. 時，即可能無法產生滅火作用。

　　其次，高速或低速水霧噴頭不可使用砂布或粗劣的清潔劑予以磨光，以免破壞其噴霧效果；清理或擦拭水霧噴頭時，應正確地使用鋼絲絨製成的器具處理之，而後在噴頭表面塗上防銹油。茲將低速水霧與高速水霧之特性與滅火作業之應用要領分述如下：

1. 低速水霧

　　　產生低速水霧（或稱為廣角水霧）之噴霧連桿的噴頭出水孔孔徑小於高速水霧者，其所噴出之水霧顆粒極為細緻，故具有優越的冷卻效果而且可保

護滅火人員免受火場輻射熱之侵襲。然而，因低速水霧衝力較小以致射程較近（大約為高速水霧之 1/2 至 2/3 之間），故而必須利用適當長度之連桿，使滅火人員能與火場保持足夠的距離而將水霧散佈於火場上方；倘若因障礙物之阻隔而妨礙滅火人員接近火場時，低速水霧將無法發揮預期的滅火效能，此為其最大缺點。

　　噴霧連桿之長度自 4 呎至 12 呎不等，其直徑大小自 3/4 吋至 1½ 吋，其在出水口處的彎曲角度為 60°及 90°兩種型式。船上所使用的噴霧連桿以直徑為 1 吋與 1½ 吋等兩種規格為主；直徑 1½ 吋之多用途噴嘴連接直徑 1 吋之連桿，而直徑為 2½ 吋之多用途噴嘴則連接 1½ 吋之連桿。至於水霧噴頭，係利用螺紋旋緊於連桿之出水口，而連桿本身則插接於多用途瞄子的出水口之插銷內，如圖 8-13。

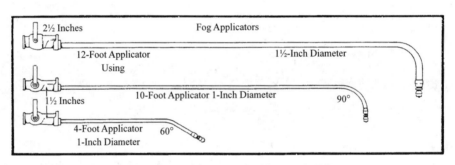

圖 8-13　連接於多用途瞄子之噴霧桿

2.　高速水霧

　　高速水霧（或稱為狹角水霧）與低速水霧之主要區別在於多用途瞄子上的高速水霧噴頭與低速水霧連桿等兩者對於水流細分能力之不同，高速水霧噴頭產生較粗大之水粒，若使用 1½ 吋之瞄子時，其射程為 20 呎以上；若使用 2½ 吋之瞄子時，則其射程為 35 呎以上。至於噴頭所產生的水霧形狀，則依瞄子之設計而不同，但均以圓錐形的輻射狀態噴出水霧。

8-1-7　國際岸上接頭

在海運實務上，營運中的船舶由於下列原因之發生，經常需要由岸上供給淡水或海水：

1. 進塢修船時。
2. 靠岸加水時。
3. 繫泊於碼頭而發生火災之緊急狀況時。

由於岸上供水管路的口徑大小不同，因此船上必須置備能夠銜接岸上不同口徑管路的轉換接頭，此稱為國際岸上接頭（International Shore Connectors）或俗稱為萬國標準接頭，如圖 8-14 所示。依 SOLAS 國際公約規定，其規格應如：

圖 8-14　國際岸上標準接頭

1. 外徑 178 公釐（7 吋）。
2. 內徑 64 公釐。
3. 螺栓圓心直徑 132 公釐。
4. 凸緣上槽孔四個，直徑 19 公釐。
5. 凸緣厚度至少 14.5 公釐。
6. 螺栓及螺帽四個，直徑 16 公釐，長度 50 公釐。

根據 SOLAS 國際公約之規定，每艘船舶只要於船舯部備置一套國際岸上標準接頭即可。但深具航海經驗的船長認為：「長度較長之大船，不妨在艏艛或艉艛等兩處分別增置一套；尤其是大型油輪。」

8-2　固定式二氧化碳滅火系統

船上所使用的二氧化碳滅火設備，除 15 磅裝之手提式滅火器與 50 磅裝、75 磅裝以及 100 磅裝的半固定式滅火裝置之外，尚有固定式二氧化碳滅火系統（CO_2 Fire-Extinguish Systems）。

　　船上裝置固定式二氧化碳滅火系統之目的，旨在期使在火災發生的緊急狀況下，能將二氧化碳氣體準確地輸入保護艙間或不易接近之場所，藉以產生窒息作用。該系統所使用之二氧化碳鋼瓶係串連而成的鋼瓶組，至於鋼瓶組數量之多寡，則依各船所需保護艙間之大小而異。其次，各鋼瓶組之洩放閥均利用機械裝置互相串連，而後以鋼索連接至鋼瓶組儲存室（CO₂ Rooms）外牆上之控制拉桿（Control Levels），以便能遙控操作。再者，由於該系統之二氧化碳鋼瓶組必須佔用存放艙間，因此船上必須詳細估算所需之庫存數量。

　　依理論而言，二氧化碳氣體必須將燃燒艙間的氧氣濃度稀釋至 13% 或更低，始能將火災窒息。雖然窒息火災所需的二氧化碳氣體最低濃度，無法將空氣中的含氧量降低至致命的危險程度，但人員如果吸入過多的二氧化碳氣體（CO₂之 TLV 為 0.5%~1.5%），將使血液的酸度增加而妨礙肺部的血紅素吸收氧氣的能力，進而導致呼吸系統的障礙。因此，在未配戴呼吸器具之情形下，船上人員切勿進入或暴露於充滿二氧化碳氣體的艙間；縱使時間十分短暫亦不可貿然為之，例如：為拖救昏迷於艙口附近的遇難者。

8-2-1　系統組件與類型

　　固定式二氧化碳滅火系統係由管路、洩放噴嘴、閥門與二氧化碳鋼瓶等設施或組件所組成。如果二氧化碳滅火系統屬於自動操作型式，則應額外附設火警偵測器、火災警報器與關閉通風系統的壓力開關（Pressure Switches）等裝置。

　　固定式二氧化碳滅火系統可區分為高壓式（溫度 20℃之氣壓約為 75kg/cm²）和低壓式（溫度 -18℃之氣壓約為 21kg/cm²）等兩種；商船上大多採用高壓式滅火系統。其次，由於應用場所之不同，船上的二氧化碳滅火系統可區分為全區式與獨立式等兩種類型。

8-2-2　全區式二氧化碳滅火系統

1. 應用場所

　　全區式二氧化碳滅火系統（Total-Flooding CO₂ Systems）普遍被應用於機艙與貨艙等體積龐大的艙間，請參閱附錄五：

(1) 機艙

任何商船的機艙均採用全區式二氧化碳滅火系統作爲最終的滅火利器；如果無法利用其他滅火方法撲滅機艙火災時，應立即啓動該系統。依 SOLAS 國際公約規定，該系統一旦被啓動，系統中 85% 以上的二氧化碳氣體應於兩分鐘之內瀰漫機艙，藉以迅速發揮窒息作用。

其次，該滅火系統亦可利用支管分別連接到機艙內的馬達間、泵間、鍋爐間甚至漆料儲藏間等處所。

(2) 貨艙

貨艙屬於較封閉的艙間，發現貨艙起火燃燒時，只要將二氧化碳氣體陸續輸入艙內藉以稀釋氧氣濃度即可發揮窒息效果，並不需要在極短時間內將二氧化碳氣體全部輸入艙內。目前，客輪、雜貨船、散裝船、駛上駛下船（Ro-Ro Vessels）、子母船（LASH）、貨櫃船甚至少數油輪[註四]之貨艙，均採用全區式二氧化碳滅火系統。

2. 系統之操作方式

全區式二氧化碳滅火系統之啓動方法，乃藉由兩具手動操作的鋼瓶控制拉桿與閥門控制拉桿完成操作；銜接拉桿的兩條鋼纜係利用機械方式連接到 CO_2 鋼瓶組儲存室之控制裝置；拉桿裝設於鋼瓶儲存室靠近通道之外牆上的罩有透明玻璃之拉桿箱（Pull Boxes）內。

啓動該系統時，操作者必須先利用錘子擊破拉桿箱之透明玻璃，而後依序拉出閥門控制拉桿和鋼瓶控制拉桿，即可將二氧化碳氣體釋放至輸送管路之中，如圖 8-15 所示。由於該系統的輸送管路通常裝設附有壓力開關阻氣閥（Pressure Switch Stop Valve）作爲洩放延遲裝置（Discharge Delay Device），其延遲時間大約 20 秒左右，以便在失火艙間的所有通風系統已

[註四]：依國際公約之規定，自一九七〇年開始油輪貨艙所須具備之滅火裝置，除了全區式 CO_2 滅火系統之外，尚須在其甲板上增設泡沫滅火系統，並且增設惰氣系統（Inert Gas Systems；I.G.S.）以及貨艙噴水系統（Water Spray Systems）。

經關閉而且警報器開始運作之後 [註五]，始對失火艙間灌輸二氧化碳氣體。

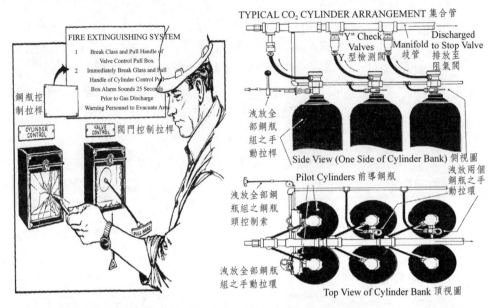

圖 8-15 二氧化碳滅火系統之啓動程序與鋼瓶組

機艙發生火災之後，如果無法利用其他方法撲滅火災而決定啓動 CO_2 滅火系統時，則應依下列程序完成操作：

(1) 警告各人員即刻撤離現場。

(2) 封閉所有門窗、艙口以及其他各通風管帽。

(3) 關閉主機與副機。

(4) 趨近設在機艙入口通道旁之拉桿箱。

(5) 打破閥門控制拉桿箱之玻璃，而後拉出拉桿。

(6) 再打破鋼瓶控制拉桿箱之玻璃，並且拉出拉桿。

[註五]：在機艙內的任何人員一旦收到 CO_2 滅火系統所發出之火災警報信號，則表示該系統已被啓動，故應立即撤離現場，否則經過20秒鐘之後，將有大量的 CO_2 氣體瀰漫機艙。

3. 系統所使用之火災偵測裝置

(1) 機艙：機艙全區式二氧化碳滅火系統可採用偵測溫度、煙霧或火焰之各類火災偵測裝置，詳見第九章內容。

(2) 貨艙：貨艙全區式二氧化碳滅火系統必須採用特殊的煙霧偵測管路裝置（Smoke Detecting-Pipe Installations），請參閱 9-4 之內容。

4. 貨艙二氧化碳滅火系統之操作程序

(1) 完成複檢與系統啟動作業

當貨艙煙霧偵測管路裝置發出火災警報信號時，必須遵照下列程序完成複檢工作而後啟動二氧化碳滅火系統：

① 確認偵測管路中存在煙霧；其方法是壓下監控室之複檢鈕（Recheck Button），利用目視觀察煙霧是否出現在相同的管路中。

② 辨認該等管路所通往之失火貨艙。

③ 確定貨艙內已無任何人員。

④ 關閉通至貨艙之通風管、舷窗、測深管與艙口等各處開口。

⑤ 參考管路圖並且確認所應啟動的二氧化碳鋼瓶組。

⑥ 拉下通往 No.3 號貨艙三向閥上的 16 號、17 號、18 號與 19 號等四支控制閥拉桿，即可看見拉桿上所標示的「滅火中（Extinguishing）」字樣，如圖 8-16 所示。

⑦ 啟動二氧化碳鋼瓶組。

(2) 保持後續補充作業

為使艙內之 CO_2 氣體能維持足夠的濃度，失火貨艙利用二氧化碳滅火系統窒息之後，必須依其氣密程度而於每隔 30 分鐘或數小時之時間內，定期對艙內額外補充二氧化碳氣體，藉以防止復燃之發生。一般而言，後續補充作業所需的數量每次約為初次使用量之 2% 至 5% 之間。

(3) 決定滅火作業順序

如果有兩個以上的貨艙失火時，應先針對某一貨艙實施二氧化碳氣體輸灌作業；如果同時對失火貨艙灌充二氧化碳氣體，可能因管內壓力過大而造成接頭或閥門損裂之危險。決定滅火作業順序時，船長應以下列原則作為依據：

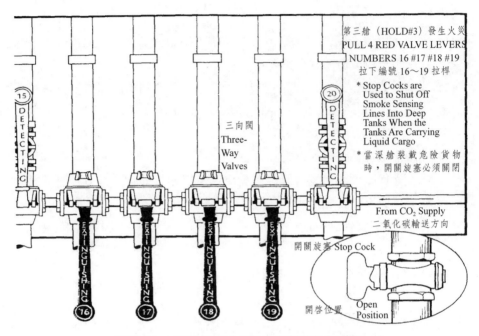

圖 8-16　貨艙二氧化碳滅火系統操作程序

① 貨艙火災發生在不同甲板時，應優先撲救位於較低層甲板者，最後撲
　救位於較高層甲板者。
② 貨艙火災發生在同一層甲板時，應優先撲救較接近住艙與機艙者。

　　此外，二氧化碳氣體主要仰賴窒息作用而達成滅火目的，但其滅火
效率相當緩慢，因而利用該系統撲滅火災時，經常需要超過二十四小時
以上的時間；在操作正常之情況下，撲滅貨艙或機艙火災大約需要兩天
至五天時間；如果系統操作錯誤或在滅火期間貿然開艙而引起復燃，則
甚至需要耗時一週以上。因此，在滅火期間，船上人員應利用有效方法
量測貨艙的溫度、含氧量並且謹慎研判艙內狀況；於確認艙內火災已經
完全熄滅之後始能開啓艙蓋，重新展開裝卸貨作業。

8-2-3　獨立式二氧化碳滅火系統

船上之發電機室、泵間、漆料儲藏間或電器材料儲藏間等小型艙間，大多利

用專屬的獨立式二氧化碳滅火系統（Independent CO_2 Systems）保護之。該等艙間所需的二氧化碳滅火劑數量大多為 300 磅以下，因而通常將二氧化碳鋼瓶組設置於艙內而且採用自動偵測與啓動方式，同時亦可利用手動操作方式啓動之。

1. 自動偵測與啓動方式

　　自動偵測與啓動方式的二氧化碳滅火系統通常配置氣壓作用式溫度偵測器（Pneumatic Type Heat Detectors）[註六]，當保護艙間發生火災時，驟然膨脹之氣體壓力將觸動二氧化碳鋼瓶頭上之彈簧桿裝置（Diaphragm-Lever Arrangements）而自動釋放二氧化碳氣體。

2. 手動操作方式

　　手動操作方式的二氧化碳滅火系統，乃利用設置於艙間外的一根或兩根手動拉桿啓動二氧化碳鋼瓶，其啓動程序如下：

(1) 確定艙內無任何人員。

(2) 關閉通往艙間的門、窗或開口。

(3) 依操作步驟開啓二氧化碳鋼瓶。

8-2-4　固定式二氧化碳滅火系統之檢查與維護作業

　　船用固定式二氧化碳滅火系統之所以無法正常運作，主要係因平時疏於檢查、保養與維護所致。因此，船上人員必須注意採取下列措施，始能確保其隨時處於可用狀態：

1. 每月應實施之檢查作業

(1) 檢查該系統之各部份組件與通道附近，是否有妨礙操作或人員通行的障礙物。

(2) 檢查該系統之管路或噴嘴等裝置，是否附著油漆、油脂或其他污染物質。

(3) 測試半固定式二氧化碳滅火裝置之橡皮管捲輪是否能正常轉動，並且檢視其接頭是否緊密接合。

(4) 系統中的任何零件或裝置如有損壞，則應立刻更換。

[註六]：請參閱第九章 9-2 節內容。

2. 每年應實施之檢查作業

(1) 每年應僱請消防設備技師對船用固定式滅火系統實施全面性檢查。

(2) 檢查 CO_2 鋼瓶重量並且於鋼瓶上張貼標示重量之紀錄標籤。

(3) 若鋼瓶實際重量少於應有重量之 10% 以上，應立即重新灌充。

3. CO_2 鋼瓶之拆卸作業

為防止意外事故之發生，船上人員應依下列步驟拆卸服役中之 CO_2 鋼瓶：

(1) 將鋼瓶閥門上之接頭向右旋轉並使其鬆脫，以便卸開排放頭。

(2) 向右旋開各鋼瓶閥門側之控制接頭。

(3) 將防護套分別套入鋼瓶閥門與控制接頭，以免其螺紋受損。

(4) 拆卸鋼瓶支架。

(5) 取下鋼瓶。

4. CO_2 鋼瓶之安裝作業

(1) 將充滿氣體之鋼瓶搬上支架並且適當地稍予固定。

(2) 拆掉鋼瓶上各管口之防護套。

(3) 轉動鋼瓶使其控制頭對準正確方向後，再將鋼瓶鎖緊於支架上。

(4) 測試各個鋼纜控制頭、拉桿控制頭以及氣壓作用式控制頭，並使其恢復原狀。

(5) 將控制頭連接至鋼瓶之閥門並緊接頭旋緊。

(6) 將鋼瓶閥門上之氣體排放頭連接於系統的管路，且利用螺旋鉗將接頭旋緊。

8-3 泡沫滅火系統

泡沫可區分為化學泡沫和機械泡沫等兩種，船上所使用的泡沫滅火系統普遍採用機械泡沫。船用的化學泡沫滅火系統，概可分為連續型泡沫產生器、漏斗型產生器以及雙溶液型產生器等三種類型；機械泡沫滅火系統係由泡沫原液容器、管路、閥門與噴嘴等組件所組成。

8-3-1　化學泡沫滅火系統

1. 化學泡沫滅火系統之類型

    (1) 連續型化學泡沫產生器

    如圖 8-17 所示者，連續型化學泡沫產生器（Continuous-Type Chemical Foam Generators）又稱為單漏斗型化學泡沫產生器，係將底部裝設有排放裝置之漏斗型容器，架設於直徑為 2½ 吋的水管上方，當容器內所儲存的硫酸鋁粉末（俗稱 A 粉末）與碳酸氫鈉粉末（俗稱 B 粉末）混

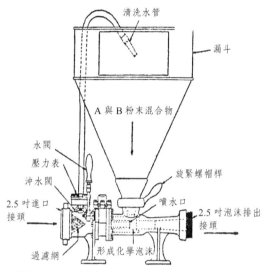

圖 8-17　連續型化學泡沫產生器示意圖

合物，藉由水流之混合與攪拌作用之後，即可產生化學泡沫；該產生器可利用硬管或水帶將其入口端連接於消防水總管滅火系統之管路上，而將其出口端連接至泡沫噴嘴。

　　依 SOLAS 國際公約規定，該系統之管路水壓應維持在 75p.s.i. 至 100p.s.i. 之間；在常溫狀態下，每分鐘至少應能消耗 4.5 公斤的粉末混合物；依每 0.45 公斤乾燥粉末即可形成 30 公升泡沫量計算，該類型滅火系統每分鐘至少應能產生 3,000 公升（3,000 l/min）之泡沫量。此外，該型式滅火系統應能對所保護之艙間，每分鐘完成 37 平方公尺（大約 400 平方呎）以上之泡沫覆蓋面積，而且泡沫厚度至少應為 7.6 公分（大約 3 吋）。

    (2) 雙漏斗型化學泡沫產生器

    連續型化學泡沫產生器係利用一具漏斗型容器存放 AB 粉末混合

物，如果改用兩個較小的容器分別存放 A 粉末與 B 粉末，或 A 粉末水溶液與 B 粉末水溶液，即可構成下列雙漏斗型化學泡沫產生器：

① 雙漏斗粉末型化學泡沫產生器

雙漏斗粉末型化學泡沫產生器（Twin-Hopper Type Chemical Foam Generators）之兩個漏斗形容器分別承裝乾燥的 A 粉末與 B 粉末。實際使用時，只要開啓容器底部的控制閥，即可使 A、B 粉末溶入水流之中，進而產生化學泡沫。

② 雙漏斗溶液型化學泡沫產生器

雙漏斗溶液型化學泡沫產生器（Twin-Solution Type Chemical Foam Generators）的兩個漏斗型容器分別儲存 A 粉末水溶液和 B 粉末水溶液。實際使用時，只要開啓容器底部的控制閥，即可使 A、B 粉末水溶液產生化學作用而形成泡沫。

2. 化學泡沫滅火系統之操作步驟

   (1) 如果系統裝置屬於半固定式（可移動式）者，應先設法佈置於火場上風側大約 100 呎距離處。

   (2) 利用 100 呎長 2½ 吋直徑之水帶連接化學泡沫產生器的出口端，並且注意整理水帶以免發生扭纏或轉折現象。

   (3) 水帶末端銜接直徑 1½ 吋或 2½ 吋之噴嘴。

   (4) 利用 2½ 吋水帶連接化學泡沫產生器之進水口與消防栓；水帶之長度可斟酌調整，但必須維持足夠水壓。

   (5) 開啓消防栓與產生器的海水控制閥。

   (6) 將 AB 粉末混合物迅速倒入漏斗中。當水流經過漏斗底部之排放裝置時，將會產生吸力而使粉末與水流互相混合攪拌，大約經歷 15 秒鐘即可產生泡沫。

   (7) 隨時注意泡沫產生器所附設之壓力錶，確保水流壓力維持在 70p.s.i. 至 100p.s.i. 之間，並且不得超過 125p.s.i.。

   (8) 該系統使用完畢之後，應利用淡水徹底洗滌產生器之內部、外部以及水管控制閥，不可殘留任何粉末。

8-3-2 機械泡沫滅火系統

目前船上所使用之泡沫滅火系統乃以機械泡沫為主,上節所介紹之化學泡沫滅火系統幾乎已被商船淘汰使用。任何型式的機械泡沫滅火系統之設計目的,旨在使泡沫原液、水與空氣等三種要素互相發生作用,藉以形成質地堅韌而且排列緊密的泡沫。

1. 泡沫原液之規格

機械泡沫滅火系統所使用之泡沫原液(Foam Concentrate)可區分為3% 與 6% 等兩種規格,使用時必須以固定比例與水互相混合成泡沫水溶液(Foam Solution):

(1) 3% 泡沫原液與水混合之體積比率為 3:97 者;換言之,3 加侖之 3% 泡沫原液將與 97 加侖之海水(或淡水)混合,而形成 100 加侖泡沫水溶液。

(2) 6% 泡沫原液與水混合之體積比率為 6:94。

2. 泡沫原液之膨脹率與應用

當泡沫原液水溶液與空氣混合時,則將因其所含有之界面活性劑的活化作用,而於短時間內形成大量的機械泡沫;其所能產生之泡沫數量,則須依泡沫原液的膨脹率決定之。所謂膨脹率(Expansion Ratio)係指一定體積之泡沫與其所含水份體積之比率,例如:膨脹率為 10:1 或 1000:1 之泡沫,乃表示泡沫中所含之水份體積分別佔總體積之十分之一或千分之一,其他的十分之九或千分之九百九十九體積則全部為空氣(包含於每個泡沫中之氣體)所佔有。

膨脹率大小不同之泡沫具有不同之特性,膨脹率較小的泡沫通常具有下列特性:濕度較大、流動性較強、重量較大、耐熱性較強、較難附著於垂直建物之表面而且導電性較佳。因此,船上應依實際之環境需要,選擇膨脹率適當之泡沫原液,例如:

(1) 機艙或範圍有限的複雜艙間:應使用膨脹率為 10:1 或更小之泡沫;因其流動性較快、冷卻效果較佳而且抗熱性較高,故能迅速覆蓋各處死角或縫隙,進而發揮窒息作用。

(2) 甲板或開放空間:應使用膨脹率為 100:1 以上的泡沫;因高膨脹率泡沫

之附著性較大而且容易堆積成較厚的泡沫層，其厚度通常超過3呎以上；若將高膨脹率泡沫應用於封閉艙間，其堆積厚度甚至可達20呎左右。

3. 機械式泡沫滅火系統之設備組件

　　船用之機械泡沫滅火系統雖有不同的設計類型，其主要構成組件則大同小異；如圖8-18所示，差壓比例式機械泡沫滅火系統（Balanced-Pressure Proportioning Mechanical Foam Systems）之構成組件包括：水流供應管路、消防水泵、泡沫原液泵、泡沫原液儲存櫃、比例混合裝置（Proportioning Device）、泡沫噴嘴或泡沫噴鎗（Monitors），以及其他管路、控制閥與檢驗閥（Check Valves）等。

(1) 管路與閥門

　　機械式泡沫滅火系統之管路圖應張貼於該系統控制室之內，而且圖上必須附有系統操作步驟之流程圖和詳細說明。其次，對於實務操作時所應開啟之各個閥門，必須漆裝成容易分辨之不同顏色，而且應在各閥門上標示相關作用，俾便船上人員能迅速地完成系統操作、修理或維護等各項作業。

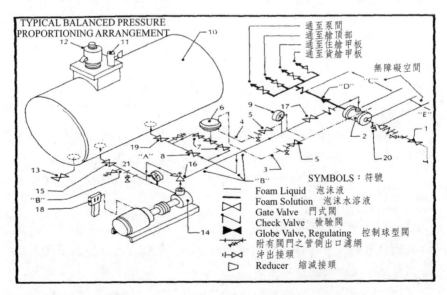

圖 8-18　差壓比例式機械泡沫滅火系統管路

(2) 泡沫原液儲存櫃

　　圖 8-19 所示之隔膜式泡沫原液儲存櫃（Diaphragm Type Foam Concentrate Tanks），係在櫃內裝置一層具有伸縮性之橡膠隔膜；其容積大小約為儲存櫃之一半，開口端利用金屬環箍固定於儲存櫃內的中段處。當儲存櫃裝滿泡沫原液之後，橡膠隔膜將被撐開而且貼近櫃壁。

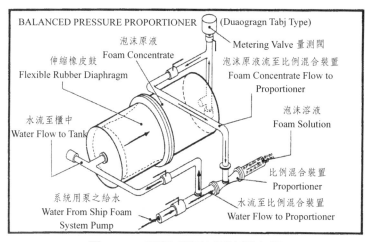

圖 8-19　隔膜式泡沫原液儲存櫃

　　該系統開始運作時，所泵進之海水將分別供給至定比裝置與泡沫原液儲存櫃，輸入儲存櫃的水壓作用力將迫使櫃內之泡沫原液以固定速率流向比例混合裝置，進而形成泡沫原液水溶液。

　　圖 8-20 所示的卞德里作用式泡沫原液儲存櫃，係利用流體力學原理將管路經過特殊設計而產生卞德里作用

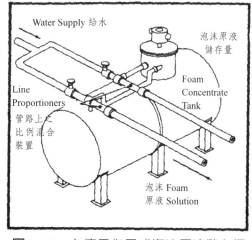

圖 8-20　卞德里作用式泡沫原液儲存櫃

（Venturi Affect）；當水流經過定比裝置時，將使水管形成部份眞空狀態而將儲存櫃內的泡沫原液吸入水管中，因而形成泡沫原液水溶液。

(3) 手提式泡沫噴嘴之設置

就手提式泡沫噴嘴而言，任何兩者之位置間距均不得超過 9 公尺。其次，任何用以防護鍋爐間之手提式泡沫噴嘴，皆應裝設於鍋爐間之底層平板上；設置於機艙之手提式泡沫噴嘴則應設置於距離舵艙頂板大約 6 吋之處。

(4) 泡沫噴嘴裝置

機械泡沫滅火系統所產生之泡沫，可利用甲板旋轉式噴鎗（Deck Turrets）、手提式泡沫噴嘴（Portable Foam Nozzles）或固定式的地板與頂板噴灑器（Floor and Overhead Spray Deflectors）等裝置輸送至船上各處防護艙區，如圖 8-21。

4. 機械式泡沫滅火系統之操作

如欲啓動機械式泡沫滅火系統，必須採用手動方式完成下列兩個操作步驟：

(1) 啓動消防水泵與泡沫原液泵。

(2) 開啓消防栓與泡沫原液儲存櫃的控制閥，使消防水與泡沫原液分別流向比例混合裝置。

該系統啓動之後，水與泡沫原液將以比例混合裝置所設定的比率互相混合；該混合液體經過管路時，與所吸入之空氣作用後，即形成機械泡沫；當泡沫自噴嘴噴向艙壁或擋板後，即可逐漸在火場表面形成覆蓋層。然而，當系統之泡沫原液消耗完畢時，操作者應盡快將水管上之控制閥關閉，以免大量的水繼續供應至火場而破壞已經形成之泡沫層。

其次，由於該系統依規定應於 3 分鐘之內排放足夠之泡沫量，而且對每平方公尺保護面積之泡沫水溶液供給率應爲每分鐘 6.5 公升（6.5l/min）以上，因此相關的泵、管路、泡沫原液儲存櫃與噴嘴等組件之設置，必須符合規定要求標準。

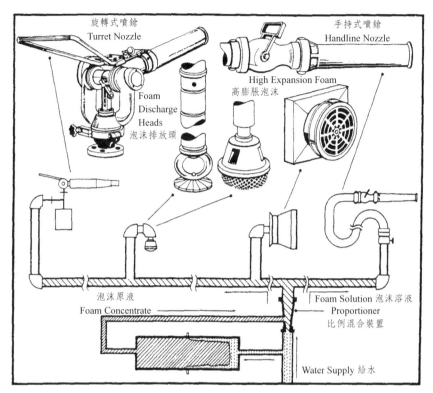

圖 8-21 機械泡沫滅火系統之各種噴嘴裝置

8-3-3 油輪之甲板泡沫滅火系統

1. 該系統之設置背景與規定

　　依據國際航運商會（International Chamber of Shipping, ICS）所出版之一九八三年油輪和終端站國際安全指南（International Safety Guide for Tankers and Terminals, ISGTT）規定：「各油輪必須採用甲板泡沫滅火系統（Deck Foam Systems），藉以取代過去所使用之蒸氣管路系統（Fixed Steam-Pipe System）與惰氣管路系統（Fixed Inert Gas Systems）等甲板

火災防護系統」[註七]。目前，各油輪所設置之甲板泡沫滅火系統均採用機械泡沫，其旋轉式泡沫噴鎗皆設置於甲板上的各處消防站；該系統所產生之泡沫量至少應能覆蓋 50% 以上之甲板面積。

由於該系統設備固定裝置於甲板上並且具有數量大、射程遠與操作簡便等優點，因此僅需要少數操作人員即可在短時間內完成泡沫的散佈作業。依據 ISGTT 之規定，油輪之甲板泡沫滅火系統至少應具備下列條件：

(1) 對每平方公尺之保護面積而言，各具泡沫噴鎗每分鐘至少應噴出 3 公升之泡沫。

(2) 各消防站至少應設置一具水帶接頭，俾便必要時能夠利用手提式機械泡沫裝置供給額外的泡沫。

(3) 該系統所使用的管路與閥門必須妥善地設計與安排，以免於其發生破損或漏裂之狀況下，無法發揮滅火功能。

(4) 為達到上述 (1) 項之要求，設置該系統之油輪的泡沫水溶液消耗率與存量必須符合下列要求標準：

① 原油裝載船

對每平方公尺之保護面積而言，原油裝載船（Crude Oil Carriers）之甲板泡沫滅火系統的泡沫水溶液消耗率至少應為每分鐘 0.65 公升（0.65 l/min）；泡沫水溶液之存量至少應能維持 15 分鐘以上之作業需求。

② 油品裝載船

對每平方公尺之保護面積而言，油品裝載船（Petroleum Products Carriers）之甲板泡沫滅火系統的泡沫水溶液消耗率至少應為每分鐘 0.65 公升；泡沫水溶液之存量至少應能維持 20 分鐘以上之作業需求。

[註七]：無論蒸氣或惰氣管路系統，當任何管路發生破損時，則無法發揮預期的滅火功能。有鑑於此，乃規定必須以甲板泡沫滅火系統取代之。

2. 系統設備與操作程序

　　該系統所使用之泡沫原液係由中央控制室作業人員以手動方式操控之，其操作程序如下：

(1) 啓動中央控制室內之泡沫原液泵與水泵，並且開啓各相關管路的控制閥。

(2) 確定泡沫水溶液已經輸送至各消防站。

(3) 開啓泡沫噴灑裝置而且將泡沫散佈至火場。

8-4 撒水滅火系統

　　撒水滅火系統（Sprinkler Fire-Extinguishing Systems）係設置於機艙或住艙之固定式滅火系統，請參閱附錄六。茲將 SOLAS 國際公約對該系統之規定摘錄如下：

1. 任何設置於機艙、住艙、泵間或控制室等處所之撒水系統，均應採用核定型式之撒水頭（Sprinklers）。

2. 該系統所設置之撒水器數量與位置均應經主管機構核准之；該系統對每平方公尺的防護面積，至少應於每分鐘內噴灑 5 公升而且均勻分配的水量。

3. 該系統所屬之撒水器應裝設於各船艙的燃油管路上方。

4. 該系統得分爲若干區段設置之；各區段的支管控制閥應設置於防護艙間外部而且容易接近之處所，以免因艙內發生火災而無法操作。

5. 該系統管路應保持正常水壓；管內水壓一旦降低時，其供水泵應自動加速運轉予以加壓。同時，由於該系統所屬的水泵必須對各區段防護艙間提供正常水壓，故其控制裝置應設置於防護艙間之外部。

　　其次，該系統所屬的各具水泵應由獨立之內燃機帶動運轉。如果水泵所依賴之動力係由符合一九七四年 SOLAS 國際公約第二之一章第二十五條規定所裝置的應急發電機供應時，則該發電機應擁有自動啓動裝置，俾當主電源損壞時，各水泵仍能維持運轉。

　　此外，使用該系統時，應注意防範撒水頭被雜物阻塞，或者管路、撒水頭、控制閥與泵等組件發生腐蝕之情形。

8-4-1　撒水滅火系統之組件

　　船上之撒水滅火系統之主要組件包括管路、閥門、撒水頭、水泵與壓力櫃等，如圖 8-22 所示。該系統通常設置於住艙區、走廊通道、公共活動艙間以及駛上駛下船（或渡船）的車輛甲板等處所，藉以發揮下列功能：

1. 保護船體結構。
2. 防止火災蔓延。
3. 降低火場熱能（或溫度）。
4. 防護人員與車輛撤離火場。

　　撒水頭係由構造精密的骨架（Frame）、出水口（Water Way）與迴水板（Deflector）等零件所組成。撒水頭之作動可利用手動操作或自動方式產生之；

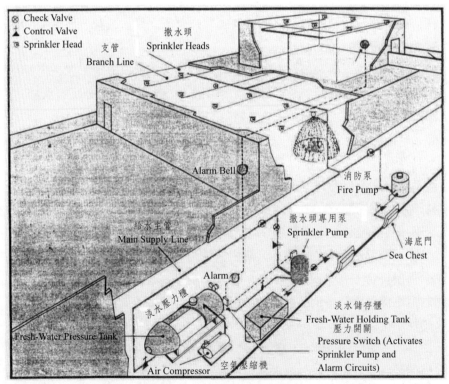

圖 8-22　撒水滅火系統管路

手動操作方式係於火災發生之後，由操作人員依序開啟管路控制閥並且啟動水泵，將水泵進供水管路而自撒水頭噴灑水霧。然而，以自動方式產生者，撒水頭本身即具備偵測火災之功能，故當火災發生時即可自動噴出水霧。

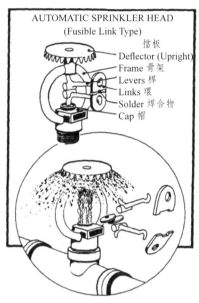

圖 8-23　焊接金屬環型撒水頭

　　任何具備火災偵測功能之撒水器必須經過特殊設計，如圖 8-23 所顯示的焊接金屬環型撒水頭（Soldering-Links Sprinklers）即屬於自動式撒水頭之一：該撒水頭之金屬環半非一體成型者，而係以可熔性焊材焊接而成的，其焊材如遭遇某一高溫[註八]即可自行熔化而使撒水器之骨架瓦解崩潰，因而自動啟開出水口並且噴灑水霧。

8-4-2　自動式撒水滅火系統之運作

　　參閱圖 8-22 所顯示的管路分佈圖並且配合下列說明，讀者即可瞭解自動撒水滅火系統之運作程序：

1. 當艙內發生火災時，部份撒水頭將因高溫而自行解構並且噴灑淡水。
2. 當撒水頭開始噴水之後，相關管路與淡水壓力櫃的壓力將會逐漸下降。
3. 當淡水壓力櫃所附設之感應裝置偵測到櫃內壓力降低時，將自動啟動淡水泵與火災警報器，並且將淡水儲存艙的淡水泵入壓力櫃。

[註八]：焊接金屬環型撒水器依焊材熔解溫度之不同，可區分為多種規格並且利用不同顏色的塗料加以漆裝：撒水頭之焊材熔解溫度為 165°F（73.8℃）以下者，不漆裝任何顏色；熔解溫度為 175°F 與 212°F 者，白色；熔解溫度為 250°F、280°F 與 286°F 者，藍色；熔解溫度為 325°F、340°F 與 350°F 者，綠色；熔解溫度為 450°F 與 500°F（260℃）者，橙色。

4. 使淡水壓力櫃維持足夠壓力，撒水器即可繼續噴水。

　　艙內火災未被撲滅之前，如果淡水儲存櫃的淡水已經消耗完畢，應將水泵切換至海水管路並將海水泵入系統，始能維持滅火作業。相對地，一旦確認艙內火災已被撲滅則應適時關閉水泵，以免艙內積存過量的淡水或海水。

8-4-3　手動式撒水滅火系統之操作

　　手動式撒水滅火系統與自動式撒水滅火系統之間所存在的差異，可歸納為下列三項：

1. 自動式系統之撒水頭平時處於封閉狀態，其焊接金屬環被瓦解之後始能形成開放狀態；手動式系統之撒水頭平時即處於開放狀態。
2. 自動式系統之供水管路平時即為充滿淡水的濕管；手動式系統之供水管路平時為乾管，於火災發生之後始啟動水泵而對管路注水加壓。
3. 手動式系統之滅火用水係由人工操作的水泵供應，因而不需要設置壓力櫃與感應裝置。

　　手動式撒水滅火系統的操作十分簡單，其操作步驟如下：

1. 發現火災或聽到火災警報信號時，迅速啟動消防泵供給系統用水。
2. 開啟主管與支管上的相關控制閥。
3. 確定艙內的各具撒水器已經開始噴水。

　　船上所使用的撒水滅火系統一旦開始運作，每分鐘噴水量至少可達 1.9 立方公尺（$1.9m^3/min$，相當於 500gal/min），因此如何慎防艙內積水過多或形成自由液面等影響船舶穩度之不利情形，乃滅火作業人員必須重視之課題。

8-5　水沫滅火系統

　　船用之水沫滅火系統（Water-Sprayer Fire-Extinguishing Systems）與前述的手動式撒水滅火系統十分相似，兩者之間的差異存在於噴灑裝置之型式與管路之布置。

1. 噴頭

　　水沫滅火系統所使用之噴頭有許多種不同的設計類型，圖 8-24 所示的錐

狀噴頭乃最常見者之一，其所具有的特點如下：

(1) 噴頭之出水孔平時即處於開啓狀態。

(2) 錐狀噴頭佈滿層層出水孔，可噴出十分細微的水霧，故具有較佳之冷卻效果。

(3) 錐狀噴頭可設置於艙頂或艙壁等部位，故可較準確地對其所保護的艙區噴出水霧。

圖 8-24　噴頭裝置

2. 管路布置

　　水沫滅火系統之主要構成組件僅有消防泵、管路與噴頭等，因設置成本相當低廉，故可對不同的保護艙間分別設置專屬系統。

　　該系統之操作步驟與手動式撒水滅火系統完全相同，故不予贅述，請參閱 8-4-3 內容。

8-6　海龍 1301 滅火系統

　　海龍 1301 滅火劑具有無色、無味、不導電、使用後不會留下殘餘物質以及滅火效率卓越等特點，故十分適合於 B 類與 C 類火災之撲救作業。船上的機器間、泵間與通信設備間等處所，除了選擇設置固定式 CO_2 滅火系統之外，亦經常利用海龍 1301 滅火系統（Halon 1301 Fire-Extinguishing Systems），請參閱附錄七。

　　依 SOLAS 國際公約之規定，該系統之設置必須符合下列要求標準：

1. 對保護艙間排洩海龍滅火劑之前，應確保人員能安全撤離疏散。

2. 該系統之海龍滅火劑儲存鋼瓶應放置於保護艙間之外，除非其所保護的艙間體積小於 6,000 立方呎（相當於 170 立方公尺）。

3. 該系統之操作只須先後拉啓管路閥控制拉桿與鋼瓶控制拉桿，即可開始運作。

4. 該系統應以手動方式啓動，除非其所保護之艙間體積小於 6,000 立方呎。

5. 該系統之各操控站應明顯張貼附有操作步驟之說明書。

6. 貨艙僅載運車輛而未裝載其他貨物者，其所設置的海龍滅火系統之滅火劑數量（以體積濃度表示），至少應符合表 8-1 所列之要求標準：

表 8-1　防護載運車輛貨艙之海龍滅火系統所應置備的滅火劑數量

海龍	最小濃度	最大濃度
1301	5%	7%
1211	5%	5.5%

7. 機艙所設置的海龍滅火系統之滅火劑數量（以體積濃度表示）至少應符合表 8-2 所列之要求標準；表中的最小濃度係以機艙總體積為基準計算所得者，最大濃度則以機艙淨體積為基準計算所得：

表 8-2　防護機艙之海龍滅火系統所應置備的滅火劑數量

海龍	最小濃度	最大濃度
1301	4.25%	7%
1211	4.25%	5.5%

8. 海龍 1301 之體積應以每公斤 0.16 立方公尺計算，海龍 1211 之體積則應以每公斤 0.14 立方公尺計算之。

9. 唯有海龍 1301 滅火系統可儲置在機艙內；同時，該系統應附設警報裝置，以便能於放洩動力失效或壓力減低時發出警告訊息。

8-6-1　海龍 1301 滅火系統之型式與組件

海龍 1301 是先進國家所核定之船用滅火劑[註九]，該滅火系統之型式包括自動式與手動式兩種；自動式海龍滅火系統通常被應用於水上飛機、水翼船或休閒遊艇等小型船艇，貨船或客船等大型船舶則應採用手動型式者。

[註九]：請參閱第四章 4-6-5 節之相關說明。

海龍 1301 滅火系統之主要組件包括：鋼瓶組、管路、閥門與控制拉桿裝置等，如圖 8-25：

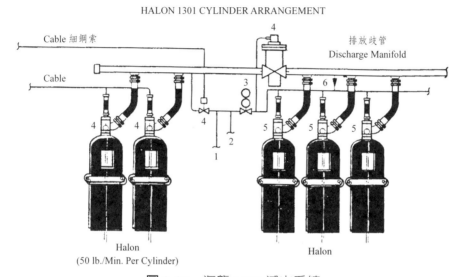

HALON 1301 CYLINDER ARRANGEMENT

圖 8-25　海龍 1301 滅火系統

1. 鋼瓶組：各鋼瓶內儲放液態之海龍滅火劑，並於 21℃ 溫度下，利用氮氣對鋼瓶加壓，使其壓力介於 360p.s.i. 至 600p.s.i. 之間。
2. 各鋼瓶組利用機械裝置銜接至排放管路以及控制拉桿。

8-6-2　海龍 1301 滅火系統之操作與維護

1. 操作方法
   (1) 該系統之操作方法與二氧化碳滅火系統相同；即先後拉啓管路閥控制拉桿與鋼瓶控制拉桿。
   (2) 對各艙間排放海龍滅火劑之前，應將所有通風管道、門與窗等開口全部關閉。
2. 維護作業
   (1) 定期檢測各鋼瓶之重量，如果其重量減少 5% 以上，即應重新灌氣或更換。

(2) 定期觀察鋼瓶壓力錶所顯示之壓力，如果其壓力降低 10% 以上，則應重新充氣或更換。

(3) 檢查並潤滑各拉桿裝置之鋼絲索與導向滑輪（Pulleys）等，以確保能順利操作。

(4) 每隔十二個月，至少應對各鋼瓶強度檢測一次。

8-7 甲板型化學乾粉滅火系統

依據氣體貨物裝載船國際章程（International Gas Carriers Code, IGC Code）之規定，液化天然氣（LNG）或液化石油氣（LPG）裝載船應在貨艙甲板區和歧管（Manifolds）等處所裝置甲板型化學乾粉滅火系統（Deck Dry Chemical Fire-Extinguishing Systems），藉以加強甲板火災之撲救作業。其次，該滅火系統亦可考慮應用在油輪甲板。

8-7-1 化學乾粉平台裝置之組件與規格

甲板型化學乾粉滅火系統係由分別設置於不同處所的化學乾粉平台裝置（Deck Skid-Mounted Units）所構成者；各具裝置均由化學乾粉儲存櫃、管路、氮氣蓄壓鋼瓶與噴鎗（或手動式橡皮管）等組件所組成，如圖 8-26。

圖 8-26　甲板型化學乾粉平台裝置

　　因船舶需求之不同，裝設於氣體貨物裝載船的化學乾粉平台裝置具有多種規格與要求標準[註十]，茲將典型的化學乾粉平台裝置的規格介紹如下：

1. 化學乾粉儲存櫃大約可儲存 3,000 磅之化學乾粉。
2. 金屬管路長度約 100 呎至 150 呎。
3. 氮氣蓄壓鋼瓶之容量至少須為 400 立方呎以上。
4. 噴鎗須為旋轉式者，化學乾粉噴放率至少須為每分鐘 22 磅（22 lb/min），其最高射程約為 33 呎。

8-7-2　化學乾粉平台裝置之操作與維護

1. 操作方面

　　當發現甲板火災時，可輕易地依照下列兩個步驟操作甲板型化學乾粉平台裝置：

(1) 以手動方式開啓氮氣蓄壓容器之排放閥，而使高壓氮氣對化學乾粉儲存櫃加壓。
(2) 以手動方式開啓旋轉式噴鎗之控制閥，並將化學乾粉噴灑至火場底部。

　　雖然該系統之操作十分簡單，但卻經常出現狀況而無法發揮其滅火功能。因之，船上操作人員必須對該系統定期實施檢查、保養、維修與演習作業，藉以確保其性能並且熟悉其操作方法。

2. 維護方面

　　船上所設置之甲板型化學乾粉平台裝置，每週必須實施下列檢查與維修作業：

(1) 檢查該裝置之化學乾粉儲存櫃以及相關零件，是否損壞或腐蝕。
(2) 檢查該裝置之壓力錶讀數是否維持正常壓力。
(3) 檢查化學乾粉噴鎗或噴嘴是否能正常操作。

[註十]：如果化學乾粉噴放率為 55 lb/min 者，其最大射程為 100 呎；如果噴放率為 99 lb/min 者，其最高射程約 132 呎。如果該系統使用可繞性水帶替代金屬管路時，其所附接之噴嘴亦須能對火場噴出具有相當射程之化學乾粉。

(4) 更換已經損壞之管路或其他零件。

(5) 確定各閥門可順利運轉，而且處於關閉狀態。

8-8　惰性氣體滅火系統

　　依照一九七四年 SOLAS 國際公約之規定，凡是載重噸 100,000 公噸以上之液貨裝載船（Liquid Cargo Carriers）和載重噸為 50,000 公噸以上之混載船（Mixed Cargo Carriers），皆應使用惰性氣體系統（Inert Gas System, IGS）保護其貨艙；一九七八年相關議定書更進一步要求凡是載重噸 20,000 公噸以上之油船均應遵守此項規定。

　　船用惰性氣體系統旨在防止貨艙發生火災或爆炸，亦可用以窒息火災。惰性氣體系統係由惰氣產生器（Inert Gas Generator）、清洗塔（Scrubber）、鼓風機（Blowers）、輸送管路（Distribution Lines）、控制閥、氧氣測量儀和控制裝置等組件所組成，請參考附錄八。

8-8-1　惰性氣體之來源

　　惰性氣體系統所使用之惰氣可由下列兩種方式產生：

1. 設置惰氣產生器；在船上設置一個柴油燃燒室，藉以產生濃煙而供給至清洗塔。

2. 自船上之煙囪截取廢氣（Flue Gas）而供給至清洗塔。

　　由上述兩種方式所獲取之濃煙或廢氣被輸送至清洗塔之後，清洗塔藉由冷卻、過濾、除硫與除濕等裝置即可製造乾燥而且乾淨的惰氣，而後再利用鼓風機將惰氣輸送至貨艙，以便發揮其窒息作用。

8-8-2　法規之要求標準

　　依據一九七四年 SOLAS 國際公約之規定，茲將惰性氣體滅火系統（Inert Gas Fire-Extinguishing Systems）所應具備之標準摘要如下：

1. 任何液體貨裝載船於開始卸貨之前，應將惰性氣體系統備便，並於卸貨作業時同時對各貨艙輸送惰性氣體，藉以防止火災或爆炸事故。

2. 任何液體貨裝載船於洗艙作業時，應將惰性氣體灌入各貨艙，以便防止火災或爆炸事故。

3. 該系統應能持續運作並且對艙間供應足夠的惰性氣體。

4. 該系統惰氣之供應率，至少應為貨泵最大工作效率之 125% 以上。

5. 在正常情況下，液貨艙於灌充惰氣之中或充滿惰氣之後，各貨艙內之壓力必須維持於正常。

6. 經廢氣清洗塔所排放之惰性氣體排洩口應位於露天甲板之適當位置，並應符合 SOLAS 公約中有關液貨艙通風口之規定標準。

7. 惰性氣體之含氧量，若以體積百分比計算不應超過 8%。

8. 應設置防止碳氫氣（即油氣）由液貨艙經過系統管路，回流至清洗塔甚至於機艙之止回裝置[註十一]。

9. 應裝置可持續顯示惰氣輸送壓力以及貨艙含氧量之壓力錶與氧氣含量測量儀。應具有顯示主惰氣管內溫度及壓力之設施。

10. 應設置警報和自動控制裝置，藉以顯示或避免下列異常狀況：

(1) 惰氣輸送管路內的氣體含氧量過高。

(2) 惰氣輸送管路內的氣壓太低。

(3) 甲板水封裝置之供應壓力太低。

(4) 惰氣輸送管路內的氣體溫度太高。

(5) 過濾器之水壓太低。

8-9　船上火災控制平面圖與消防設施標準圖例

8-9-1　船上火災控制平面圖

　　為使每位甲級船員能深入瞭解船上之滅火系統與設備器材之佈置狀況，各船舶應繪製消防設施佈置總圖（General Arrangement Plans）並且固定張貼於明

[註十一]：惰氣系統之甲板止回裝置通常使用甲板水封裝置（Deck Water-Seals）；即利用水壓遏止艙內之氣體產生回流現象。

顯處所。同時，應分別繪製可顯示各層甲板之火災控制站、甲級隔艙艙區、乙級隔艙艙區、火災探測與警報系統、撒水裝置、滅火系統與設施以及通風系統等圖表而且附有清楚的識別圖例與說明，稱為船上火災控制平面圖（Shipboard Fire Control Plans）。

其次，船上火災控制平面圖之相關圖表、細節與說明亦可彙整於手冊中供作參考。至於其他應注意事項則包括：

1. 各圖表必須收藏在具有防潮防污功能之容器內。
2. 貯存圖表之容器必須放在容易取得的固定場所。
3. 船上應張貼指示圖表存放位置與行進方向之圖例，如圖 8-27。

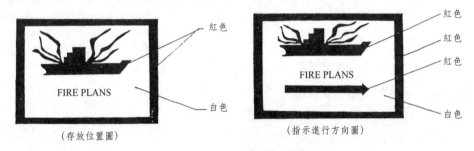

（存放位置圖）　　　　　　　　　（指示進行方向圖）

圖 8-27　指示火災控制平面圖存放位置與行進方向圖

8-9-2　船上消防設施之標準圖例

根據 IMO 所採納的 A.952（23）號決議案，二〇〇四年 SOLAS 國際公約第 II-2 章第十五條規定：二〇〇〇年元月一日以後建造之船舶所使用的消防設施圖例（Graphical Symbols）應遵照 ISO-17631 號之標準；二〇〇〇年元月一日以前建造的船舶可繼續延用二〇〇一年 SOLAS 國際公約第 II-2 章第二十條規定，直至船上的火災控制平面圖做成重大修正或更新為止。

茲將 ISO-17631 號所頒行的部份船上火災控制平面圖與消防設施標準圖例摘列如下，其完整內容請參閱附錄九：

A 級鉸鏈式防火門

通風系統之遙控裝置

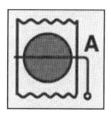

防火擋板

消防泵遙控裝置

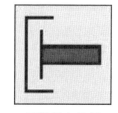

國際岸上接頭

消防水帶與噴嘴

發電機緊急電源裝置

緊急逃生用呼吸器具

8-10　本章結語

　　船上之固定式滅火系統普遍用以保護住艙、貨艙、機艙與泵間等艙間，當發生於此等場所之初期火災無法利用手提式滅火器有效地予以撲滅時，即須藉助於固定式滅火系統輸送大量之滅火劑。因此，各艙間所使用之滅火系統除須依規定安善地設計、安排與設置之外，如何要求船上人員能夠落實下列相關事宜，則是達成船舶火災安全之更主要課題：

1.　熟悉火災控制平面圖，對各類型滅火系統之佈置狀況均有所瞭解。

2. 熟悉各滅火系統之啓動與操作程序。
3. 瞭解使用各滅火系統使用時所應採取之安全措施與注意事項。
4. 定期檢查、保養和維護各滅火系統之管路、接頭、閥門、控制機構、偵測裝置與相關屬具等，並且作成記錄資料。

第九章　船舶火災偵測與警報系統

　　任何火災發生時，如能及早被發現，則可盡早採取相關的管制或滅火作業，藉以防止災情擴大。本章所介紹之火災偵測系統（Fire Detecting Systems）乃為預先偵測火災之存在，而且發出聲光警報信號（Audio and Video Alarm Signals）之措施或裝置。

　　船上各艙區所使用之火災偵測系統的警報器，通常均連線至駕駛台之火警監視面板（Fire-Alarm Monitoring Panels）。駕駛台之當值人員，一旦察覺或接獲火災警報信號時，即應採取下列步驟：

1. 啟動全船警報器（General Alarm），通知各船員按照滅火佈署表所指定之位置各就各位。
2. 立即通知船長，並且調查火災警報之來源。
3. 確定火災確實發生時，應即刻展開撲救行動。
4. 如果是假警報（False Alarm）信號[註一]，則應通告全船人員取消任務。

9-1　火災偵測與警報系統之要求標準與型式

　　依一九七四年 SOLAS 國際公約之規定，船上之火災偵測與警報系統至少必須符合下列要求標準：

1. 一般規定：
   (1) 偵測與警報系統之按鈕，應保持隨時可立即操作。
   (2) 該系統所需電力供應如有故障，應能發生警示信號，並且應設置應急電源和轉換開關。如該信號在兩分鐘內未能引起注意時，亦應在船員起居

[註一]：火災偵測系統可能發出假警報信號，其發生原因包括偵測器之機件瑕疵或者船員誤觸警報器所致者。

艙、服務艙間、控制站及甲種機艙，可自動發出聲響警報信號。

(3) 該控制器應位於駕駛台或主要的火警控制站內。

(4) 應張貼相關探測艙間之清晰資料。

(5) 偵測器應能偵測熱、煙、火焰，或其他燃燒形成物，或任何由其混合而成之物質，並且能正常運作。

(6) 該系統應備有試驗與維護之適當說明書及備用零件。

2. 裝置之規定

(1) 人工操作按鈕應在起居艙、服務艙間及控制站等處普遍裝置，而且裝設於各甲板走廊易接近處。

(2) 煙霧偵測器應裝置於起居艙各梯道、走廊及逃生路線內。

(3) 偵測器應避免受空氣流動影響或可能受碰損之位置，通常裝設在頭頂以上，且距隔艙壁 0.5 公尺之位置。

(4) 兩偵測器間之最大間隔距離，如下表規定：

偵測器型式	每一偵測防護之最大地板面積	中心點間之最大距離	距艙壁之最大距離
熱	37 平方公尺	9 公尺	4.5 公尺
煙	74 平方公尺	11 公尺	5.5 公尺

3. 設計上之規定：

(1) 該系統在設計上應能抵抗船舶之瞬間電壓變動。周圍之溫度變化、震動、潮濕、碰撞與腐蝕等。

(2) 應能在濃煙超過每公尺 8% 之門檻啟動。

　至於船上所採用之火災警報與偵測系統，包括下列四種型式：

1. 自動式火災偵測系統。

2. 手動式火災警報系統。

3. 貨艙空氣取樣型偵測系統。

4. 火災巡邏與值更制度。

9-2　自動式火災偵測系統

9-2-1　自動式火災偵測系統之組件

船上自動式火災偵測系統（Automatic Fire Detecting Systems）之組件包括下列項目，如圖 9-1 所示者：

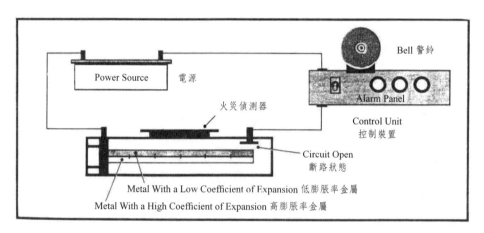

圖 9-1　自動式火災偵測系統（＊圖中所使用之偵測器為雙金屬條式定溫偵測器）

1. 電源

　　該系統之電源可由船上之發電機或者蓄電池供應之，但為防止電源中斷之情況，故仍須設置能供應緊急電力之電源裝置。

2. 控制器

　　控制器（Control Unit）除附有火災警報裝置外，尚包括系統故障警報（Trouble-Alarm）與電力中斷警報（Power-Failure Alarm）等裝置，並且能顯示聲光信號：

(1) 紅燈亮表示火災警報。

(2) 藍燈亮表示系統故障。

(3) 白燈亮表示電源供應正常，如果熄滅則表示電源中斷。

其次，該控制器尚附有緊急電源之切換開關，以便其供應電力中斷時，該系統仍可正常運作。

3. 火災偵測器

凡是可用以偵測溫度、濃煙或者火焰等火災發生現象之裝置，均稱爲火災偵測器（Fire Detectors），其種類繁多而且型式不一，請參閱下節所介紹者。

4. 警鈴

警鈴（Vibrating Bells）爲可發出聲響警報信號之裝置，依規定設置於駕駛台的火警監視面盤之警鈴直徑不得小於 6 吋（約 15 公分）；而設置於機艙者，則不得小於 8 吋。

當警鈴發出聲響信號時，控制器上之紅燈亦將開始連續發出閃爍燈光。

9-2-2　火災偵測器之種類

任何可用以偵測溫度、濃煙或火焰等火災徵兆之量測器具均稱爲火災偵測器，如圖 9-2 所示，茲詳細介紹如下：

1. 溫度偵測器

偵測溫度之火災偵測器，可區分爲定溫型與差動型等兩種類型：

(1) 定溫型火災偵測器

各種定溫型火災偵測器（Fixed-Temperature Fire Detectors）均有其可測定之預設溫度值，當艙間之溫度達到該設定值時，即可發出警報信號。

① 定溫型偵測器之等級

依該類型偵測器所能測定之溫度劃分，則可分爲三種等級：

a. 普通級火災偵測器；通常應用於常溫爲 38℃ 以下之艙間環境。

b. 中溫級火災偵測器；通常應用於常溫爲 38℃ 至 66℃ 之艙間環境。

c. 高溫級火災偵測器；通常應用於常溫爲 66℃ 至 225℃ 之艙間環境。

鑑於定溫型偵測器所偵測的溫度與艙間環境溫度之間，經常存在溫度落差（Thermal Lag），致而無法立即反應艙內火災發生之事實。因之，船上各艙間應降級選用該類型偵測器；換言之，如果常溫

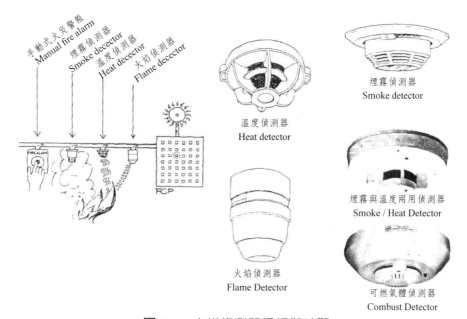

圖 9-2　火災偵測器種類與外觀

為 45℃之艙間，應選擇規格為 40℃左右的定溫型偵測器，始較能確
保火災安全。

② 定溫型偵測器之型式

　　由於定溫型火災偵測器之設計、構造與作動方式等方面之差異，
故其型式至少包括下列四種：

a. 雙金屬條型偵測器

　　如圖 9-3 所顯示之雙金屬條式偵測器（Bi-metallic Strip
Detectors），係用兩種金屬鑄合在一起的雙金屬條作為偵測溫度
之主要零件；由於該兩種金屬之膨脹係數差異極大，當艙內溫度
上升時，金屬條底部之金屬即明顯地迅速膨脹，以致其向上彎曲
並且接通電源通路，而使該偵測器發出警報信號。

b. 雙金屬圓盤式偵測器

　　如圖 9-4 所顯示之雙金屬圓盤式偵測器（Bi-Metallic Disk

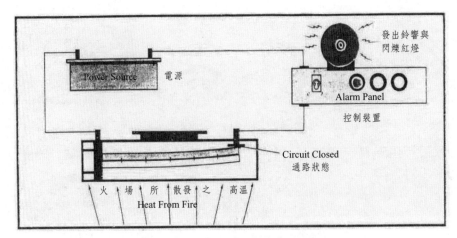

圖 9-3　雙金屬條式定溫偵測器

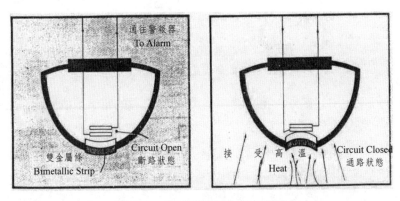

圖 9-4　雙金屬圓盤式偵測器

Detectors），其設計原理與上述者相同，唯構造不同而已。該偵測器之圓盤底部所裝設雙金屬條，當受到相當溫度加熱之後，即向上彈凸而呈彎弓狀，進而觸發電源與警報器。

c. 偵溫線型偵測器

如圖 9-5 所示的偵溫線型偵測器（Thermostatic Cable Detectors）是一種電熱式偵測器。該線型係由兩根有保護套管的電線組合而成，其外表尚利用絕緣材料予以包紮；其中一根電線

接通電源，另一根電線則接至警報控制器，但平時並不通電。

　　當該偵測器之防護艙間的溫度，升高至某預期的高溫時，感溫電纜外面的絕緣材料與電線套管均將被熔化，而使兩根電線互相接觸而啓動火災警報器。

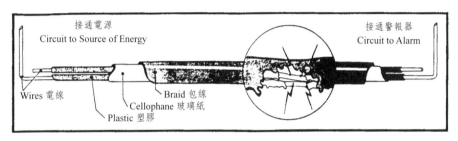

圖 9-5　偵溫線型偵測器

　　其次，偵溫線型偵測器係屬於線型火災偵測器（Line-Type Fire Detectors），有別於前述 a、b 兩項所介紹之點型（侷限型）火災偵測器（Spot-Type Fire Detectors），只要利用長度有限之感溫電纜，即可對相當廣泛之艙間，提供火災預警作用，因此，是十分經濟且有效率之偵測器。

d. 液體膨脹式偵測器

　　如圖 9-6 所示之液體膨脹式偵測器（Liquid-Expansion Type Detectors），乃應用液體冷縮熱脹之原理設計而成者；將某種遭遇高溫即可迅速膨脹之液體填裝於密閉的玻璃球中，當液體體積膨脹而擠破

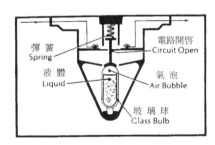

圖 9-6　液體膨脹式偵測器

玻璃球時，即可使偵測器形成短路而發出火災警報信號。

(2) 差動型火災偵測器

　　所謂差動型火災偵測器（Rate of Temperature-Rise Type Fire

Detectors），係用以偵測每分鐘單位時間內的艙內溫度變化值之偵測器
（即每分鐘單位時間之溫度變化率；℃/min）。其規格有 5℃/min，8℃/
min 或 10℃/min 等多種；以 8℃規格之溫差型偵測器而言，若應用於常
溫爲 38℃的艙間，則該艙區之溫度變化必須於一分鐘內竄升至 46℃以上
時，該偵測器始能啓動而且發出火災警報信號。相對地，如果 8℃/min
規格之溫差型偵測器被裝設於常溫爲 60℃的艙區，即使艙內溫度已高達
67℃，仍舊不會發出警報信號。

① 差動型火災偵測器之優缺點

  a. 優點

    (a) 因電焊、燒焊或陽光曝晒等情況，而使艙內溫度緩慢上升時，
該偵測器不至於發生假警報。

    (b) 該偵測器同時適用於冷藏庫或鍋爐間等低溫或高溫艙間。

    (c) 差動型偵測器對火災偵測反應的速率較定溫型偵測器迅速。

    (d) 該偵測器除非被燒毀，否則只要重新加以調整設定即可繼續使
用。

  b. 缺點

    (a) 只要艙內溫度於短時間內急速升高時，則可能發出火災警報；
譬如：在某艙區進行大規模之電焊或燒焊作業。

    (b) 不易偵測到艙間所發生的悶燒火災。

② 差動型火災偵測器之型式

差動型火災偵測器的主要型式，包括下列兩種：

  a. 氣動式偵測器

    氣動式偵測器（Pneumatic-Type Detectors）乃應用氣體冷縮
熱脹之原理所設計者，其型態包括線型與侷限型等兩種。如圖 9-7
所顯示之線型氣體作用式偵測器，乃由環繞於保護艙間的牆壁四
周之細銅管所構成；當銅管內之氣壓因艙內溫度小幅升高而微微
增加時，則可經由銅管上之排氣口適時地予以排放；但若艙內溫
度急遽增高，而使管內氣壓突然超過其設定值時，則銅管末端之
膨脹膜片（Expanding Diaphragm）將迅速膨脹，進而觸動火災警

報電路開關。

　　至於線狀偵測器多被用以體積較大之艙區，而點狀偵測器則大多應用於體積較小之艙間。

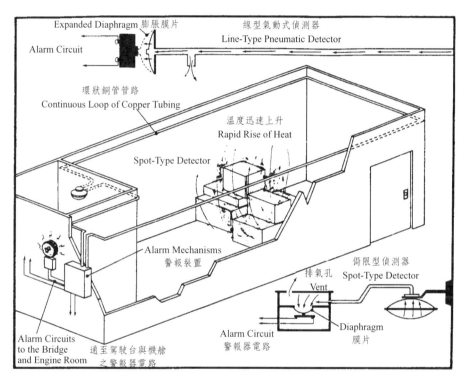

圖 9-7　氣體作用式溫差型火災偵測器

b. 熱電式偵測器

　　同一溫度對不同金屬之影響程度不同，故當同等熱量通過兩種不同金屬之接點時，即會產生微小電流。如圖 9-8 所示之熱電式偵測器（Thermoelectric

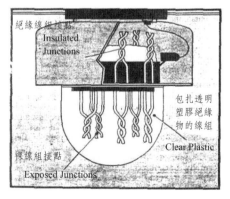

圖 9-8　熱電式差動型火災偵測器

Detectors）乃利用上述原理設計製造而成者。該型式偵測器主要由兩組扭纏之電線所組成；其中一組電線爲裸線，另外一組電線則包紮透明的塑膠絕緣體。

　　當保護艙間之溫度上升時，裸線電線將受熱而大幅增溫，但絕緣電線之溫度卻僅能小幅上升而已。由於艙內溫度升高時，上述兩組電線之接點處均將產生電流，唯若該兩組電線所產生之電流差異值超過其所設定的差異值時，即將啓動開關而且發出火警信號。

2. 偵煙式火災偵測器

　　船上用以偵測濃煙之火災偵測裝置，除了 9-4 所介紹之貨艙煙霧管路偵測系統之外，尚有下列常見的各種煙霧偵測器：

(1) 光電式煙霧偵測器

　　如圖 9-9 所示之光電式煙霧偵測器（Photoelectric Smoke Detector）乃爲陸上或船上所普遍採用者，其型式主要有以下兩種類型：

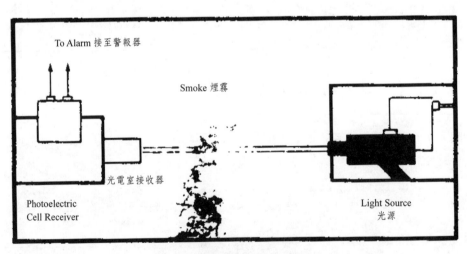

圖 9-9　光電式煙霧偵測器

① 遮光型光電式煙霧偵測器

　　遮光型（Beam-Type）光電式煙霧偵測器係分別架設於住艙艙間

之兩側，其一側為光束發射裝置而另一側為光束接收裝置；如果接收裝置所接收之光線密度相當於發射光束者，則表示無火災發生。反之，接收裝置所接收之光線密度則將大幅降低，進而啓動火災警報信號。

② 折射型光電式煙霧偵測器

　　光線之行進路徑為直線型態，但若遭遇障礙物時，則將產生反射與折射現象；折射型（Refraction-Type）光電式煙霧偵測器乃利用此原理設計而成者。

(2) 離子式煙霧偵測器

　　目前離子式煙霧偵測器（Ionization Smoke Detectors）已被核准應用於船上，其設計原理乃應用氣體被離子化而形成正負電荷帶電體之結果，則將產生微小之電流。該偵測器乃於空氣吸入口，放置極微量的放射性物質而使氣體離子化；如果該偵測器所吸入的氣體為新鮮空氣，則其所產生之電流係為某一常數。相對地，如果所吸入之空氣中含有碳粒子所構成之濃煙，則將阻礙電流之流通而使電流值降低；當該電流值低於某預設值時，即將啓動火災警報系統。

3. 火焰式之火災偵測器

　　火焰式偵測器（Flame Detectors）之設計目的旨在探測火焰所具有的光強度、閃爍頻率或輻射能等特徵，通常被應用於倉庫、碼頭或其他陸上建築物。基於下列原因，船上幾乎不採用該類型偵測器：

(1) 火焰式偵測器僅能探測出現在前方的火焰；如果火焰位於其側面或被濃煙遮蔽，則經常無法發揮預期功能。

(2) 火焰式偵測器探測到非火場所傳遞的任何輻射能、海面反射的閃爍亮光或燒焊作業所產生的弧光時，均可能作動而發出假警報信號。

(3) 火焰式偵測器探測到閃爍的焰光時亦可能發出假警報信號，例如：偵測器附近的電燈泡隨著船體搖晃而忽明忽暗。

9-3　手動式火災警報系統

　　船上之手動式火災警報系統（Manual Fire Alarm Systems），係提供火災發現者藉以傳播火警信號之裝置，如圖 9-10，該系統的主要組件包括：

1. 電源。
2. 通往各指定艙區之電纜與警報器。
3. 警報控制器及按鈕。

　　當船上任何人員發現火災時，只要按下警報控制器上之按鈕，應可立即傳遞火災警報信號，因此其設計與裝設標準，必須符合 9-1 節之規定標準。

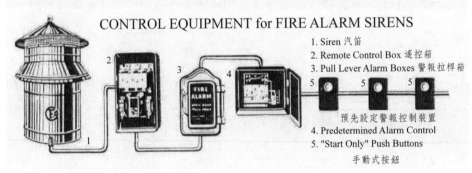

CONTROL EQUIPMENT for FIRE ALARM SIRENS

1. Siren 汽笛
2. Remote Control Box 遙控箱
3. Pull Lever Alarm Boxes 警報拉桿箱

預先設定警報控制裝置
4. Predetermined Alarm Control
5. "Start Only" Push Buttons

手動式按鈕

圖 9-10　手動式火災警報系統（＊圖中編號 5 之各個位置）

9-4　貨艙空氣取樣型偵測系統

　　船上之貨艙如果利用 CO_2 滅火系統者，通常會設置空氣取樣型偵測系統（Smoke Detecting-Pipe Systems），以便貨艙火災發生時，能在 CO_2 鋼瓶室、駕駛台與機艙等處，產生火警聲響信號。

9-4-1　系統之運作方式

　　該系統乃利用分別通往各貨艙之小口徑管路作爲煙霧取樣管（Smoke

Sampling Pipes），而且各條管路上亦標明相關之貨艙編號；當船上人員由系統監控箱（Monitor Cabinet）偵測到濃煙時，即可拉下三向閥（Three-Way Valves）上之拉桿，而將二氧化碳氣體輸入失火貨艙內。

　　如圖 9-11 所示者，乃表示第 3 號貨艙失火，必須將通往該貨艙之閥門拉桿拉下，而啓動二氧化碳滅火系統，是屬於手動操作型式者。

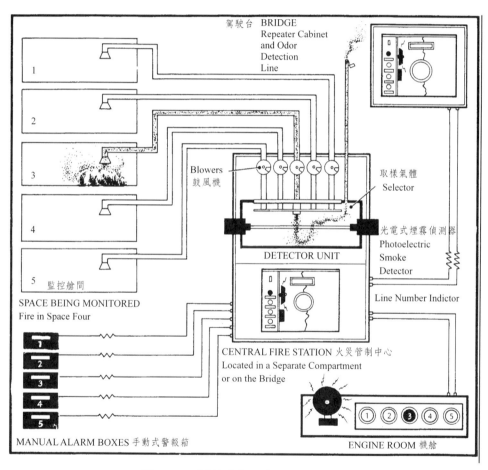

圖 9-11　貨艙之煙霧管路偵測系統

9-4-2　核驗與啟動作業

當該系統發出貨艙火災警報信號之後，則須依下列程序展開核驗（Recheck）與啟動作業：

1. 當確定煙霧係由某個貨艙冒出之後，按下監控箱內之核驗按鈕（Recheck Button），並且徹底檢查其他管路。
2. 核對索引圖（Index Chart），以便確定失火貨艙之編號。
3. 確定無任何人員在失火貨艙內從事作業活動。
4. 關閉該貨艙之所有通風系統與裝置。
5. 參考二氧化碳滅火系統索引圖，以便確定所應啟用的相關鋼瓶組之編號。
6. 依序拉下通往失火貨艙之二氧化碳管路上的三向閥控制桿。

其次，假如火災同時發生在兩個以上的貨艙時，則只能選擇其中之一而進行滅火，但應以位於較低層甲板之貨艙作為優先對象。

再者，該系統中之開關旋塞（Stop Cock），平時必須保持於開啟狀態，但若貨艙中已經滿載油貨或其他液體物質時，則應旋轉至關閉狀態[註二]。

9-5　火災巡邏與值更制度

船上採行火災巡邏制度（Fire Patrol Systems）之目的旨為能及早發現火災且發出警報信號。船上負責火災巡邏人員必須按照預先設定之路線，對各指定場所加以巡視並且於各巡邏站作成記錄。

依規定客船上凡有旅客在船期間，則該制度必須持續進行；貨船雖未被強制規範，但為增進其火災安全，亦可考慮採行。當任何船舶實施火災巡邏制度時，其值勤時間應安排於 2200 時至 0600 時之間。其次，為確保各巡邏人員均能完成指定任務，應於各巡邏站裝置卡鐘（Recording Clocks），如圖 9-12 所示；或者裝設專用的電信通報系統，巡邏人員必須利用鑰匙開啟各巡邏站之巡邏箱後，始能對駕駛台作成通報。

[註二]：旨在防止貨艙內之油氣經由煙霧偵測管路而逆溢至駕駛台或其他艙區。

　　　至火災值更制度（Watchman Systems）是客船於夜間必須採行之措施，其方法是在各層旅客住艙甲板上設置值更崗哨；各值更人員由船長或大副安排擔任之，而且必須定時對其主管人員作成狀況報告。

　　　因此，負責火災巡邏或值更人員，不但須先瞭解其所應擔負之職責，亦須能完成下列任務：

圖 9-12　巡邏站之卡鐘外觀

1. 發現火焰、濃煙或異味等火災徵兆時，如何迅速地採取必要之通報措施。
2. 熟悉各火災警報器之裝置位置，並且能順利操作之。
3. 火災發生時，如何採行各項初步措施。
4. 如何利用有效方法，喚醒住艙中各房間內之船員與旅客。
5. 如何探尋火場位置或判別火災種類。
6. 如何採取滅火作業行動。

　　　其次，當負責火災巡邏或值更之船員發現火災時，則應依序採取下列行動：

1. 立即啓動火災警報信號裝置。
2. 利用各種方法喚起住艙房間內的旅客與船員。
3. 就近取用手提式滅火器，對初期火災設法予以控制或撲滅。
4. 對船長或大副等人員提出簡報。
5. 對火災事實經過予以記錄，其主要項目包括：
   (1) 發現火災之時間。
   (2) 濃煙或火焰之發生部位。
   (3) 門窗開閉狀況。
   (4) 火災發生前有何等人員在艙內活動作業。
   (5) 手提式滅火器之使用情況。
   (6) 其他重要事項。

9-6 本章結語

　　船舶火災偵測與警報系統是能夠預先偵測火災存在而且發出警報信號之裝置與制度措施，因此，任何船舶必須確實達成下列事項：

1. 應使各船員瞭解船上所設置之火災偵測系統之種類與分佈情形。
2. 應使各船員熟悉如何啓動手動式警報信號裝置。
3. 應使每位船員熟悉發現火災警報信號後，所應採取之正確步驟。
4. 使船員瞭解船上實施巡邏與值更制度之意義。
5. 注意火災偵測系統之維護與保養工作。
6. 於可行狀況下，船上可利用警報系統模擬火災演習方案，藉以測試船員之動員情形以及應變能力。

第十章　船舶滅火作業

　　由於船舶種類、用途與構造之不同，船上可能發生的火災不僅型態各不相同而且彼此之間存在相當的差異，若再將船體環境、海況與氣象等因素列入考量，火災型態將產生更複雜的變化。因此，船上人員必須隨時斟酌火災現場的實際狀況，適當地調整滅火策略並且採取有效的滅火措施，不可一成不變。

　　依案例統計分析結果顯示，大多數船舶火災的初期火勢均較微弱，極容易利用手提式滅火器予以撲滅，其成功率高達 70% 以上；因船上人員未能及時妥善因應以致造成嚴重損失者，約佔 30% 左右。其次，船上人員是否具備相關專業知識、熟練技能與緊急應變能力等要件，更是影響滅火作業效果的關鍵因素，茲舉兩個案例說明之：

1. 某船貨艙內之繩索、破布與棉織品等形成悶燒而由艙口冒出濃煙，船上人員在未查明原因之前，即將大量海水灌入艙內進行滅火，以致造成嚴重的貨損。

2. 某船的貨艙失火，船上人員將 CO_2 氣體灌輸到艙內之後，因不見濃煙再度冒出（誤以為火災已經完全被撲滅）而貿然開啓艙蓋，以致大量空氣進入艙內而形成復燃。

　　有鑑及此，各船舶應依實際環境特性與需求，事先制定妥善的防火與滅火計畫，而後定期實施演習與訓練方案，藉以充實船員的消防專業知識、熟悉相關設備和器具之操作使用以及增進滅火作業人員之間的溝通與協調能力，始能確保船舶火災安全。

10-1　船舶滅火作業步驟與措施

　　船上中大型火災撲救作業之基本程序（或步驟），可依英文字母 F-I-R-E-S 順序排列而區分為下列五項：

1. 發現火災（Finding），其主要方式包括：(1) 任何人員察覺發生火災的徵兆
   並且通知船方；(2) 船上的自動偵火系統發出警報信號。
2. 通報火警訊息（Informing），駕駛台當值人員接獲火警訊息時，應立即通知
   全船人員進入緊急戒備與動員狀態。同時，指派人員確認火災之發生部位。
3. 侷限火場（Restricting），設法採取能夠防止火災蔓延之有效措施。
4. 展開滅火行動（Extinguishing），迅速作成決策並且展開滅火作業。
5. 監視火場（Supervising），火災撲滅之後，應將部份滅火器具留置於現場並
   且指派監視人員，以便因應復燃現象。

10-1-1　火災發生時之初步措施

所謂初步措施（Initial Procedures）係指船上的火災目擊者（Witness）於展
開實際滅火行動之前所應採取的前置措施，其主要事項包括：

1. 啟動火災警報

　　船上任何人員發現火焰、濃煙或臭味等火災徵兆時，均應即刻利用適當
方式迅速散播火災警報信號；如果船上人員延誤警報信號之發送，則可能錯
失黃金救災時機甚至釀成巨大災害。因此，任何發現火災徵兆的目擊者，應
先向駕駛台當值航行員完成通報或啟動警報器之後，始能進一步利用手提式
滅火器實施滅火作業。

　　其次，駕駛台當值航行員於接獲火災警報訊息之後，應迅速完成下列措
施：

(1) 啟動全船鈴聲警報器至少持續 10 秒鐘以上，並且連續施放汽笛聲響 10
　　秒鐘以上，喚起全船人員進入火災緊急戒備狀態[註一]。
(2) 關閉駕駛台上可控制的通往火災艙區之通風系統。
(3) 將火災發生時間、部位與種類等主要資料記錄於航海日誌。

[註一]：NFPA 建議船舶在港內或未航行狀態（Not Underway）發生火災時，除發出鈴聲與汽
笛聲響等火警信號外，尚應額外發出五長聲之汽笛聲響信號，以引起其他船舶與岸上
機構之注意。

假若發現火災之目擊者為兩人以上，則只需責由一人向駕駛台完成通報或啟動火災警報器，其他人員應就近取用手提式滅火器對火災現場進行控制和撲救工作。

2. 通報火災的發生部位

火災目擊者向駕駛台當值人員作成通報時，應盡量告知火災的發生部位（例如：何層甲板或何處艙間），供作船長進一步研判火場的正確位置或火災種類之依據。

其次，確認火災的發生部位之後，船上人員若能盡早關閉相關的通風系統，將會有效地防止火勢蔓延而且提升滅火作業效率。如果船上人員一時無法確定火災的發生部位，可透過下列方法辨認之，如圖 10-1 所示：

(1) 用手觸摸艙壁試探溫度是否升高。

(2) 觀察門窗縫隙是否冒出濃煙。

(3) 艙門或舷窗是否變形或裂開。

(4) 艙壁上之油漆是否被灼焦或剝落。

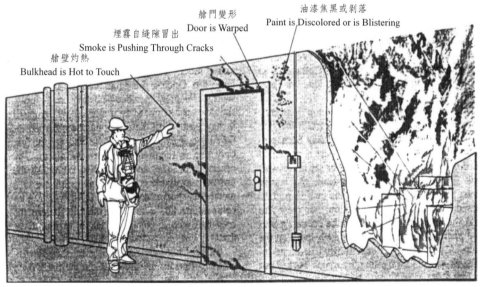

圖 10-1　尋找火災發生部位之方法

10-1-2　滅火作業行動與措施

確定火災的發生部位之後，船上指揮官應迅速研判火災種類、火勢強度與火災範圍。如為初期小型火災，則應立即利用手提式滅火器予以撲滅。

本章旨在探討中大型（超過初期）火災的滅火步驟、策略與作業方法，茲將相關行動與措施扼要說明如下：

1. 評估災情與安排滅火資源

　　任何滅火作業展開之前，現場指揮官應對下列事項完成評估而後妥善調度與安排資源，始能有效地施展滅火作業行動：

(1) 火災種類。

(2) 可應用的滅火劑種類。

(3) 最佳滅火策略與方法。

(4) 如何防止火災蔓延。

(5) 人力、設備與器材等資源之需求量。

2. 建立通信方法

　　進行滅火作業時，駕駛台指揮中心、救難小組、支援小組、機艙小組與備便小組等各組隊之間，必須事先建構完善的溝通管道，始能確保各項作業之順利進行。因此，各滅火組隊之間應利用最便捷方式建立良好的雙向通信系統，尤其是對講機（Walkie-Talkie）之應用。

3. 選擇現場集結區

　　在主甲板上，現場集結區（Staging Areas）應優先選擇通風良好而且煙霧稀少的通風場所。火災如果發生在主甲板下的艙間，由於環境或結構上之限制，經常無法取得具有理想條件的集結區，則應盡量選擇火焰無法延燒而且能夠順利進行通信之處所。

4. 展開滅火行動

(1) 關閉與火場相通的通風系統或管道

　　展開任何滅火作業行動之前，應盡早關閉與火場相通的機械通風系統和自然通風管道，以便阻斷空氣之供應。但於必要而且可行之情況下，應設法開啟有利的排氣管道，藉以排除火場之濃煙與熱氣，例如：

機艙實施直接滅火作業：如圖 10-2 所示。

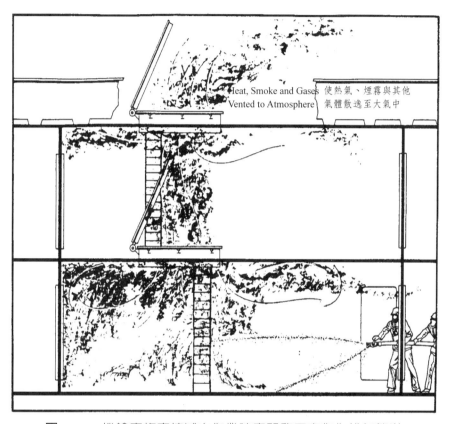

圖 10-2　機艙實施直接滅火作業時應開啓天窗作為排氣管道

(2) 採取防止火災蔓延之措施

　　　　船舶火災發生時，船上人員應設法採取能防止火災蔓延之各種有效

方法，譬如：

1) 以水柱或水霧冷卻火場附近的艙壁與甲板。

2) 將易燃物品移離火場。

3) 勿輕易開啓艙門。

(3) 進行滅火作業

　　　　針對船上各艙區火災所須實施的滅火作業方法與要領，將因其環境條件與火災種類之不同而異，其詳細內容請參閱 10-3、10-4、10-5 與 10-6 等章節內容。

　　　　其次，由於火場型態或性質之不同，船上的滅火作業可採用間接滅火或直接滅火等兩種方式，請進一步參閱 10-2-7 節內容。

(4) 清理火場

　　　　當火災被撲滅時，應盡速排散火場濃煙、抽除積水，並且徹底熄滅火苗與火燼。

(5) 監視火場

　　　　為防止復燃現象之發生以致前功盡棄，火災被撲滅之後仍須指派安全值更人員密切監視火場並且持續相當時間。於該監視作業期間，火場附近應備便水帶與太平斧等滅火器材。

5. 展開火場搜救作業

　　　船舶火災撲滅後，應迅速清查船員與旅客人數，若發現人員失蹤，則應展開人員搜救作業，相關之搜救技巧請參閱 10-2-3 節內容。

6. 火災傷患急救與照護

　　　火災發生後，經常造成人員死亡、昏迷、窒息、流血、灼傷或其他傷害，因而必須施行急救或醫療照護作業。有關傷患急救之基本知識與技能之詳細內容，請參閱第十三章。

10-2　船舶滅火作業原則與要領

　　船舶火災型態雖然不勝枚舉，但下列原則和相關操作要領，應可供作船上實施滅火作業之參考。

10-2-1　船舶滅火作業一般原則

1. 減速而且改變航向

　　　船舶減速航行時，可減少艙內空氣之供給壓力；改變航向則可使火焰盡

量吹向舷外，而使主甲板以上所發生之火災不致蔓延，故有利於滅火作業之實施和提升滅火效率。

2. 考量船體浮力與穩度

　　使用海水進行滅火作業時，如果發生大量海水被貨物吸收或積存於艙內等情形，即可能對船舶浮力與穩度造成不利的影響，甚至導致船體下沉或翻覆之危險，因此在實施滅火作業時，船長應隨時注意掌握下列事項：

(1) 船身的變化狀況。

(2) 積極排除艙內積水。

(3) 避免船體發生傾斜。

(4) 設法維持船舶穩度。

3. 報告準確船位

　　船舶火災發生而對外發送緊急遇險信息時，必須報告精確的船位與需要協助事項，以便救援機構所屬船艦或航空器能夠順利達成搜索與救助任務。如果遇險船舶發現其最初所發送的船位有誤時，應盡速發出後續信息予以更正。

4. 火災發生期間，船舶對內與對外的通訊聯絡過程均應詳細記錄，供作船長指揮作業或災後檢討之參考依據。

5. 火災發生時，船長應先下令召集船員和乘客並且清查人數；如果發現人員失蹤時，則應立即追查該失蹤人員之最後出現時間與地點，而後指派人員展開搜救行動。

6. 滅火作業期間，應隨時斟酌實際狀況並且有效地調整滅火策略或方法，始能盡早達成滅火目的。

10-2-2　滅火人員之作業守則

　　船上滅火作業人員應先安全地防護個人身體，避免火焰、濃煙、熱氣、有毒或有害氣體之傷害，始能進一步發揮滅火效率，茲將其所應遵守的個人作業守則摘述如下：

1. 穿著與配戴適當的個人安全防護器具，並隨時注意其是否處於可用狀態；即使配戴呼吸器具，在火場僅能解決呼吸問題，絕對無法達到防火目的。

2. 於火場進行各項作業的人員應盡量保持低姿勢，藉以降低熱氣與濃煙之侵襲，同時獲得較佳之視距。

3. 無論置身於何處，滅火人員隨時應提高警覺並且保持安全之撤退路徑。

4. 應妥善利用水霧保護滅火人員、冷卻火場溫度並且驅散熱氣與濃煙；使用時應利用上下或左右持續噴灑之方式。

5. 開門進艙之前，應先將其附近溫度予以冷卻；當開啓艙門時，為防止回火灼傷，操作者應背向艙門而且以一腳用力頂住，而後緩緩開啓之。在此過程中，必須利用水霧防護開門人員。

6. 人員於濃煙密佈之艙區行進時，應採用曳地方式緩慢前進，不可邁開腳步或快速行走。否則，極容易碰撞障礙物或誤陷坑洞，而發生不必要之人身傷害。

7. 滅火作業期間，各小組負責人員應隨時與全船控制指揮組或其他組隊保持密切連繫。

10-2-3　火場搜救技巧與要領

　　船上火災突然發生時，將會令人震驚甚至造成慌亂的局面。因此，滅火作業指揮官除應按照步驟採取必要的滅火措施之外，應迅速清查船員和乘客人數並且顧慮人員安全。若發現人員短少或失蹤，則應盡速派員進艙搜救並且協助遇險者脫離險境。茲將火場搜索與救助之技巧與要領摘述如下：

1. 配戴呼吸器並且完成面罩之氣密測試之後，搜救人員進入失火艙間，同時應攜帶防爆照明燈。

2. 搜救作業人員至少應兩人一組，不可單獨行動。

3. 搜救人員應以一隻手背觸摸艙壁，並且沿著艙壁前進或後退；另一隻手背應以朝前方式置放在臉部稍前位置，藉以保護面罩或試探前方有無障礙物存在。

4. 應將身體重心平均放置於雙腳而且曳步拖行，以免被凸出之障礙物突然絆倒或陷入凹洞之內。

5. 通過任何艙門時，必須確認該艙門不至於突然關閉之後始得繼續前進，以避免撤退路徑被阻絕。

6. 隨時與同伴或艙外人員保持聯絡。

7. 按照下列順序搜索每一艙間：

   (1) 門後：人員開啓任何艙門，應先對其附近仔細搜查。

   (2) 艙壁四周：人員進艙之後向右或向左開始沿著艙壁前進搜索。搜索時對於艙內設施或障礙物附近與上下部位，亦應詳細察看。

   (3) 艙間之中間：以橫越艙間之方式，來回搜索數次。

8. 人員受困之處理方法

   　如果搜索人員發現本身受困於艙內時，切勿過度驚慌或激動，應立即通知艙外人員。其次，坐下或躺下休息，以節省空氣瓶內空氣之消耗量，並且冷靜地等候救助人員抵達。當人員抵達時，受困者應以拍手或敲擊艙壁之方式，發出聲響以指示其所在部位。

9. 傷患搬運與吊救

   　搜索作業如發現傷患人員，則應協助其脫離現場。於搬運之前，必須對傷患之受傷種類和嚴重程度，詳細予以觀察評估，以決定適當之搬運或者吊救方法。

10-2-4　火場逃生要領

　火災發生時，受困於火場之人員不僅面臨高溫與濃煙之威脅，同時無法獲得正常之氧氣供給。因此，火場逃生時，必須遵守下列要領：

1. 決定逃生路線

   　船上人員平時必須對各層甲板通道與路徑等多予觀察並且熟悉之，始能於緊急狀況發生時，迅速決定通達上甲板之逃生路線。

2. 低姿行進

   　由於火焰及煙霧均向上發展，艙內底部有對流之空氣進入，故保持低姿前進，不僅溫度較低，而且能獲得較多的空氣用以支持呼吸。

3. 沿艙壁行走

   　沿艙壁行走之主要目的乃爲避免身體四周被火焰包圍，其次爲使逃生者較能判斷何處必須直行，而且何處必須轉向。

4. 減少身上暴露部份

衣服、防護衣著或沾濕之纖維製品等均可防止輻射熱灼傷，必須適當地加以利用。

5. 以濕毛巾掩護口鼻

沾濕水份之毛巾可過濾煙霧中之碳粒子，而使逃生者能呼吸到比較新鮮的空氣。

6. 穿著救生衣

當船舶火災無法控制而必須棄船時，則各船員必須利用救生艇筏展開海上求生作業。因此，火場逃生者必須穿著救生衣，以防萬一。

7. 於緊急且可行狀況下，可由舷窗逃生。

8. 保持鎮靜與具有堅定意志力。

10-2-5 熟練滅火水帶之操作要領

滅火人員若能正確地操作水帶，不但可減少疲勞，亦可防止不必要之意外。

水帶之握持方法，係將水帶挾於腋下，而後利用另一隻手直接握住瞄子藉以支持瞄子重量。

如果瞄子為多途或其他操控型式，則須利用一手緊握瞄子，而且利用另一手隨時操縱控制柄。

如果使用 2½ 吋水帶而且在全壓狀態下，則應有兩人同時握持瞄子，否則極易發生危險。此外，尚須於適當距離安排數人，交錯站立於水帶兩側並且握持水帶，藉使水帶能靈活操作或者避免扭折。

1. 水柱之使用

當火場範圍過大、火勢兇猛或者障礙物雜存，以致滅火人員不易接近火源時，應使用強勁有力且水量足夠之水柱，藉以冷卻火場並且壓低火勢，俾便人員能逐步接近火源。

滅火人員手持瞄子向前接近火源之際，上身必須保持前傾，而且身體姿勢亦應盡量放低，以減少熱氣之侵襲。其次，當人員停止前進時，應盡量彎曲一膝跪立於地，俾較能接近地面呼吸到較乾淨的空氣。水柱應直接噴向燃燒物體之表面上，火源之周圍另以水霧冷卻之。火熄滅之後，仍應監視一段

時間以防復燃，而撤離火場時仍應面向火場，緩慢後退離開。

　　至於所使用瞄子數量可視火災範圍、火勢強度及危急程度而定，而水泵之能量亦限制瞄子之使用數目[註二]。消防栓水壓若為 100p.s.i.，連接 2½ 吋水帶 200 呎而且瞄子口徑為 1 吋時，則每分鐘可排水大約 250 加侖，其有效射程為 75 呎左右。如果連接 1½ 吋水帶 200 呎而且瞄子口徑為 5/8 吋時，則每分鐘可排水大約 65 加侖，其有效射程僅為 32 呎而已。

2.　水霧之使用

　　水霧分高速水霧及低速水霧，可應用於大多數之火災。水霧可應用於進入灼熱之艙區時，藉以降低溫度、驅散煙霧，亦可用以冷卻艙壁或燃油櫃，如圖 10-3。可燃液體所形成之火災，不可使用水柱，但可使用水霧。

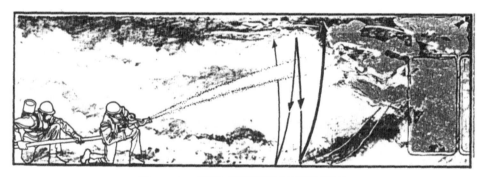

圖 10-3　使用水霧降溫及驅散煙霧

　　水霧之顆粒愈細愈佳，在許多情況下，滅火人員因受到火焰及熱氣之侵襲，而無法進入有利之滅火位置時，經常需要使用水霧在火場與滅火人員之間形成一道具有防護作用的水幕。

　　當人員欲從火源上方下降至火源之處，亦可先應用水霧向下噴灑火場藉以吸取熱量。無論如何，使用水霧時應將水霧始終噴灑在火焰與人員之間，勿使人體暴露於火焰之輻射及熱氣流之下。

　　水霧之水粒極細，而且噴灑面積大，故能迅速吸熱而發揮冷卻作用。其

[註二]：消防泵每分鐘可供水 5,000 加侖者，同時可供給 18 具 1½ 吋瞄子使用。

次，用水較省亦為其主要優點，例如：1½ 吋直徑三用瞄子上之噴霧器，每分鐘耗水量大約 54 加侖，2½ 吋者則約為 120 加侖；若使用水柱，1½ 吋直徑三用瞄子每分鐘耗水量大約 94 加侖，2½ 吋者則約為 250 加侖。

10-2-6　進入著火艙區作業

欲開門進入著火艙區時，至少須有兩人以上同時作業，最前方人員應採用低姿勢，並且利用一腳的膝部頂住艙門而後緩緩開啟之，始可避免艙門因艙內氣體膨脹而被衝開，導致火焰向艙外逃竄或人員被艙門擊傷之危險。

其次，在任何狀況下，船上人員除非已經備妥充足之滅火水帶或滅火器，否則切勿貿然進入著火艙間。

熱空氣會往上方飄升是眾所皆知之事實，因此從事滅火作業時，各人員應盡量保持與火源水平甚至更低之位置，始能位於熱浪之下方而且處身於較舒適之位置。

再者，滅火人員在熱浪與濃煙的侵襲之下而且無法尋獲較佳之撤退途徑時，若能在貼近甲板之較低部位匍匐行進，將是暫時保命之最有效方法。

此外，滅火人員應隨時確保撤退通路，其中最重要守則是千萬不可穿越火場進行滅火作業；任何人向火場挺進之前，應事先確定四周火焰已被撲滅，始能繼續前進，以防火焰自背後侵襲而陷身於火窟之中。

滅火人員進艙後，須將艙門開啟並且確實加以固定，以避免艙門突然關閉而阻絕人員撤退路徑或者截斷水帶之水流。因之，進行滅火作業的艙區，應指派人員看守艙門，藉以防範上述意外狀況之發生。

10-2-7　滅火作業方式

藉由熱之輻射、傳導和對流作用，火災通常會沿著通道和管線間向側面發展，或者沿著艙口和樓梯向上方發展；但在少數情形下，仍有可能經由管線間或甲板之傳導而向下方發展，如圖 10-4 所示。

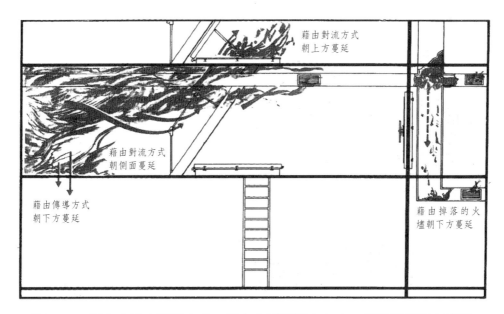

藉由對流方式
朝上方蔓延

藉由對流方式
朝側面蔓延

藉由傳導方式
朝下方蔓延

藉由掉落的火
爐朝下方蔓延

圖 10-4　船上火災之蔓延方式；船上火災可能向上方、側面甚至下方蔓延

由於火災之發展途徑取決於火場位置與其周遭的結構特徵，故於進行滅火作業時必須將此列入考量，始能更迅速達成滅火目的。一般而言，滅火作業雖然應依照所擬定之作業程序逐一實施；但於必要時，仍須根據火場環境的條件變化而調整其行動措施。

船上任何艙區發生火災時均應盡速採取滅火行動，藉以控制火災並且防止其朝向各方蔓延。至於滅火作業方式，則應依據當時的火場狀態採取直接滅火和間接滅火等兩種方式；雖然該兩種滅火作業方法的差異極大，若能應用得宜均可發揮預期之滅火效率。

1. 直接滅火作業

所謂直接滅火作業（Direct Attack Operation）係指滅火人員直接趨近火災現場並且散佈滅火劑之滅火作業方式，譬如：

(1) 利用手提式滅火器具撲滅小型火災。

(2) 利用高速水霧撲滅中型或大型火災。

該滅火方式對於初期的小型火災通常是安全而且有效的；如果已經蔓延

成中型或大型火災，滅火人員欲採用直接滅火作業的危險性與困難度，將會受火焰、熱能、氣壓以及濃煙等因素之影響而逐漸升高。

在火災已經蔓延之情況下，船上滅火人員如欲利用直接滅火方式撲滅艙間火災，必須配合採取妥善的通風措施，請參閱 10-2-8 之內容。

2. 間接滅火作業

所謂間接滅火作業（Indirect Attack Operation）係指滅火人員無法趨近火場而必須間接地將滅火劑散佈至火場的滅火作業方式，譬如：

(1) 利用消防水帶、瞄子與噴霧桿裝置，將低速水霧輸入已經封閉的住艙、貨艙或泵間控制室等艙區。

(2) 利用固定式撒水或噴水滅火系統，將水霧散布於住艙、泵間控制室或走廊通道等處所。

(3) 利用固定式 CO_2 滅火系統，將 CO_2 輸入已經封閉的貨艙、機艙、電機房、泵間控制室或儲藏室等艙間。

間接滅火作業之成敗關鍵取決於：滅火人員是否能夠有效地圍堵火場並且防止火災蔓延。因此，實施間接滅火作業之前，應設法關閉或阻斷通往失火艙區的空調系統、艙口、門窗以及任何通風管道，而後再從失火艙區的外部間接採取滅火措施，藉以發揮滅火效果，例如：

(1) 利用噴霧桿裝置或撒水滅火系統將水霧噴灑在已經封閉的住艙或走廊通道時，可迅速產生冷卻作用和窒息作用。

(2) 利用固定式 CO_2 滅火系統將 CO_2 輸入已經封閉的貨艙或機艙時，即可產生明顯的窒息作用。

10-2-8　失火艙區的通風管制措施

船舶火災發生時，滅火作業人員必須依據火災型態、失火艙區的環境條件以及所欲採用的滅火作業方式，對失火艙區實施有效的通風管制措施（Ventilation Control），促使艙內的毒性氣體、有害氣體、濃煙和熱氣等物質能夠迅速散逸至大氣之中。

依據研究資料顯示，火災導致船上人員死亡或人身傷害的最主要原因並非燒傷（Burning）事件，而是因下列情況所造成的窒息（Asphyxiation）事件：

1. 吸入毒性氣體或有害氣體；尤其在人員睡眠期間，火災初期（尚未產生大量濃煙或熱能的階段）所產生的一氧化碳或其他毒性氣體可能滲入住艙，而造成嚴重的傷亡事件。
2. 吸入過量的濃煙和熱氣。
3. 吸入缺氧的空氣。

　　採用間接滅火方式時，船上人員只要設法關閉通往失火艙區的所有通風管道藉以切斷空氣的供給途徑，即可從艙外將滅火劑輸入艙內。相對地，採用直接滅火方式時，滅火人員必須趨近火災現場展開滅火行動，如果火場的通風管制不當，則可能影響作業效率甚至造成人命傷亡的意外事故。茲將相關的通風方式介紹如下：

1. 垂直通風

　　船舶火災發生時，應盡速疏散艙區內的煙霧與熱氣，以避免形成熾烈火燄或產生大量的可燃氣體而致使火勢蔓延。在理想情況下，若將滅火劑噴灑在火場的底部，燃燒所形成的熱氣將聚集在火燄上方，如圖 10-5 所示。

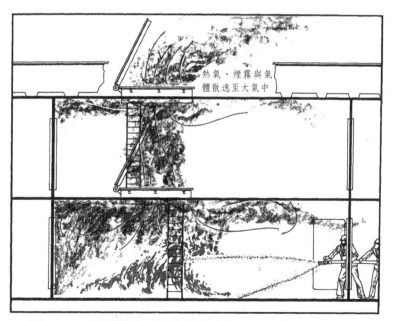

熱氣、煙霧與氣體散逸至大氣中

圖 10-5　垂直通風，使燃燒生成物朝上方散逸至大氣中

　　就船體的艙區結構而言，住艙、機艙或貨艙等艙間的垂直向上通風開口相當有限，因而可採用垂直通風（Vertical Ventilation）的機率極低。

2. 水平通風

　　受限於船體的艙區結構，水線上的住艙或儲藏室等失火艙間普遍採用下列方法實施水平通風（Horizontal Ventilation）：開啓上風側與下風側的門、窗和其他開口，利用空氣之對流作用驅除艙內的煙霧、熱氣和其他氣體，圖10-6 所示。

3. 聯合通風

　　水線下的艙間一旦失火，欲利用自然通風方式排除艙區內的煙霧與熱氣是比較困難的。如果能同時採取水平通風與垂直通風的聯合通風方式（Combination Ventilation）將會產生具體的效果；在艙口所形成的水平方向氣流因虹吸作用（Venturi Effect）而將艙內的煙霧和其他氣體吸引至甲板外，如圖 10-7 所示。另外，若能適當地設置移動式風扇，將加速氣體之流動；失火貨艙以外的艙區門窗應保持關閉，藉以隔絕空氣。

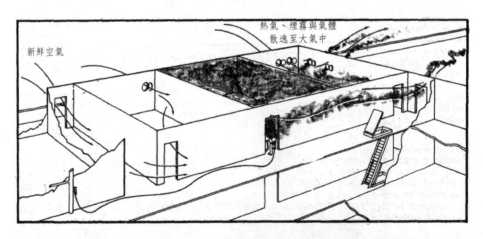

圖 10-6　水平通風，自上風側之門口、通道與舷窗等處引進新鮮空氣，促使艙內之熱氣與濃煙從下風側之開口或舷窗等處散逸至艙外

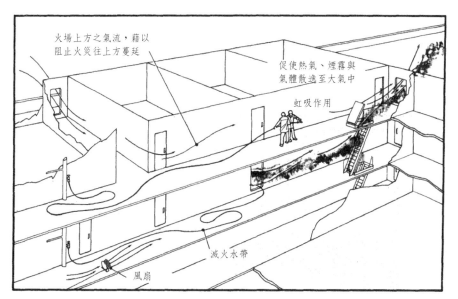

火場上方之氣流，藉以
阻止火災往上方蔓延

促使熱氣、煙霧與
氣體散逸至大氣中

虹吸作用

滅火水帶

風扇

圖 10-7 聯合通風，使火場上方產生氣流而將火焰生成物引導至相關甲板上方
並且從門道散逸至艙外

4. 機械通風

　　沿著走廊通道或在通往甲板的開口處適當設置移動式風扇，可協助驅
散或排除艙內濃煙與氣體，其設置方式應兼具送風和抽風作用；在某些情況
下，亦可利用鼓風機（Wind Blower）和帆布製通風筒（Windsail）將空氣
輸入艙內。

10-3　一般艙間滅火作業

　　無論何種船舶，其住艙、舨艙、儲藏間、廚房、機艙、機器間與鍋爐間等一
般艙間，均可能發生火災。通常，該艙間若位於主甲板以上，其火災較易處理，
但若位於主甲板以下之艙內，則較為棘手，尤其是 10-4 節所介紹的裝載大量易
燃貨品或危險液體氣體物質之油船貨艙。

10-3-1 住艙滅火作業

住艙之滅火作業必須講求速度，旨因其關係多數船員或旅客的人身安全；其次，由於住艙區大多位於主甲板上之各層甲板而且通風良好，火災發生後將迅速蔓延。有鑑於此，從事住艙滅火作業時，必須掌握下列要點：

1. 盡速關閉通風系統。
2. 關閉火場附近之所有防火或防煙門窗。
3. 備妥滅火設備器具，尤其是消防水總管滅火系統；即備便數量足夠的水帶於住艙四周。
4. 倘若火災係發生於艙門附近或對側，則不須開啟艙門，只要設法打碎門板底部，並且伸進瞄子冷卻近處地板，使其熱度下降，而後再稍稍開啟艙門而且上下左右擺動瞄子冷卻其頂板，如圖 10-8。
5. 當時機成熟時，滅火人員進艙直接循序向前方甲板噴水，藉以冷卻周圍溫度。

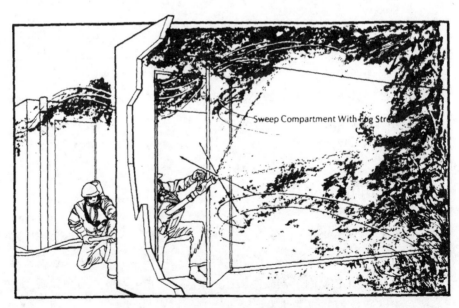

圖 10-8 上下左右擺動瞄子利用水霧滅火

6. 滅火人員應注意周圍環境，愼防自窗後、通風管路、或後方突然出現之火焰。

7. 若大部份住艙區已陷入火場時，則根本方法是將火場全面困住以限制其發展，而不是在火場內朝某個方向滅火；否則，火焰只會從某一區轉移到另一區而已。

8. 將火災遏止之後，必須漸次接近且徹底撲熄火焰，始能達成最終任務。

9. 在任何情形之下，切勿隨意打碎或開啓艙門、舷窗或通風口等，除非現場指揮官認爲必要時。

10. 住艙火災被撲滅之後，尚應愼防餘燼復燃，故應於徹底冷卻後，盡量將可能復燃物質清離現場。

　　此外，如果情況許可時，住艙火災亦可由舷外自舷窗灌救；例如：從住艙頂部利用升降裝置貼近住艙外牆而進行滅火，或利用消防船在船邊進行滅火。

10-3-2　舭艙滅火作業

　　舭艙位於機艙下方，乃匯集各層甲板污水之艙間，經常含有相當數量之廢污油。尤其該艙之上方係爲燃料油管路必經之處，如果管路存在破損或漏裂之瑕疵，則更增加火災之危險性。

　　當舭艙火災發生時，所應採取之作業要點如下：

1. 舭艙火災屬於 B 類火災而容易迅速延燒。因此，發現者或滅火作業人員應隨時注意其側面與後方，以防止火焰突然竄升。

2. 滅火作業時，應盡早關閉所有通往機艙之通風系統、艙門與艙口。

3. 舭艙火災可先利用手提式二氧化碳或化學乾粉滅火器予以控制或撲滅。

4. 備便消防水總管滅火系統並且完成水帶之佈線工作，俾便於手提式滅火器作業失效時，能即時利用水霧滅火。

5. 舭艙火災即使已經撲滅，亦不可立即開啓通往機艙之各通風管道。

6. 於必要時可啓動固定式二氧化碳滅火系統，而使機艙瀰漫適當濃度之窒息氣體，以防止火災復燃。

7. 重新開啓瀰漫著二氧化碳氣體之機艙的通風管道之前，應先由兩個配戴呼吸器、防護衣著與照明燈之人員，如圖 10-9，進艙詳細檢查火場並且確定火災

Escaping Carbon Dioxide
使散逸二氧化碳

Engine Room Flooded With Carbon Dioxide
機艙內充滿二氧化碳

圖 10-9　重新開啓機艙艙門之前，應先完成檢查

已完全熄滅之後，始得為之。

10-3-3　機艙與鍋爐間滅火作業

機艙環境裡經常有大量之易燃液體物質，而且該等物質經常處於被加熱或加壓之狀態，因此，油類火災一旦發生，往往會迅速釀成嚴重之火勢，甚至可能引發爆炸。

其次，由於有些油料溫度超過 288℃時，則可能產生自燃現象；而機艙中過熱之蒸氣管、柴油機排煙管、軸承或鍋爐等部位，經常可達到該溫度以上，故而增加火災危險。至於機艙滅火作業時，所應注意之要點如下：

1. 油類物質燃燒時，會產生高熱與濃煙，宜迅速採取滅火行動，始能避免爆炸之危險。
2. 如舯艙滅火作業一般，於不同階段可分別採用手提式滅火器、水帶之水霧或者固定式滅火系統等滅火方法。

3. 假如機艙火災無法利用手提式滅火器予以撲滅，則應於關閉其所有通風系統與管道之後，以下列兩種方法撲滅之：

(1) 利用水帶瞄子所產生之水霧，發揮冷卻作用。

(2) 利用固定式滅火系統，發揮窒息作用。

4. 機艙火災使用水霧較泡沫理想，因為機艙環境複雜且高低不一，不容易以泡沫完全覆蓋之。

5. 如果決定利用水霧滅火，則水帶之路徑最好經過鍋爐間或大軸艙。同時，當通往機艙之所有艙門與通風口等處關閉之後，應將機艙頂部之通風管或天窗等完全打開，俾便排散濃煙、熱氣或火焰；否則，滅火人員將飽受威脅而無法順利展開滅火作業。

6. 鍋爐間火災亦以 B 類火災為主，滅火人員從事滅火作業時，不得位於較高之處所。否則，不但無法順利達成滅火目的，更有被火焰灼傷之危險。

10-3-4　普通貨艙滅火作業

船舶之貨艙失火時，因其位於主甲板下方而產生大量濃煙，故經常被船員誤會火勢已相當嚴重。事實上，貨艙失火時，只要迅速將水帶拉至火場，並且利用水柱或水霧對其頂甲板或四周艙壁予以冷卻，即可發揮控制火災蔓延之效果。

然而，失火貨艙如為滿載之情況，滅火人員往往無法接近下層之火源，除非貨艙內設有安全通道，並且在主甲板上有直梯可通至艙底。

由於船舶種類不同，貨艙火災之性質亦不一而足，茲僅就其滅火作業時必須注意事項扼要敘述如下：

1. 裝載穀物、農產品或化學原料等物品之散裝貨船，其貨艙火災大多屬於悶燒火災，故不易形成明顯之火焰。當船上人員欲下艙探尋火源時，必須配戴防護裝備；於腰間繫上索端固定於主甲板屬具上的安全索；艙口亦須指派人員負責守望艙內活動或通訊事宜。

2. 若貨艙內之火源位於底部且靠近艙壁時，應設法將其上方之貨物搬離貨艙外，同時迅速撲滅火源，藉以防止火災波及鄰艙。

3. 客船之貨艙通常位於住艙底層之下方或後方艙間。因此，其貨艙火災必須盡速予以撲滅，以免危及旅客或船員之人身安全。

4. 裝載桶裝貨物之貨艙火災，水霧乃為最佳滅火方法。其次為泡沫或二氧化碳氣體之應用。

5. 任何裝設有固定式滅火系統之貨艙，平時均須重視系統設備之維護保養工作，藉以確保其性能與效率。

10-3-5　儲藏間滅火作業

　　船上之儲藏間大多位於主甲板附近之小艙間，諸如水手長間（Boatswain's Lockers）、錨鏈艙（Chain Locker）或油漆間（Paint Lockers）等，通常該等艙間均未設置固定式滅火系統，故於滅火作業時，必須下列措施：

1. 啟動警報系統，並且確定火災種類為 A 類或 B 類；除油漆間外，其他儲藏間火災多屬於 A 類。

2. 直接取用配置於各儲藏間附近之手提式滅火器，控制火災或予以熄滅。

3. 如果前述滅火作業無法奏效，則應設法關閉艙門或艙口。

4. 油漆間如果僅冒出淡煙，可能係為沾油的碎布或繩索等所引起之悶燒火災，故可利用手提式化學乾粉或水系滅火器從事滅火。

5. 油漆間如果冒出濃煙，則應屬於 B 類火災。此時，最有效之滅火方式為立即關閉艙門，而且對艙內灌充二氧化碳氣體，藉以發揮窒息作用。

10-3-6　機器間或電器房滅火作業

　　基本上機器間或電器房火災於 C 類火災，其滅火作業要點為：

1. 設法關閉電源開關；其目的為避免滅火人員觸電，以及防止火災擴大。

2. 取用手提式或半固式的二氧化碳或海龍滅火器進行滅火，如圖 10-10。

3. 由於該等艙間於火災發生後，相當容易形成缺氧狀態。故滅火人員進艙滅火時，至少必須配戴呼吸器具。

4. 雖然化學乾粉亦可應用 C 類火災，但容易於使用後在電器設備之組件上，形成難以刮除之殘餘物，以致影響其正常運作，故應盡量避免使用。

5. 滅火作業完成之後應立即關閉艙門或相關之通風管道，期使能產生較佳之窒息效果。

圖 10-10 利用手提式滅火器撲滅 C 類火災

10-4 油輪滅火作業

所謂液貨船係泛指原油裝載船（Crude Oil Carriers）、油品裝載船（Refined Oil Products Carriers）、化學品專用船、LPG 與 LNG 等承載液體與氣體物質之船舶，有關該等危險品之防火與滅火作業原則與要點，均須遵守國際海上危險貨品運送規則（IMDG Code）[註三]之規定，其摘要請參閱附錄十之內容。

至於油輪上可能發生火災之處所，除了 10-3 節所介紹之一般艙間外，尚可

[註三]：IMDG Code 係 IMO 根據一九七四年 SOLAS 國際公約第Ⅶ章危險貨物運送（Carriage of Dangerous Goods）之規定所制定者，所謂危險貨品可區分為：(1) 爆炸類物質，(2) 壓縮、液化或可溶化氣體物質，(3) 可燃性液體物質，(4) 可燃性固體物質，(5) 易氧化物質，(6) 毒性與傳染性物質，(7) 輻射性物質，(8) 腐蝕性物質與 (9) 其他，共計九大類十七種。

能發生於油貨艙、泵艙、甲板上或船體四周海面。

10-4-1　油貨艙滅火作業

油貨艙火災爲表面燃燒者，開始燃燒時，熱度僅及於接近表面之油層；例如燃燒歷經 10 分鐘後，油貨溫度達到著火溫度者亦僅及於油面下約 1 吋之深度而已。故若能及早採取行動，而將其溫度迅速冷卻，則可達到滅火目的。有關其減火作業，至少必須掌握下列要點：

1. 啓動警報器，如在港則尚須通知港務單位。
2. 關閉貨艙頂蓋、油隙尺孔塞、清艙口、量油井及壓力眞空閥。
3. 開啓失火油艙之固定 CO_2 或惰性氣體系統主閥；關閉通往其他油艙之管路閥，並使鄰近艙櫃獲得保護。
4. 用水霧冷卻鄰近之甲板、艙壁及屬具。
5. 如果通往該艙之空氣無法切斷時，則可將泡沫自艙頂噴入覆蓋滅火；然而此法較適用於滿載或近乎滿載油貨之貨艙。對於空艙而言，泡沫不可能完全覆蓋所有沾有油料之艙底；在此一情況下，較適宜採用高速水霧進行滅火。

10-4-2　泵艙滅火作業

油船之泵艙發生火災或爆炸之主要原因概如：

1. 因油類物質漏入泵艙並且匯集至其底部之舱艙。
2. 因泵間通風不足，不能使油揮發氣濃度保持在爆炸下限之下。
3. 由於貨艙之軸承或其他部位過度磨擦，以致溫度升高至足以使油氣或液體產生自燃火災。

泵艙火災因發生在艙底，故其滅火工作較爲困難，至於作業要領包括下列各項：

1. 自艙頂垂下裝有多用途噴嘴的水帶，並將瞄子置於噴霧位置，利用水霧發揮冷卻以及窒息作用。
2. 如泵艙內裝有固定式撒水滅火系統時，則應立即啓動之。
3. 如在泵艙裝有固定 CO_2 滅火系統或泡沫滅火系統時，當上一方法試用失敗後可予使用，但使用前一定要先將泵艙氣密並關閉通風。新式船上於使用該等

系統時，其通風系統會自動關閉。

4. 上述固定系統使用後，務必將緊鄰的貨油艙內充以惰性氣體，並將周圍的甲板部位利用水霧冷卻。假使泵艙與機艙緊鄰，其中間的隔艙亦要用水霧冷卻。

5. 火撲滅之後，要有足夠的冷卻時間，才可將艙打開。如果可能，最好要等候數小時之久，以免其復燃。

10-4-3　甲板滅火作業

1. 甲板上之油火，大多由於油艙溢油或油管漏油所造成者，故滅火作業之第一步驟爲立即停止裝卸或輸送油貨之相關作業，期使漏油現象能盡早停止，以防事態擴大。

2. 盡快關閉任何通往貨艙之管帽或開口，以防甲板火災蔓延至油貨艙內。

3. 如因甲板火焰之威脅，以致部份管帽或開口無法關閉時，則應噴灑水霧保護之。

4. 甲板油火最好利用泡沫作爲滅火劑。

5. 如果有大量化學乾粉，對甲板油火亦具功效，但應由上風方向接近。

6. 如果甲板尚有未發生火災之油類物質時，則應使用泡沫將油污覆蓋、或使用水霧驅散、或直接小心使用輕便式鼓風機將油氣驅散，但不要吹向火勢位置。

7. 如煙火甚烈且吹向滅火人員時，則應使用呼吸器。

8. 火熄滅後應注意防止其復燃。

10-4-4　船體四周海面油火之滅火作業

　　油船碰撞或觸礁以致海面浮油著火時，船舶應向上風處慢速後退，藉以脫離海上火焰。若主機損壞，則船體將隨浮油漂泊而始終陷入火海之中，此時應立即拋錨，讓浮油隨波逐流而去。

　　其次，亦可使用泡沫直接射向船舷或盡量靠近船舷，使泡沫順著外舷均勻地蓋住燃燒中之油類。

　　再者，於某些情況下，如果船上備有足夠的機械泡沫，亦可將泡沫噴嘴對準

海面燃油之邊緣射去，以便形成一股表面流，而將油類物質逼離船舶。當使用上述方法時，應考慮風及流之方向。如風與流同向，則應從上風處施用；如風與流逆向時，則應選擇較強之一方施用。

10-5 貨櫃滅火作業

貨櫃運輸是目前海上貨物運送之主要方式，貨櫃船上各種不同包裝形式之貨物，雖然堆存於通風不良之貨櫃之中，但發生火災之情況，亦屢有所聞，茲將其滅火作業要點扼要說明如下：

10-5-1 甲板上貨櫃火災之滅火作業

1. 查看該失火貨櫃是否貼示裝載危險品之標籤，並且由貨物艙單（Cargo Manifest）上詳細查知該失火貨櫃以及其鄰近貨櫃所承裝之貨物。
2. 先利用水霧冷卻失火貨櫃之四周，以防止熱量傳導。
3. 如果確定水是最有效之滅火劑時，則應立即設法在失火貨櫃上鑿開一個洞口，並且利用尖形噴嘴將水霧噴灑至櫃內。
4. 倘若貨櫃內之貨物為貴重物品或者不適宜沾水者，則應設法將 CO_2 氣體灌入櫃中，並於灌充完畢後堵住洞口。嗣後，每兩小時應重覆灌充 CO_2 氣體一次，直至火災窒息為止。

10-5-2 大艙內貨櫃火災之滅火作業

1. 由貨櫃船大艙之煙霧偵測系統發現火警訊息之後，須先確定火災發生部位，並且召集全船人員備便滅火行動。
2. 開啟失火大艙之小艙口，察看大艙溫度以及煙霧濃度。
3. 如果溫度不高、煙霧不大而且能見距超過 15 公尺之情況，則應指派兩人配備呼吸器具、繫上救生繩、手提照明燈等裝備，進入艙內一探究竟。同時，應指派另一組人員備妥水帶隨後進入大艙，藉以掩護探查人員或於可行時即刻採取滅火行動。
4. 如果開啟小艙口後，發現艙內溫度過高、濃煙密佈而且能見距小於 15 公尺，

則應立即封閉大艙，開啓固定式二氧化碳滅火系統。

10-6 停航船舶之滅火作業

船舶停航期間萬一失火，其危險程度大小殊難預料。若船上留駐人員看守，可能因人員使用電燈或電器不當，而突然增加火災之機會；若船上無人駐守，雖可降低人爲失火之可能性，但火災一旦發生時，則無法立即被發現。

其次，由於停航船舶之機艙已停止運轉，當火災發生時，不僅許多固定滅火系統無法啓用，而且亦無適當滅火人員可資調派。此時，唯有仰賴岸上消防設備、人力或消防船之支援救難。因此，停航船舶至少必須採取下列措施，俾便滅火作業能較順利進行：

1. 靠泊於碼頭之停航船舶應自岸上接通電源，並且利用水帶接通岸上水源。
2. 繫泊浮筒或錨泊之停航船舶，除應備便足夠之手提式滅火器之外，尚須將輕便型消防水泵備便，而且將附近之水艙裝滿海水，俾便水泵運轉之。而同時，亦可考慮將水泵出水管路接至船上之固定撒水系統之主管路，唯必須事先評估其水壓是否夠大。
3. 露天甲板以及第二甲板之艙口蓋均應確實封閉；即使爲了方便通風作業之進行而須將艙口蓋打開，亦應於作業完成後恢復關閉狀態。
4. 停航船舶之舷窗與通風口皆應關閉，以防其他傍經之船舶煙囪或不明原因飄來火燼，而引起無謂之火災。
5. 停航船舶之貨艙、廚房與倉庫等處，均應盡量打掃乾淨。例如：貨艙內之煤炭容易自燃；倉庫內蔬菜容易腐敗而產生沼氣。
6. 停航船舶上之駐守人員，應瞭解與岸上港務局或消防單位之聯絡方法與程序。
7. 若船舶因進塢修理而停航者，則應利用國際標準接頭與水帶將岸上水源接至船上，以備不時之需。

10-7 船舶火災之調查與報告作業

　　船舶火災屬於錯綜複雜的意外事件，調查人員經常需要花費相當的時間與心血，始能鑑定起火點位置或火災原因。任何船舶火災如果無法獲得清楚的鑑定結果，均將淪為懸疑案件，甚至可能引發其他權益方面的糾紛。

　　火災一旦發生，其所產生的燃燒熱能可能破壞或毀滅現場的物證（Physical Evidences）。一般而言，火場規模愈大或燃燒時間愈長時，現場可能留存的物證愈為稀少，甚至完全掩滅於灰燼之中。其次，滅火人員在實施人員救助、撲滅火災、分解檢查或財產搶救等作業時，亦可能損毀某些現場的物證或資料。

10-7-1 船舶火災之調查權責

　　船舶火災調查的權利和責任歸屬問題，取決於船舶所具有的事實條件甚至火災發生地點等因素，茲將相關的規定重點歸納如下：

1. 船旗國政府對於註冊船舶所發生的火災，具有絕對的調查權利並且應負擔調查責任。

2. 任何具有正當性與合法性的民間權益機構，均得對船舶火災主張調查權利並且展開調查作業；例如：船東和保險公司。

3. 船舶在港區發生火災時，當地消防機關應負擔調查責任而且展開調查作業。同時，當地港務機關亦有權介入調查工作並且負擔監督責任。

4. 如果船舶火災的傷亡人員屬於同一國籍，該國家政府有權主張以 IMO 849（20）號決議案所定義之「利害關係國（Interested State）」身分，介入與展開火災調查工作。

5. 船東和保險公司等非官方機構擁有船舶火災之調查權限，但不得超越船旗國政府、港務局或其他官方機關。

　　由上述規定明顯可見：船舶火災發生之後，官方機關或民間機構等利害關係者，均可能指派代表人員對船上展開火災調查和蒐證工作。該等人員如果無法互相進行密切的溝通、協商與合作，將會增加相關作業之困難度或妨礙工作進度。

　　如果調查結果證明船舶火災屬於人為的縱火事件，政府執法機關應立即對該

犯罪行為進行偵查和蒐證工作。為方便執法機關人員的作業需要，不僅船方應開放火災現場，各從事火災調查的單位亦應配合提供相關物證與資料；在物證與資料之轉移過程中，執法機關應負擔保全與返還之責任。

在特殊情況下，為期使事故性與犯罪性的調查結果能夠互相佐證，以便能持續進行更深入的調查作業，政府執法機關可能需要與船旗國政府、當地港務機關、船東和保險公司等組成聯合調查小組。

10-7-2　調查結果之確認

船舶火災調查人員所作成的意見或結論，基本上必須接受各方之合理挑戰並且通過檢驗。有鑑於此，美國 NFPA 在編號 921 之「火災與爆炸調查作業指引（Guide to Fire and Explosion Investigations）」中，將評量火災調查結果之信任度等級分為下列四級：

1. 可信度極高（Conclusive）：經調查、蒐證與檢驗之後，調查人員排除任何可能引起火災之因素，並且證實其發生原因與呈現相關證物。
2. 可信度高（Probable）：經調查、蒐證與檢驗之後，調查人員所呈現的證據可信度超過 50% 以上。
3. 可信度低（Possible）：調查人員對於所蒐集的事實，已經瞭解其可能發生的原因，但卻無法進一步確認屬於哪一項。
4. 可信度極低（Suspected）：在主觀的認知之下，調查人員雖然懷疑某些肇事原因，但卻無法提出足夠的數據資料加以佐證。

10-7-3　船上火災調查作業

船舶火災發生之後，船旗國政府、當地航政主管機關、船長、船公司主管人員以及民間權益機構均應依規定展開合法的調查活動。茲將船長進行火災調查作業時，必須詳細蒐集的證據和資料列舉如下：

1. 如何發現火災。
2. 何時啟動火災警報信號。
3. 聽到火災警報信號時，所採取之初步措施為何。
4. 通知船長之正確時間。

5. 火災發生之部位與火災種類。

6. 火災現場的第一位目擊證人。

7. 最先採行之滅火行動為何。

8. 滅火作業時，使用多少個人裝備，例如消防衣、防火衣或安全頭盔。

9. 滅火作業時，使用多少器材設備，例如滅火器或水帶等。

10. 滅火作業時，動員多少人力。

11. 何時將火災撲滅。

12. 死傷人數為何。

13. 財產損失為何。

14. 火災撲滅後，如何監視火場。

15. 船舶於火災發生後，無法運作之程度。

16. 分析災情。

17. 判斷火災原因。

18. 建議事項。

10-7-4　火災報告作業

火災調查作業完成之後，各調查者必須根據所蒐集的證據與資料，整理歸納出一份完整之報告書，其項目包括：

1. 火災事件之時程表。

2. 採取行動之時間表。

3. 火災之事實與經過。

4. 消耗使用的滅火器材與設備。

5. 參與滅火作業之人員名單。

6. 消防人員作業時，所使用的消防衣著與壓縮空氣呼吸器等個人裝備之數量。

7. 火災造成的財產損失。

8. 船舶因火災而無法運作之情況如何。

9. 作成報告結論，主要項目包括：火災事件之分析與討論結果、避免事故重演之建議事項以及其他有效的改進事項等。

10-8　本章結語

　　船舶滅火作業實務，著實無法詳盡完善地逐一加以介紹，上述所列舉者亦唯能供作參考而已。當船舶火災發生時，船上人員如何始能發揮最有效率之滅火作業，基本上，至少必須先掌握下列事項：

1. 瞭解滅火步驟。
2. 採取正確的初步措施。
3. 實施適當的滅火措施。
4. 熟悉滅火原則以及作業要領。
5. 研讀船舶火災案例，藉以吸取教訓經驗。

第三篇　船舶火災演訓與人員安全篇

第十一章　滅火人員之安全防護裝備與設施

　　實施滅火行動、清理火場或人員搜救等作業時，滅火人員極容易遭受高溫、有毒氣體、有害氣體或濃煙之威脅，而無法接近或深入火場展開必要的作業措施。因此，滅火人員經常需要藉助於呼吸器具、消防衣著、防火衣著、救生索、可燃氣體偵測器、火焰安全燈、太平斧甚至於防火艙壁、防火門與防火擋板等安全防護裝備、器具、結構或設施之協助，始能有效地達成各項火場作業目的。

　　依據一九七四年 SOLAS 國際公約之規定，滅火人員所應具備之安全防護裝備或器具至少應符合下列要求標準：

1. 具有防止皮膚灼傷、燙傷與防水等功能之防護衣。
2. 利用不導電材料製成之靴子和手套。
3. 能防止撞擊之硬頭盔。
4. 能點亮三小時以上的手提式核定型照明器具。
5. 太平斧。
6. 能使用三十分鐘以上的自給型壓縮空氣呼吸器並且配置備用空氣瓶；若無此項裝備，應以附有空氣軟管 36 公尺以上的核定型防煙面具替代之。

11-1　呼吸器具

　　呼吸器具（Breathing Apparatus）可對在火場中從事作業活動的人員供給空氣或氧氣，故而應依規定存放在操舵室、機艙或泵間等艙間的入口附近或其他容易取得之處所；若放置於儲存櫃內，應在櫃門上明顯標示「呼吸器具」等字樣。其次，船上人員平時應注意呼吸器具之保養與維護，並且確保其處於立即可用之良好狀態。再者，為促使船員熟悉呼吸器具的正常操作與使用方法，應定期實施下列訓練事項：

1. 解說船上各類型呼吸器具的功能、應用場合與相關限制。

2. 示範與解說裝備操作方法、面具配戴步驟與配戴後之氣密測試方法。

3. 緊急狀況之模擬演習。

4. 說明裝備之正確存放方法並且練習實作。

　於介紹呼吸器具之前，本節擬先就呼吸之生理現象稍作說明，俾使各使用者能具有正確的基本認識。

11-1-1　人體之呼吸生理

　人體依賴空氣中之氧氣維持生命，氧氣在人體內的作用過程相當複雜，必須利用許多醫學術語，始能完整地說明清楚。茲僅以最簡單的方式闡述如下：若將人體喻為一具含有無數小型化學機件之整合體，其依靠燃料與氧氣以維持各機件之運轉，並且將廢氣排出。當人體進行走路、睡覺、吃飯或呼吸等活動時，體內所謂的小型化學機件便會啟動，而且必須仰賴氧氣與燃料之供應；燃料之供應來自消化系統，而氧氣則來自於呼吸器官。由肺部所吸進之氧氣，藉由肺部通往各肌肉或器官之血管，而輸送至人體各部；氧氣藉大動脈到小動脈，而至遍佈全身之微血管。由於微血管之管壁極薄，透過管壁可將氧氣輸出，並將二氧化碳吸收。

　人體活動所需要的空氣消耗量，將依活動方式與程度之不同而異，請參考表11-1 所示資料：

表 11-1　人體活動方式與空氣消耗量之關係表

活動方式	床上休息	站立休息	行走時速 2 哩	行走時速 3 哩	行走時速 4 哩	行走時速 5 哩
每分鐘之氧氣消耗量（升）	0.327	0.328	0.780	1.065	1.595	2.543
每分鐘之空氣消耗量（升）	7.7	10.4	18.6	24.8	37.3	60.9
每次呼吸之空氣消耗量（升）	0.457	0.612	1.27	1.53	2.06	3.14
每分鐘之呼吸次數（次）	16.8	17.1	14.7	16.2	18.2	19.5

註：28.3 升 =1 立方呎

　　人體處於休息狀態時，氧氣之消耗量較低，每分鐘之呼吸次數約為 15 至 18 次；若處於工作或興奮狀態下，每分鐘之呼吸次數將增高至 30 次或更多；從事費力之工作或處於驚恐狀態時，其氧氣消耗量將會急遽增加，若僅靠鼻孔呼吸可能無法獲取足夠的氧氣，因而必須同時利用嘴巴協助呼吸。

11-1-2　呼吸器具

　　船用呼吸器具係由面罩（Face-piece）、身套（Body Harness）、氣體鋼瓶與供輸管線等組件所構成者。面罩為將氣體供應至使用者呼吸器官的末端組件，其類型可區分為單管型與雙管型等兩種；其構造零件包括：頭套（Head Harness）、進氣軟管（Inhalation Tube）、呼氣閥（Exhalation Valve）、透明目鏡（Lens）、鼻杯（Nose Cup）與洩壓閥（Pressure Relieve Valve）等部份，如圖 11-1 所示。

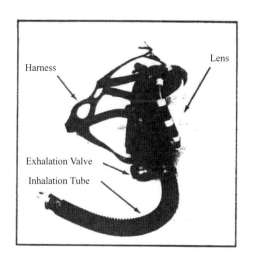
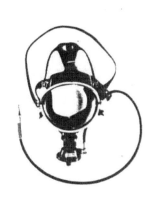

圖 11-1　呼吸器具之面罩

1. 面罩配戴方法

　　　使用者配戴呼吸器的面罩時，不但應確保其氣密而且應講求舒適，故必須按照下列步驟反覆練習，如圖 11-2：

(1) 利用單手抓取面罩下端並且套入下顎部位。

(2) 將另一手放置於頭套
　　與面罩之間。

(3) 將頭套往上拉至後腦
　　杓部位。

(4) 拉緊並且調整下顎部
　　位之頭套帶。

(5) 拉緊並且調整兩耳側
　　之之頭套帶。

(6) 拉緊頭部上方之頭套
　　帶。

(7) 進行氣密測試。

2. 面罩之維護

　　　為確保面罩之可用性
並且防止感冒或呼吸疾病
之傳染，任何面罩使用之
後均應予以清洗，其方法
是：

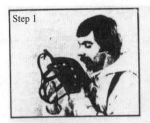

圖 11-2　呼吸器面罩之配戴步驟

(1) 先在含有除污劑的
　　38℃溫水中浸泡三十分鐘。

(2) 利用海綿或軟毛刷加以清理。

(3) 再使用清潔淡水洗淨。

(4) 最後用布擦乾。

　　其次，等面罩完全乾燥時，應將每條頭套帶盡量鬆開，而後將頭套外翻
至面罩前方，然後放置於儲藏箱中的指定位置。

11-1-3　呼吸器具之類型

船上所使用之核定型呼吸器具主要可分為三大類型：

1. 自給型呼吸器

　　　自給型呼吸器（Self-Contained Breathing Apparatus, SCBA），因可供

給使用者氧氣或空氣，故又可區分爲下列兩種：

(1) 氧氣呼吸器

　　氧氣呼吸器（Oxygen Breathing Apparatus, OBA）不可應用於含有可燃性氣體或液體之艙間，只能在機艙內使用，故應在其鋼瓶上明顯標示「僅限機艙使用」的字樣。

　　目前船上所使用的氧氣呼吸器有氧氣鋼瓶型（Oxygen Cylinder Type）與自動產氧型（Self- Generating Type）等兩種。圖 11-3 所示之氧氣鋼瓶型呼吸器的構造組件包括：面罩、進氣管、出氣管、減壓閥、呼吸袋（Breathing Bag）以及氧氣鋼瓶等。該呼吸器具被開啓時，鋼瓶所釋放的高壓氧氣約爲 125 至 135 大

圖 11-3　氧氣鋼瓶型呼吸器

氣壓力，必須先經由減壓閥降至 3p.s.i.（大約 $0.2kg/cm^2$）左右，而後輸送至呼吸袋中經由進氣管供給使用者使用。

　　呼吸袋內的氣壓如果降至 7p.s.i. 以下，減壓閥將會失效而促使安全汽笛發出聲響警報信號。此時，使用者應立即開啓旁通閥（By-Pass Valve），關閉鋼瓶開關，並且撤離現場。另外，氧氣鋼瓶附有標示大氣壓力讀數的壓力錶，若使用者發現其指針指向紅色區，乃表示鋼瓶氣壓已降至 15 個大氣壓力以下，則應立即設法撤離至安全處所。

　　如圖 11-4 所示之自動產氧型呼吸器，係由面罩、進氣管、出氣管、呼吸袋、化學液體罐（Chemical Liquid Canister）與其支架等組件所組成，其運作方式，請參考圖 11-5 和下列說明：

① 當使用者呼氣時即可使 CO_2 氣體經出氣管進入化學液體罐之內。

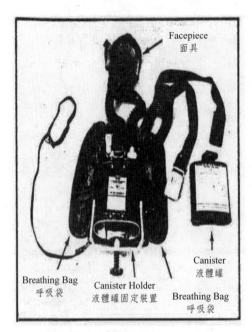

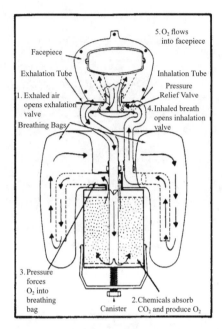

圖 11-4　自動產氧型呼吸器

圖 11-5　自動產氧型呼吸器之運作方式

② 罐內之化學液體可吸收 CO_2 氣體，並且經化學反應作用而產生氧氣。

③ 氧氣輸送至呼吸袋。

④ 當使用者吸氣時，即可自動開啓進氣管內之進氣閥。

⑤ 氧氣輸入面具內供使用者使用。

(2) 壓縮空氣呼吸器

　　壓縮空氣呼吸器（Compressed Air Breathing Apparatus，簡稱 CABA）之構成組件與氧氣鋼瓶型呼吸器十分相似，兩者之間的主要差異爲 CABA 鋼瓶內所充裝的氣體爲壓力高達 1,200p.s.i.（約 $81.6kg/cm^2$）之壓縮空氣。

　　依 SOLAS 國際公約規定，該類型呼吸器之供氣時間至少須能維持 30 分鐘以上；其容量至少應爲 40 立方呎。其次，鋼瓶所釋放的高壓空氣須經減壓閥降至 3p.s.i. 左右的壓力而後輸入呼吸袋。有關該類型呼吸

器的操作和使用方法,謹請參閱圖 11-6 與下列說明:

① 打開容器箱蓋並且取出呼吸器。

② 檢視鋼瓶壓力錶,確定其指針指在滿壓位置。

③ 使用者跪立於地,將雙手分別穿入肩帶與鋼瓶支架間,然後舉起呼吸器使越過頭部,並使其滑落背後。

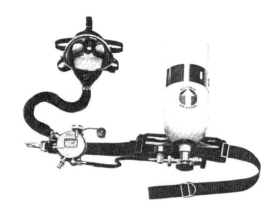

圖 11-6 壓縮空氣型呼吸器

④ 調整肩帶之鬆緊度。

⑤ 使用者起身站立,抖動身體使鋼瓶座落於最舒適之部位,而後固定胸帶。

⑥ 拉緊腰帶並且固定之。

⑦ 配戴面罩並且檢查是否氣密。

⑧ 打開進氣管之調節器,同時旋開主閥門。

⑨ 可正常呼吸後,進行旁通閥測試;即旋開旁通閥,若有一股氣流衝進面罩,則表示該呼吸器已處於備便使用狀態。該測試完成之後,應立即關閉旁通閥。

⑩ 配戴呼吸器展開相關作業。

2. 大氣型呼吸器

圖 11-7 所示的大氣型呼吸器(Atmosphere Type Breathing Apparatus)又稱為新鮮空氣管呼吸器(Fresh-Air Hose Breathing Apparatus),其主要組件包括:面罩、吸氣管(長度約 7 公尺)、呼氣閥、胸套、空氣管(至少 36 公尺)以及手動式鼓風機(Manual Blowers)[註一]等。

[註一]:該鼓風機除手動式者外,尚有電動式、氣動式或以其他方式驅動者。

圖 11-7　大氣型呼吸器

(1) 操作使用方法

　　① 將呼吸器容器搬至預備作業艙間之上風位置，並且清除附近之障礙物
　　　或污染物質。

　　② 開啓容器的箱蓋，取出面罩、胸帶與空氣管。

　　③ 將安全索扣接於腰帶之 D 型環上 [註二]。

　　④ 裝妥鼓風機之手動搖柄。

　　⑤ 使用者戴妥面罩，並且綁緊胸帶與腰帶。

　　⑥ 啓動鼓風機，將空氣輸入空氣管。

　　⑦ 在進艙之前，使用者應與甲板艙面人員互相約定安全索的聯絡信號。

3. 防煙面具

　　防煙面具（Gas Mask）係爲可過濾煙霧以及某些有害有毒氣體之過濾裝
置。該裝置僅能應用於大氣狀態（含氧量 21%）之環境下，故不適合滅火人

[註二]：艙內作業人員如果發生緊急狀況時，可立即利用該救生索實施人員吊救工作，而平時
　　　亦可用來聯絡信號。

員配戴[註三]。

如圖 11-8 所示之防煙面具，其構成組件包括：附有吸氣管之面罩、呼氣閥、頸帶、腰帶、檢測閥以及裝有化學液體之容器等。

一般而言，防煙面具之使用時間可維持兩小時左右。有關其運作方式乃當使用者吸氣時，所吸入之

Chest Style Gas Mask

Chin Style Gas Mask

圖 11-8 防煙面具

氣體將經過容器中之化學液體予以過濾或中和，然後始將乾淨之氣體透過吸氣管輸送至面具，而供配戴者使用。

就應用場合而言，防煙面具除了不可在含氧量不足的空間使用之外，尚應顧慮下列限制：

(1) 不適用於濃煙，塵霧或氨氣之濃度超過 3% 的艙間。

(2) 不適用於一氧化碳、酸性氣體或碳氫氣之濃度超過 2% 的艙間。

11-2　消防衣與耐高溫防火衣

一般而言，滅火人員從事滅火作業時，必須穿著消防衣；如果欲深入火場從事緊急搶救工作，則應配戴呼吸器並且穿著耐高溫防火衣。

[註三]：因為燃燒中的火場，大多為含氧量不足或嚴重缺氧之環境，滅火人員若配戴防煙面具，亦可能遭遇缺氧或窒息等意外事故。

11-2-1　消防與耐高溫防火衣之組件

　　無論消防衣或耐高溫防火衣，其組件均包括：頭盔、面罩、上衣、褲子、手套以及靴子等項目，如圖11-9所示。因其構成材料不同，故耐溫程度亦有所差別；消防衣可耐溫200℃以上，耐高溫防火衣至少高達800℃。

　　傳統式的防火衣著係由石綿纖維製成。鑑於其所剝落之石綿粉末，不但對皮膚具有刺激性，而且經人員吸入肺部之後亦有礙健康，因此，目前船上所使用的消防或防火衣著，大多採用玻璃纖維製成品。

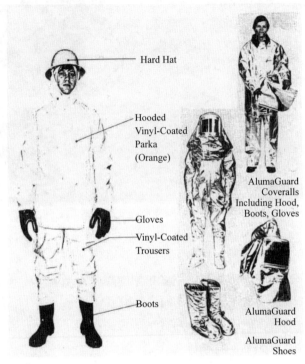

圖 11-9　消防衣　　　　　耐高溫防火衣

11-2-2　消防與耐高溫防火衣之穿戴步驟

　　消防衣與耐高溫防火衣之穿戴方法相同，其步驟如下：

1. 穿上褲子。
2. 穿上靴子。
3. 穿上上衣，扣上胸前扣鈕並且繫妥腰帶。
4. 戴上頭盔並繫妥頸帶。
5. 戴上手套。
6. 如果穿戴耐高溫防火衣，尚須配戴呼吸器並且拉下面罩後，始能進入火場。

11-3 可燃氣體測量儀

為確保進艙作業人員之安全與避免發生火災之危險，船上人員應隨時利用催化絲型可燃氣體測量儀偵測作業艙間的可燃氣體（俗稱瓦斯）濃度，其相關資料請參閱 2-3-3 節內容。

催化絲型可燃氣體測量儀的顯示器讀數刻度為 0 至 140（可燃氣體濃度為 0%-1.4%）；其指針讀數如果達到 100（可燃氣體濃度為 1.0%），則表示艙內的可燃氣體濃度已經達到燃燒下限或爆炸下限（LFL/LEL）。茲將該類型測量儀之使用方法與注意事項說明如下：

11-3-1 使用前之準備事宜

1. 按下電壓測試鈕，檢測電力是否充足。
2. 將吸氣管銜接在測量儀的氣體吸入口。
3. 依照橡皮氣囊側面所標示之箭頭方向旋轉氣囊，即可開啟電源開關與通氣旋塞。
4. 緩慢地壓放氣囊五次以上，將新鮮空氣吸入後，轉動指針調整鈕並使指針歸零。

11-3-2 測量方法

1. 將吸氣管伸入測量處所，而後緩慢地壓放氣囊五次以上（假設吸氣管長度僅為 5 公尺），使氣體吸入測量儀內，並且讀取指針讀數。
2. 指針位置與氣體濃度之關係。
   (1) 指針位於顯示器的紅色區域（讀數 100 以上，可燃氣體濃度超過 1%），表示所測之可燃氣體濃度超過燃燒或爆炸下限。
   (2) 指針位於顯示器的橙色區域（讀數介於 100~60 之間），或黃色區域（讀數介於 60~20 之間）時，表示所測之可燃氣體濃度低於燃燒或爆炸下限。
   (3) 指針位於顯示器的綠色區域（讀數 20 以下），表示所測之可燃氣體濃度極低，不具有燃燒或爆炸之危險。

3. 於測量完畢之後，應將橡皮氣囊壓擠數次，以便排除管內之殘餘氣體。

11-3-3　使用上之注意事項

1. 橡皮氣囊每壓擠一次，即可吸入取樣空氣，但須依吸氣管之長度而調整其壓擠次數。

2. 將電壓調整鈕向右轉至盡頭而發現指針位於零讀數之左側時，則表示電池已經耗盡，應立即更換電池。

3. 開啟電源開關時，如果發現指針向右偏動而且無法利用指針調整鈕予以調整時，則表示測量儀已經損壞。

4. 船上人員應依作業實務之需要，適時選用催化絲型或非催化絲型可燃氣體測量儀。

5. 發現取樣吸管內的濾材已經潮濕或污穢時，應立即更換。

6. 實施偵測作業時，應對艙間各部位進行不同深度之偵測。

7. 對艙內氣體實施偵測時，若發現讀數超過顯示器的紅色區域，應立即中止作業並且迅速展開通風作業。

8. 如果長時間連續使用測量儀，可能導致電池之電壓下降而產生測定值之誤差，故應於至少每隔 10 分鐘時間內調整指針使其歸零。

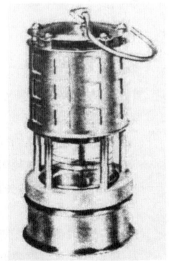

11-4　火焰安全燈

　　如圖 11-10 所示，火焰安全燈（Flame Safety Lamp）為一種石油燈，可由其火焰狀態之變化而測知艙內空氣中，大約含有多少可燃氣體（瓦斯）與氧氣濃度；但此種作業應謹慎為之，一般不建議使用。

11-4-1　使用前之準備事宜

1. 將油罐中的棉花沾滿石油精（Naphtha），而

圖 11-10　火焰安全燈

後將油罐倒立，倒出多餘之石油精並且將沾附於罐外的石油精擦拭乾淨。

2. 徹底清理金屬網而且檢視其是否發生損壞情形；該金屬網為安全燈最重要之構造之一，故應特別留意。

3. 清拭玻璃罩，而後檢查玻璃罩和石綿襯墊是否破損。

4. 將石綿襯墊裝置妥當，並且旋緊玻璃罩。

11-4-2　點火作業

1. 旋轉安全燈下方的油罐旋鈕，調整點火器與芯心。

2. 點燃之後，應迅速將芯心縮短並且調整火焰使其高度維持在 1 公分左右。

11-4-3　火焰安全燈之偵測方法

點燃火焰安全燈之後，慢慢地轉動其上段、中段與下段，同時觀察其火焰狀態；有關火焰狀態與氧氣濃度之關係，請參閱表 11-2。

表 11-2　火焰狀態與氧氣濃度之關係表

火焰狀態	氧氣濃度
突然熄滅	氧氣不足（15% 以下）
變暗	氧氣少（但仍在 15% 以下）
無變化	氧氣足夠（與大氣中相同）
亮度增加	含有瓦斯但未至爆炸範圍
發生爆音而熄滅	含有爆炸範圍之瓦斯
亮度增加後隨即熄滅	含有超過爆炸範圍之瓦斯

11-4-4　使用上之注意事項

1. 火焰安全燈僅能偵測艙內空氣所含有的可燃氣體（瓦斯）之大約濃度；無法偵測其精確濃度。

2. 火焰安全燈對可燃氣體之反應較為遲延，故進行偵測時應緩慢為之。

3. 禁止應用於可能含有乙炔或氫氣之艙間。

11-5　安全索與腰帶

　　進入失火艙間從事搜救、檢查或測量等項作業的人員，除須穿戴呼吸器具與防火衣之外，尚應繫妥安全索（Safety Lines）與腰帶，如圖 11-11 所示。

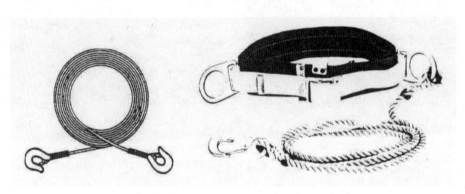

圖 11-11　安全索與腰帶

1. 安全索之規格

　　船上所使用之安全索長度至少須為 50 呎以上，種類有周徑約為 ½ 吋之細鋼絲索以及合成纖維索等，其安全工作負荷至少須為 4,000 磅以上。

2. 聯絡信號

　　至於使用安全索時，艙內與艙外人員之間之聯絡信號為何，船上人員可依實際作業需要而自行約定，茲僅舉例如下，供作參考：

(1) 艙外守護人員對艙內人員

　　　　拉 1 下　　表示：你好嗎？

　　　　拉 2 下　　表示：前進！

　　　　拉 3 下　　表示：出來！

　　　　拉 4 下　　表示：趕快出來！

(2) 艙內人員對艙外守護人員

　　　　拉 1 下　　表示：我很好。

　　　　拉 2 下　　表示：我要前進。

拉 3 下　　表示：將安全索放鬆！

拉 4 下　　表示：我要出去，快幫忙！

11-6　其他防護器具

11-6-1　防火毯

防火毯（Fire Blankets）係由石綿、玻璃纖維或毛織品等材料所製成者，平時捲放於圓筒型之容器內，並且放置於船上的適當部位，如圖 11-12。

防火毯之容器外表塗以鮮明的紅色琺瑯塗料。其大小規格有 3 呎 ×3 呎、5 呎 ×5 呎以及 6 呎 ×6 呎等多種。

使用時只要拉下懸垂於容器底部之帶子，即可取出防火毯，覆蓋於小面積之火場，使火焰窒息。當人身著火時，亦可利用防火毯裹住其身體。

"DROP-TYPE"
FIRE BLANKET

圖 11-12　防火毯

11-6-2　太平斧

船上人員進艙從事滅火或搜救作業時，往往必須破壞門窗、鎖具或障礙

物，以便打開進路，故必須使用太平斧（Fireman's Axes）。

　　太平斧之型式不一，斧頭係由堅固之金屬製成，斧柄則由木材或絕緣材質製成，如圖 11-13。

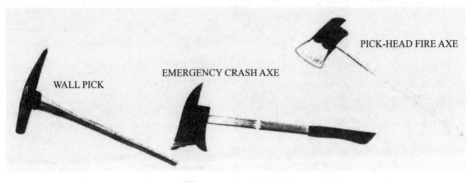

PICK-HEAD FIRE AXE

EMERGENCY CRASH AXE

WALL PICK

圖 11-13　　太平斧

11-7　防火結構與設施

　　船上的防火艙壁、防火甲板、防火門與防火擋板等船體結構或設施，雖然不屬於滅火人員之個人防護裝備或器具之一，但具有防止火勢增大或火災蔓延等功用，故而可進一步增進滅火人員之安全保障或提升作業效率。

11-7-1　防火艙壁和甲板

　　艙壁與甲板是將船體分隔成許多艙間的主要結構，任何艙間發生火災時，可能透過下列方式而導致火災蔓延，故而應事先加以防範：

1. 引燃艙壁或甲板材料

　　　船上的艙壁或甲板等隔艙結構材料應採用不至於被引燃或支持燃燒的不可燃物質（Noncombustible Material）；一九七四年 SOLAS 國際公約所定義的不可燃材料係指任何依法定程序加熱至 750℃而無法散發足夠濃度之可燃氣體者，因其耐熱程度取決於作用溫度和暴露時間，因此可區分為下列三

種等級：

(1) 甲級隔艙材料

　　　任何主要的艙壁與甲板等甲級隔艙材料應採用鋼鐵或其他同等質材料，該等材料經過溫度高達 927℃（1,700℉）之標準火力試驗一小時之後，應能阻止火焰和煙霧通過者。

(2) 乙級隔艙材料

　　　任何艙壁、甲板、天花板和內襯板等乙級隔艙材料應採用鋼鐵或其他同等質材料，該等材料經過溫度高達 843℃（1,550℉）之標準火力試驗 30 分鐘之後，應能阻止火焰和煙霧通過者。

(3) 丙級隔艙材料

　　　不屬於上述 (1) 項和 (2) 項之任何隔艙材料；該等材料經相當溫度作用之後，極可能被引燃而使火災蔓延。

2. 產生對流作用

　　任何艙間發生火災時，其熱能、火焰與濃煙將透過艙壁或甲板上的通道、艙口、門窗或住艙管道間等開口產生對流作用而散播至其他艙間。因此，該等開口裝置之結構材料應具有防火功能，例如：通過乙級隔艙艙區的通風管道間或水密門至少應採用乙級隔艙材料。

　　其次，任何艙間發生火災時，若能盡速關閉其各處開口，將阻斷空氣供應管道並且降低對流作用。

3. 產生傳導作用

　　船體的鋼質和鋁質結構材料均具有良好的傳導作用，容易使燃燒艙間的熱能擴散至鄰近艙間而且引發火災。因此，任何艙間發生火災時，應盡速利用下列兩種方法藉以防止火災蔓延：

(1) 使用水霧冷卻失火艙間的艙壁與甲板。

(2) 在可行情況下，移除隔艙艙壁附近之易燃物。

　　其次，由於隔艙艙壁上所附設的面板、襯料與固定材料等物質極容易因熱傳導而被引燃，因而一九七四年 SOLAS 國際公約對適用船舶作成兩項重要規定：

(1) 隔艙艙壁上之附設裝置應採用不可燃材料。

(2) 為達成火災管制目的，船體應劃分為若干主要垂直艙區。

11-7-2　防火門

船上各艙間所設置的門是通往走道之出口，任何艙間火災發生時，若能將其門（窗或其他開口）關閉，均具有防止火災蔓延之作用。因此，為達成防火與滅火目的，船上應依規定設置防火門（Fire Doors），而且某些防火門應可利用遙控機械裝置關閉之。

依 SOLAS 國際公約之規定，任何防火門均應由防火材料結構而成、具有水密功能而且在船身傾斜 15° 之情況下能夠順利關閉。依操作方式之不同，防火門可區分為下列三種：

1. Class 1：手動操作之鉸鏈式防火門

手動操作之鉸鏈式防火門通常設置在主甲板上的上層結構艙區通往室外的開口處，其主要功能為：

(1) 在航行期間，防止海浪、雨水或強風入侵。

(2) 對船上艙間實施滅火作業時，協助必要的通風措施。

(3) 清理火場時，加速熱能與濃煙之疏散。

該類防火門係由鋼質材料所構成並且使用鉸鏈固定在艙壁上，開啟或關閉時必須以手動操作方式旋轉之。關閉該類防火門時，由橡膠襯墊所構成之刃狀物將會貼緊艙壁，操作人員若將各鉸桿（Hinged Levels：Dogs）扳至關閉位置即可予以固定並且保持水密；開啟該類防火門時，應依內側（靠近鉸鏈之一側）上下中而後外側（靠近門把之一側）上下中等順序解除各鉸桿，如圖 11-14 所示。

2. Class 2：手動操作之滑動式防火門

手動操作之滑動式防火門通常設置在水線下的艙區通往其他甲板的開口處，其開啟或關閉大多採用手動操作之液壓裝置完成之，但仍有少數船舶採用傳統式的齒輪裝置。其次，Class 2 防火門至少應符合下列法定要求標準：

(1) 應可由設置在其左右兩側艙壁之操控裝置完成開啟或關閉。

(2) 在船體平正狀態下（未發生傾斜），應能於 90 秒內完成關閉。

(3) 應在可接近之艙壁甲板上，裝設可關閉（不可開啟）防火門之第二種裝

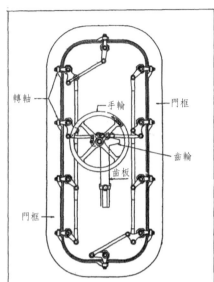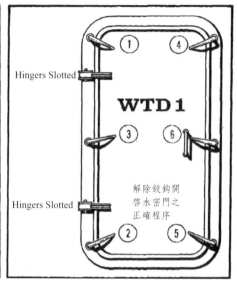

圖 11-14　手動操作之鉸鏈式防火門（圖上編號表示解除鉸桿之正確順序）

　　置；通常利用齒輪裝置。

(4) 任何可由遙控裝置操作的防火門，均應附設可顯示其開啓或關閉位置之指示器。

3. Class 3：動力操作之滑動式防火門

　　動力操作之滑動防火門可採用電動液壓系統或手動液壓系統操控之，其法定要求標準與 Class 2 完全相同。圖 11-15 所示者爲利用電動液壓滑動式防火門之運作流程示意圖，圖 11-16 所示者爲機艙與軸道間之水平向滑動式水密門。

　　客船上的各個 Class 3 防火門均可由駕駛台的控制站遙控關閉之；駕駛台的關閉控鈕啓動之後，防火門應鳴放聲響警告信號直至完全關閉爲止，其持續時間大約 20 秒左右；經駕駛台遙控關閉的防火門如果被打開，至少應鳴放持續 1 秒鐘的聲響警告信號而且在短時間內會自動關閉。

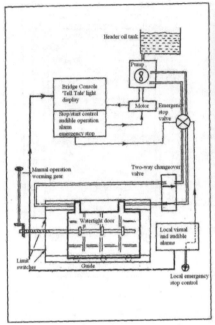

圖 11-15 電動液壓滑動式防火門 **圖 11-16** 機艙與軸道間之水平向滑動式水
之運作流程圖　　　　　　　　　　密門

11-7-2　防煙門與煙道間

　　裝設在蓄電池室、冷藏室、冷凍室或儲藏室等艙壁上的門，通常採用輕質金屬材料所製成的鉸鏈門，雖然未完全具備防火門之功能，仍舊具有足夠的防煙（氣密）作用，故稱為防煙門（Fumetight Doors）或氣密門（Gastight Doors）。其次，通往該等艙間的煙道間、管路間或纜線間等開口處，亦應裝設防煙裝置；以垂直方向設置之煙道間，旨在促使失火艙間內的濃煙能夠被迅速疏導至較高的安全排放口，藉以降低火場之熱能並且提高火場之能見度。

11-7-3　防火擋板

　　如圖 11-17 所示之防火擋板（Fire Dampers）為設置在通風管道（Ventilating

Ducts）內之開關裝置，擋板利用可熔解連接桿（Fusible Links）支撐時，即可保持開啓狀態而使空氣流通；關閉擋板時即可阻斷氣流。一般而言，防火擋板並未具備防火功能，但因下列作用而能有效地防止火災蔓延：

1. 切斷或減弱供應至失火艙間的新鮮空氣。

2. 阻礙熱能、濃煙或火焰等物質之散布或傳導。

　　依據一九七四年 SOLAS 國際公約規定，船上所設置的防火擋板至少應符合下列要求標準：

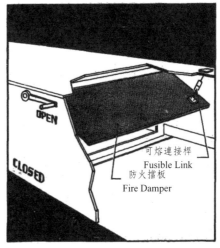

圖 11-17　典型的防火擋板

1. 應由厚度至少 0.32 公分並且具有適當強度之薄鋼板所製成。

2. 通風管道間內之溫度達到 74℃或發熱艙間（例如廚房）之溫度達到 100℃時，防火擋板的可熔連接桿應被熔解而且關閉之。

3. 在通風管道間之外側，應裝設可顯示防火擋板處於開啓或關閉狀態之指示器。

4. 通往各艙間的通風管道間，在艙壁附近所設置之防火擋板應可在艙壁內外兩側利用手動方式操作之。

5. 客輪之所有通風系統均應裝設可利用手動或自動方式操作的防火擋板，而且通過主要艙壁者應能以自動方式操作之[註四]。

[註四]：自動操作可利用不同的自動控制模式達成目的，例如：利用設置在駕駛台或 CO_2 防護艙內的控鈕關閉通風馬達，當馬達關閉之後，風扇將停止運轉而且關閉防火擋板。

11-8　本章結語

　　船上人員無論於火災現場進行滅火、搜索或傷患救助等作業時，均具有相當程度的危險性，因而作業人員必須事先利用防護裝備妥善地保護自身安全，始能順利地完成任務，否則極可能變成額外的受害者。有鑑於此，每位船員不但應對人員安全防護裝備的功用有所瞭解，更應熟悉其配戴與使用方法，尤其是下列項目：

1.　呼吸器具。
2.　消防衣著與耐高溫防火衣。
3.　可燃氣體與氧氣偵測器。

　　其次，船上人員（尤其船長、輪機長、大副和大管輪等管理人員）平時應確認船上各防火結構與裝置之設置部位和操控方法，始能於艙間發生火災時有效地利用防火結構與裝置，進而達成防止火勢蔓延或增進滅火作業效率等目的。

第十二章　船舶滅火組織部署與訓練演習

　　為因應船舶所可能發生之各種緊急意外事故，各船舶必須事先建立完善的應急組織（Emergency Organization），俾依據職責之不同而將各船員適當地進行編制和部署，藉以建立有效的指揮作業系統（Chain of Command）。其次，為期使各船員能夠具備相關之專業技能而且熟悉整個作業流程，則必須持續實施有關的訓練與演習計畫方案。

12-1　船舶滅火組織

　　一般而言，船上之應急組織乃為因應船舶安全、人命救助、火災或棄船等緊急事故而設立者，其指揮作業系統乃由船長統籌指揮，並將各項命令透過艙面部（Deck Department）、機艙部（Engine Department）和事務部（Steward Department）等部門主管之溝通而分別傳達給所屬人員，進而採取作業行動，如圖 12-1 所示。因此，對於各項危機處理計畫和訓練演習方案之擬訂，船長不但必須全程參與，亦應完全掌握其內容與各項細節。

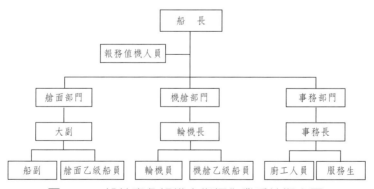

圖 12-1　船舶應急組織之指揮作業系統概念圖

12-2　船舶滅火編制和部署

　　船舶實施滅火編制與部署之目的，旨在釐定各船員於火災發生時所應擔任的滅火職務與工作崗位。

12-2-1　船舶滅火編制和部署之原則

　　船上進行滅火編制與部署時，至少應掌握下列原則與要點：

1. 進行滅火人員編制與部署時，應先建立滅火組織與指揮作業體制。
2. 進行滅火人員編制或部署之前，船上大副應深入調查與瞭解每位船員所具有的知識程度、技能水準、體能健康狀況甚至於工作熱忱等，以便供作分派職務之參考依據。
3. 各船員所擔任之滅火工作應盡可能與日常職務相關，始能促使船員盡早進入狀況。
4. 各船之滅火編制或部署方式應斟酌實際需求與配置人數等條件，將船員完成編組並且指派適當的作業職務。
5. 若以滅火作業之任務功能進行分組，船上的滅火編制通常可區分為下列五個組別：
   (1) 指揮控制小組（Command and Control Team）。
   (2) 救難小組（Emergency Team）。
   (3) 後勤補給小組（Back-Up Team）。
   (4) 機艙支援小組（Engine-Room Support Team）。
   (5) 備便小組（Reserve Team）。

12-2-2　船舶滅火編制和部署方式

　　船上之滅火編制與部署必須符合上述原則與要點，並無所謂的標準方式，茲僅列舉兩例加以說明：

1. 美國船舶之滅火編制和部署方式
   　　美國船舶之滅火編制和部署方式係以「個人（Personnel）」為單位，美

國海岸防衛隊對「船舶滅火演習部署表」所作成之規定要點如下：

(1) 信號

火災或緊急情況發生時，應繼續發送汽笛和震鈴信號至少 10 秒鐘。火災或緊急情況解除時，船上應發送三短聲汽笛與全船警報（General Alarm）信號。

(2) 說明事項

① 所有船員獲悉緊急信號之後，均應明瞭在緊急狀態下的部署位置與所應擔負的職責。

② 應核發個人卡片並且詳細註明各船員的部署位置與職務。

③ 除當值職務之外，應清楚告知每位船員所應負擔的額外任務。

④ 獲悉緊急信號之後，各組人員應立即攜帶裝備到指定地點集合。

⑤ 任何船員發現火災之後，應先向駕駛台完成通報，始可展開滅火行動；例如：取用手提式滅火器撲滅火災。

⑥ 船上人員接獲火災緊急警報信號之後，應立即啓動消防泵；迅速停止通風系統並且關閉水密門、舷窗和通風口等；須依指示將水帶連接到滅火作業區。

(3) 火災緊急部署表

表 12-1 所摘列之火災及緊急部署表（Fire and Emergency Station Bill）係爲參考藍本，各船應斟酌其實際需要與船員配額，適當地加以調整。

2. 英國船舶之滅火編制部署方式

英國交通部於一九八〇年以第 694 號航船佈告，通令各英國籍船舶必須按照海運法（The Merchant Shipping Acts）之相關規定[註一]，制訂詳盡的緊急部署表並且定期召集演習。

[註一]：英國籍船舶實施滅火與緊急部署時，必須遵守之規定，請參閱 The Merchant Shipping (Master) Rules 1980, S.I. 1980 No.542。

表 12-1　美國海岸防衛隊之火災及緊急部署表

編號	階級	主要任務
A	船長	在駕駛台上指揮船舶航行、蒐集資訊、發布滅火命令並且監督作業成效。
1	大副	帶領救難小組人員進入火場撲救火災，並與其他小組人員保持聯繫和協調作業。
2	二副	擔任駕駛台當值航行員，並且負責記載火災記錄資料。
3	三副	帶領普通水手關閉防火門窗、艙蓋或其他通風口等，必要時依指示備便救生艇筏。
4	水手長	攜帶滅火裝備和器材，至火場撲救火災。
5	舵工	將滅火裝備和器材搬運至火場並且連接水帶，聽命大副之指示執行滅火作業。
6	普通水手	協助二副或三副，實施滅火相關工作。
7	輪機長	在機艙指揮操作、採取防止火災蔓延至機艙之措施甚至調派人員協助滅火；配合滅火作業之需要，供應海水、泡沫、壓縮空氣或惰氣等；必要時，指派人實施燒焊、切割、抽水或排煙等作業。
8	大管	在機艙操作主機，並且負責備便必要的配合工作。
9	二管	負責副機與鍋爐之操作，必要時供給蒸汽或啓動緊急滅火泵。
10	三管	備便與操作機艙的二氧化碳、泡沫和水帶等固定式滅火系統。
11	加油長、銅匠與加油	準備滅火裝備和器材、協助滅火工作並且傳達命令。
12	報務主任	協助船長並且準備發送緊急求救信息。
13	泵匠	聽命大副之派遣；若在油輪，應到泵間備便防火措施。
14	大廚	照顧乘客、撤離可燃物、關閉門窗、搬運滅火器材與救助傷患，必要時依指示備便救生艇筏。
15	服務生	協助大廚完成相關工作。

由於近年來船員精簡化[註二]而且船上所需因應的緊急應變事務日益增多，故其緊急部署之編制方式必須以「組隊（Teams）」為單位，始較能符合現代船舶運作之實際需求。以組隊為單位的編制方法，係將船員分別編入具有不同任務功能之數個小組，其優點為各組隊成員可在組長和其他組員之配合下，集體展開各項演習、訓練或緊急應變作業，故有別於以個人作為部署單位的獨力作業型態。其次，由於以任務編組之各組隊的部署位置皆相當清楚而且簡化，因此每位船員於緊急事故發生時，較不容易發生不知所措之窘境。

(1) 編制部署型態

　　基本上船舶之緊急部署必須以能順利展開各項緊急行動措施，而且達危機處理之最終目的為原則。至於編制型態、組別名稱與組員人數如何，各船可依其實際環境與條件狀況而定，實無硬性規定之必要。茲將一般英國船舶之緊急編制與部署型態介紹如下供作參考，如圖 12-2 所示，括弧中的符號（＊）為建議人選：

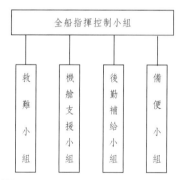

圖 12-2　應變小組之編制型態

[註二]：近年來各海運公司為節省營運成本，乃紛紛精簡船員人數。目前，已被普遍採行之船員精簡制包括：人員通用制（General Purpose System）與機艙無人化制度（Engine-Room's Men "0" System）。在船員精簡化的潮流下，現代商船的船員配置人數大約為二十人，貨櫃船之船員精簡目標則以十五人為基準。

① 全船控制小組（Overall Control Team）

    a. 部署位置：駕駛台。

    b. 小組成員：船長（兼任組長）、報務主任、舵工及實習生等。

    c. 人數：至少 2 人，但不應超過 4 人。

② 救難小組（Emergency Team）

    a. 部署位置：船上的緊急應變總部（Emergency H.Q.），該總部應設置於住艙附近而且方便進出的寬闊艙間。同時，該處所應儲備救難作業所需之消耗性器材或備品等，例如：撇繩鎗、桶裝泡沫原液、救生索具與呼吸器等。

    b. 小組成員：大副（兼任組長）、輪機員（＊大管輪）、碼頭主管人員、資深甲板部乙級船員（＊水手長或木匠）、資深機艙部乙級船員（＊泵匠或銅匠）、其他乙級船員與實習生等。

    c. 人數：至少 6 人；若船上人數足夠時，可編制兩組。

③ 機艙支援小組（Support Team）

    a. 部署位置：機艙控制室。

    b. 小組成員：輪機長（兼任組長）、輪機員（＊三管輪）與電匠等人員。

    c. 人數：以機艙人員為主，至少 4 人以上。

④ 後勤補給小組（Back-Up Team）

    a. 部署位置：艉部舵艛（Poop），位於主甲板上接近船艉的較高部位。

    b. 小組成員：船副（＊二副；兼任組長）、輪機員（＊二管輪）、電匠、碼頭代表人員、資深乙級船員與實習生等。

    c. 人數：2 人至 3 人；船員人數充足，不妨加編一組。

⑤ 備便小組（Reserve Team）

    a. 部署位置：小艇甲板。

    b. 小組成員：船副（＊三副）、事務長、甲板部的乙級船員、大廚、二廚與服務生等。

    c. 人數：至少 4 人以上。

(2) 滅火小組之功能任務

　　船上依據功能任務編制而成的火災緊急編制與部署組隊，所應負擔之任務分別爲：

① 全船控制小組負責協調與指揮緊急作業、維繫對內與對外之通信作業、蒐集情報資訊、作成記錄並且擬訂應急計畫與決策方案。

② 救難小組於船上發生緊急事故時，必須直接面對災難現場採取緊急應變作業的主力部隊，因而其行動措施必須迅速確實，並且應隨時向全船控制小組回報實際的處理情況。該小組組長通常由大副擔任；倘若緊急事故發生於機艙時，該組長應改由輪機長擔任較爲適當。

③ 機艙支援小組係由輪機長領導，在緊急狀況下盡力維持船舶的正常運作；配合全船控制小組之要求，提供所需之額外動力或服務。緊急事故如果發生在機艙時，必須協助救難小組共同採取應變行動。

④ 後勤補給小組由二副領導，負責供給救難小組所需之各項器材或備品之補給作業、供給擔架與醫療急救器材或對傷患實施急救與照顧。

⑤ 備便小組由三副領導。天況許可時，該小組人員應將救生艇筏吊放至舷側，以便棄船時可立即派上用場。其次，一旦發現緊急事故無法獲得有效控制甚至每況愈下時，應先安排傷患、老幼婦孺與旅客等人員登入艇筏之內。

12-3　船舶滅火訓練與演習

12-3-1　海上人命安全國際公約規定

1. 召集與演習

　　依 SOLAS 國際公約規定，客船爲救生艇演習與滅火演習而舉行之船員召集，應盡可能每星期爲之；貨船爲該兩項演習之船員召集，應不超過一個月一次。其次，在港期間的船員替換率如果超過 25% 以上，則應於駛離該港二十四小時之內舉行召集一次。

　　船上召集船員實施滅火訓練或演習活動時，均應將日期、時間、內容和

過程詳細載入航海日誌。

2. 滅火演習項目

　　　　船上所實施的滅火訓練或演習活動，至少應包括下列項目：

(1) 向消防站報告並且完成滅火部署表中所規定之任務。

(2) 啟動一部消防泵並且使用兩股以上之水柱，藉以顯示該系統處於正常工作狀況。

(3) 檢查滅火人員安全防護裝備和人員救助設備器具。

(4) 檢查相關之通信設施。

(5) 檢查水密門、防火門與防火擋板之操作情況。

(6) 檢查棄船的必要裝置。

3. 滅火演習活動應盡量選擇在可能發生火災的艙間實施，例如：甲板、住艙或機艙。

4. 應詳細考量與規劃船上滅火演習方案之內容，並且定期針對可能發生在不同艙間的火災實施演習活動。

12-3-2　滅火訓練與演習內容

　　　IMO 對滅火訓練與操演之建議案，乃根據一九七四年 SOLAS 國際公約以及一九七九年十一月十五日大會所採納的第 A.437（XI）號決議案：「船員滅火訓練（Training of Crews in Fire Fighting）」而擬訂基本滅火訓練課程，其總時數為十八小時。

1. 基本滅火訓練

　　　關於基本滅火訓練方面之理論課程內容包括下列各項目，依 IMO Model Course 1.20 之規定，授課時數為十三小時：

(1) 火災與爆炸之三大因素、火源、可燃物質、火之危險性與蔓延等。

(2) 火災之分類及滅火劑之應用。

(3) 船上火災之主要原因。

(4) 防火與火災探測。

(5) 滅火設備，包括：固定式滅火系統、手提式滅火器具和人員安全防護裝備。

(6) 船舶防火構造與滅火設備系統之布置。

(7) 船舶滅火編制與部署。

(8) 火災傷患人員的急救與復甦方法。

(9) 滅火作業技術、措施與方法。

(10)如何採取初步措施，尤其是火災警報訊息之通報與傳播。

2. 滅火操演方面

　　任何航海人員均應完成實作訓練和示範操演，藉以具備相關的滅火作業技能。依 IMO Model Course 1.20 之規定，滅火實作訓練和示範操演的時數為五小時：

(1) 各類型手提滅火器之操作使用。

(2) 自給型空氣呼吸器之檢查、測試與穿戴。

(3) 利用手提滅火器撲滅較小型之火災，例如：A 類、B 類和 C 類火災。

(4) 使用水帶撲滅中大型火災。

(5) 泡沫、二氧化碳、化學乾粉或其他滅火劑之適當應用。

(6) 未配戴任何呼吸器具進入並且通過濃煙密佈的艙間。

(7) 配戴自給型空氣呼吸器在充滿煙霧之密閉艙間實施人員吊救作業。

(8) 在存在火焰和濃煙的模擬住艙或機艙內，利用水霧或其他適當之滅火劑進行滅火。

(9) 使用瞄子、噴霧桿、手提式化學乾粉或泡沫滅火器撲滅油類火災。

3. 航海人員應熟悉船上的滅火系統、設備、裝置與器材之狀況，並在操演活動中逼真地模擬各種真實狀況，例如：在夜間進行住艙火災撲救工作。

4. 進階滅火訓練

　　除了基本滅火訓練和演習之外，IMO 根據一九七四年 SOLAS 國際公約、一九七九年第 A.437（XI）號決議案、一九八七年第 A.602(15) 號決議案、一九七八年 STCW 國際公約以及 IMDG 規則中有關危險品緊急處理規則等規定，進一步要求船長、甲級船員及主要滅火作業人員，應再增加下列進階滅火訓練（Advanced Firefighting Training），依 IMO Model Course 2.03 之規定，該課程之講授時數為 28.5 小時，示範與實作時數為 7.5 小時，共計三十六小時，其增加項目主要包括：

(1) 船上之火警控制。

(2) 滅火組隊編制與訓練。

(3) 船舶在海上與在港內之滅火程序。

(4) 易燃性液體物質之儲存和處理，以防止火災危險。

(5) 固定式滅火系統之檢查、保養與維修。

(6) 火災偵測與警報系統之檢查、測試與修護。

(7) 手提滅火器之檢查與修護。

(8) 其他滅火設備之檢查與修護。

(9) 海水滅火對船舶穩度之影響、預防與補救程序。

(10)通風之管制。

(11)油類物質與電力輸送系統之安全管制。

(12)對易蒸發物質、易氧化物質或鍋爐煙囪等具有潛在危險狀況之滅火程序。

(13)急救與醫療照護之相關知識與技能。

(14)火災調查與報告。

(15)危險貨物之滅火作業。

12-4　在船訓練與演習

　　在船上實施各種滅火設備使用方法以及操作技巧之訓練與講習時，其間隔應盡量與演習時間相同。其次，每次訓練與講習之內容應設法變化並且包括船上滅火設備之不同部份，但所有滅火設備應於兩個月之期間內講解完畢。再者，每位船員應依其指定任務參與各項必要之訓練與講習活動。

　　此外，演習中使用過之設備應完全回復至可立即操作之狀況；在演習中如果發現任何缺失，應盡早完成修復[註三]。

[註三]：參閱第三章所列舉之船舶火災案例，經常發現船上重大事故乃由於滅火設備或器材等
　　　　疏於維護所致。

12-4-1　在船滅火訓練與演習之最低標準

1. 船舶所有人與營運人應採取適當措施，藉以改善每位船員對緊急事故之應變認知與心態。因此，每位船員均應經教導而且認識應急組織和應急程序之重要性，進而體認個人在應急組織與程序中所負擔的任務與重要性。

2. 在船滅火演習之程序

　　為因應火災緊急事故，船上所建立之緊急應變組織，應依規定實施滅火演習，其程序應包括下列事項：

   (1) 滅火演習行動，每位參與人員應就火災部署表所指定之崗位並且執行任務。

   (2) 啟動消防泵並且使用足夠數量之水帶噴水，藉以顯示該系統係處於正常工作狀態。

   (3) 從應急設備儲存櫃取出必要的救災與人員安全防護裝備，並指派數名船員示範使用該設備，俾證明其操作能力。

   (4) 操作水密門與防火門。

   (5) 將每次演習之記錄載入航海日誌，包括：日期、時間、所動用之水帶長度與數量、滅火設備之狀況以及水密門、管路與閥門之狀況。如在依規定之時間內未舉行滅火演習或僅演習一部份時，應註明該特殊狀況和演習事項。

12-4-2　在船訓練與演習之內容

1. 講解事項

   (1) 船舶火災部署表、火災控制平面圖（Fire Control Plans）與召集站（Muster Station）之目的與意義。

   (2) 每一個人所指派之任務與所發給之設備。

   (3) 船舶各種警報之意義。

2. 複習訓練事項

　　利用講解、訓練教材與設備示範等方式，複習各訓練項目包括燙傷、骨折、人工呼吸與流血等急救技術。

3. 學習應急組織及應急程序中之操作，包括各人與其主管、同事與部屬等互相之間的溝通與操作，及對負責人員領導能力之訓練。

4. 講解船舶防火設計之特性、目的甚至船上建立火警巡邏制度之目的。

5. 關閉通風系統、燃料油或潤滑油之操作方法與位置，手動火警警報器、滅火設備、防火門及通風擋板之操作方法與位置。

6. 講解與演習下列項目

    (1) 如何利用手提式滅火器撲滅小型火災。

    (2) 撲滅危險貨品、電器設備或液態碳氫化合物所引發的火災時，應特別注意採行之滅火措施。

    (3) 船上的水帶、瞄子、手提式滅火器與半固定式滅火裝置等設備之使用，包括：演習結束之後的檢查、清理與儲存作業。

    (4) 操作固定式滅火設備系統之潛在危險，例如：釋放二氧化碳氣體。

    (5) 呼吸器具、消防設備器材與人員防護裝備之使用。

    (6) 從船上任何部位進行逃生的方法，包括：梯道、樓梯和緊急出口。

    (7) 協助旅客從船舶之各部位疏散與必要的搜索程序。

    (8) 在搜索公共艙間後必須關閉各艙門之重要性。

    (9) 勿將消防水帶留置在艙門出入口與不使用電梯之重要性。

    (10)急救器材與醫療設施之位置。

    (11)如何搬運傷患人員。

    (12)急救技術，包括：燙傷、出血、骨折與人工呼吸。

7. 定期檢查滅火設備之可用性

    (1) 火災偵測與警報系統、手持式對講機及其他通信系統。

    (2) 固定滅火設備系統之組件，例如：消防栓。

    (3) 水密門與自動關閉式防火門。

    (4) 手提滅火器與半固定式滅火裝置之壓力。

    (5) 通風、燃油與滑油系統之關閉裝置。

    (6) 消防泵、應急消防泵、應急發電機及壓力水櫃等。

    (7) 國際岸上接頭。

    (8) 消防水總管滅火系統、水帶與噴嘴。

(9) 修理櫃內所有物品之目錄與狀況。

8. 完成訓練與演習之資料記錄

(1) 防火演習之日期與細節應依 SOLAS 國際公約第三章第十八條第五項之規定記錄之。

(2) 參加訓練與演習之船員應按日期記錄；新進船員之評估應在離港前爲之，但應事先告知訓練事項與所應完成的目標。

(3) 在各次演習中所實施的設備檢查和測試記錄應按日期爲之。

12-4-3　在船訓練方法

目前船上之滅火演習，依規定每月至少必須實施一次，而且要完成詳實記載。由於各港口之安全檢查官員（Safety Surveyors）對此項演習之要求較爲嚴格，甚至於必要情況下，可能要求船舶就地演習一次。因此，各船舶若能切實按規定實施，不但可通過各港口檢查，更可確保本船之安全。關於演習實施要點，前一節已詳細介紹，本節就在船訓練方法，提供下列四個有效步驟，如圖 12-3：

1. 講解：先瞭解各船員對該器材認識多少，進而設法引發其學習興趣並且鼓勵發問。

2. 說明與示範：將實物器材拆解並且說明，強調相關重點、作用原理與操作程序等。

3. 實作練習：使每位船員確實認識各器材並且能說明其作用，而後利用重複練習之方式使船員更深切體會之。

4. 驗收學習成果：讓每一位船員對所講解之器材，予以實際操作，並且由教師檢查其操作步驟，如發現任何錯誤，可立即加以更正。同時，使船員全部瞭解演習之重要性。

至於實施演習方面，大副必須遵從船長指示、協調輪機部門、排定合適的時程而且擬定逼眞之演習方案。

12-5　本章結語

編制與部署完成後的船上緊急應變組隊，必須透過不同型式之訓練與演習活

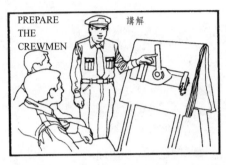

圖 12-3 船舶滅火演習實施步驟

動，始能互相溝通協調而且發揮團隊作業效果，否則終究難免存在各自爲政之紊亂場面。簡而言之，實施訓練與演習活動時，必須盡力達成下列目標：

1. 先對各小組人員個別實施必要之基本訓練課程。

2. 集合全體船員並且講解各小組之功能任務，以及相互間協調合作之重要性。

3. 定期舉行講習、訓練與演習課程，而且應考慮其內容與方式之變化，以便引起船員之興趣。例如：每次滅火演習之項目應力求變化，可分別模擬住艙火災、機艙火災、油艙火災或甲板火災等。

4. 船上可能發生之緊急事故，除了滅火與棄船時之救生艇筏施放等演習項目外，其他諸如：人員落水、傷患救助、密閉艙間救人、碰撞與擱淺後之損害控制以及濃煙中逃生，甚至於油污染事故之防止等，亦均可列爲模擬訓練與演習之項目。

第十三章　火災傷患急救

　　船上急救與醫藥常識（The Ship First Aid and Medical at Sea）乃一九七八年海員訓練、發證與當值標準國際公約（簡稱 1978 STCW 國際公約）強制要求各船員必須完成之四項訓練課程之一[註一]，其內容包含各類型傷患之急救、船舶衛生與疾病醫護、船上藥物之使用與貯存以及國際海上無線電醫藥救助服務等範圍。本章僅依 IMO 所制定的進階滅火訓練標準課程（Model Course 2.03, Advanced Training in Fire Fighting）之要求標準，就船舶火災發生時，船上人員可能遭受的下列傷害事件與相關急救事務作成要點說明，諸如：

1. 窒息或缺氧。
2. 中毒。
3. 創傷。
4. 灼傷。
5. 疼痛。
6. 骨折、脫臼與扭傷。

13-1　急救概說

　　船上人員經常遭受人身傷害而必須獲取適當的急救與醫療照護，但因船上普遍缺乏專業的醫療設施與人力資源，致使傷患無法迅速獲得必要之緊急救助。有鑑於此，每位船員均應具備足夠的傷患急救、傷患搬運、傷患處理以及海上醫療連繫等相關知識和技能。

[註一]：其他三項為滅火訓練、艇筏操縱訓練以及海上求生訓練。

13-1-1　急救之意義與目的

急救（First Aid）乃對於需要緊急處理的傷患，在其未能獲得正式醫療照護之前所實施的初步救助措施，其主要目的爲：

1. 挽救生命。
2. 減輕傷患之痛苦。
3. 預防併發症之發生。
4. 安排傷患盡早送醫治療。

對傷患人員實施急救時，所採行的緊急處理措施是否適當[註二]，完全取決於下列三項因素：

1. 現場之急救措施。
2. 傷患之搬運與安排就醫之聯繫。
3. 醫療與照護之處理狀況。

13-1-2　急救之原則

1. 施救人員必須保持冷靜，迅速將傷患安全地移離危險場所。
2. 將傷患搬運至適當處所並使其保持最舒適姿勢；通常使傷患保持平臥姿勢，但有下列情況者應採用臥姿：
   (1) 嚴重休克者，應使其仰臥而且頭部低於腳部 30 吋左右，促使血液循環到頭與心臟部位，稱爲休克臥姿。
   (2) 嘔吐、出血、半昏迷狀態或昏倒者，爲防止吸入血液、嘔吐物或水份之危險，則應使患者臉部朝下、頭部向左側臥、左手朝後、右手朝前、左腿伸直、右腿彎曲並且使心臟與腦部處於最低位置，此稱爲 $^3/_4$ 左側臥姿或甦醒者臥姿（Coma's Position）。
   (3) 呼吸急促或臉色潮紅者，應採用半坐臥姿。
3. 由頭部迅速開始檢查，特別注意患者之呼吸、脈搏、體溫、瞳孔等變化情形，再檢查有否受傷、嚴重出血、休克或骨折等。

[註二]：根據統計資料顯示，緊急傷患若處理得宜，則有百分之八十可挽回生命。

4. 判斷傷患意識狀況；應讓神志清醒者瞭解將獲得適當救助，藉以穩定其情緒。對於神志不清者應特別注意口腔呼吸道之通暢，不能給予任何飲料。

5. 檢查傷患時，應盡量避免翻動傷患之肢體。必須脫除衣服或鞋襪進行詳細檢查時，應沿著邊緣剪開衣著、襪子或鞋帶。

6. 適度保暖以防休克。對於體溫過低者應加蓋衣物或毛毯，甚至使用熱水袋；對體溫過高者，應設法散發體溫。

7. 對於嚴重疼痛者，應設法止痛。

8. 需要立即止血時應使用消毒敷料，不可用手或其他不潔物品接觸開放性傷口或火傷創面。

9. 對於疑似骨折或骨折之傷患，應先固定骨折部位始可搬動。

10. 應設法使中毒傷患的體內毒物排出體外，例如：稀釋毒物或促進其排泄或嘔吐等方式。

11. 搬運傷患時，應盡量利用擔架；在搬運過程中應將患者頭部置放在擔架後方，以便搬運人員能夠隨時觀察傷患之狀況。

12. 對於呼吸停止而必須實施人工呼吸之傷患，在運送急救途中應繼續供給氧氣或實施人工呼吸。

13. 安裝止血帶的患者，應每隔 15 分鐘鬆放止血帶 10 秒至 15 秒時間，以免造成循環阻塞或肢體壞死之現象。

14. 在未經醫師診斷前，切勿貿然對急性腹痛患者使用鎮靜劑、熱敷、灌腸或允許進食，以免對醫師的診斷造成干擾。

15. 隨時觀察並且記錄傷患之呼吸、脈搏、體溫以及血壓等資料，作為醫師診斷病情之參考。

16. 在航行中，若必要時應以無線電通訊方式取得醫療諮詢服務、請求直升機吊救傷患、請求緊急靠港或請求附近船上醫生協助。

13-2 窒息或缺氧

　　呼吸停止之傷患可能因嚴重缺氧（De-efficiency of Oxygen）而暫時處於危險狀態，但仍有生命跡象，此種現象稱為窒息（Asphyxiation）。

　　由於人體細胞無法儲存氧氣而且血液亦僅能在短時間內保存有限的氧氣，以致停止呼吸者無法對體內細胞供給足夠的氧氣。人員停止呼吸之後，心臟仍會繼續跳動而促使少數血液循環至體內細胞，不至於立即陷入死亡狀態。因此，必須在傷患仍有心跳跡象的短暫時間內迅速施行人工呼吸急救作業，否則將喪失挽救生命之契機。

13-2-1　窒息或缺氧之原因

　　窒息或缺氧通常係因溺水、電擊或中毒等意外事故所致，亦可能因氣閉、吊懸、飲酒或服藥過量等事故所致，茲將其肇因分別摘述如下：

1. 呼吸道阻塞

　　諸如：(1) 溺水時，呼吸道被水阻塞。(2) 呼吸道被骨頭、大塊食物、假牙或異物堵塞，而使空氣供應受阻。(3) 吸入熱蒸氣、化學毒氣以及酸性煙氣等，以致黏膜腫脹或者氣管痙攣。

2. 空氣中缺乏氧氣

　　例如：(1) 航空或登山人員因高處氧氣不足而發生窒息。(2) 船上人員進入雙重底艙、堰艙、貨艙或污水艙等容易缺氧的密閉艙間。(3) 陸上人員進入水槽、下水道、枯井、地下室和貯藏室等未實施通風作業的的危險處所。(4) 暴露在燃燒中或燃燒後的火場。

3. 吸入毒性氣體

　　人員吸入毒性氣體時，毒性物質將迅速取代紅血球的氧氣負載空間而使血液缺氧。例如：一氧化碳、二氧化氮或硫化氫等毒性物質，普遍具有與紅血球快速親近結合之特性而且妨礙血液輸運氧氣的功能，導致腦部組織和體內細胞缺氧而喪失人體機能甚至於死亡。

4. 腦部中樞呼吸組織麻痺

　　致使腦部中樞呼吸組織麻痺之主要原因為：(1) 過量使用酒精、藥物或麻醉劑。(2) 吸入高濃度的有害氣體，譬如：二氧化碳或油氣。(3) 不當使用溶劑，例如：四氯化碳。

5. 過度壓迫身體

　　人體的呼吸系統所能承受之壓力負荷具有一定限度，如果遭受重大外力

作用，則可能發生窒息之危險。

13-2-2　心肺復甦術

遭受溺水、電擊或中毒等意外事故之傷患，如果陷入窒息或缺氧狀態，通常經歷 3 分鐘至 4 分鐘之後腦部細胞將開始損壞，經歷 5 分鐘或 6 分鐘之後則可能停止呼吸，故須盡速實施急救措施。目前能使停止呼吸者迅速恢復血液循環和正常呼吸的急救方法稱為心肺復甦術（Cardiopulmonary Resuscitation, CPR），其主要程序包括 A、B 與 C 等三個步驟：

1. A 步驟──使氣道阻塞（Airway Obstruction）者恢復暢通狀態

　　　如圖 13-1 所示，使患者阻塞的氣道恢復暢通之急救方法共有三種，實施之前應先打開患者口腔檢視其氣道是否有異物堵塞，若發現異物則應加以清除。

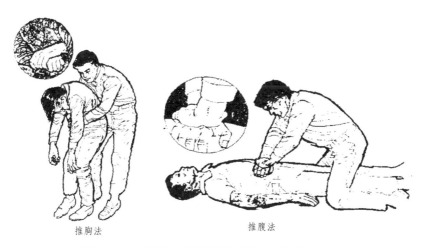

推胸法　　　　　　　推腹法

圖 13-1　使患者氣道恢復暢通之急救法

(1) 擊背法

　　　利用手掌根部連續而且快速地敲擊患者背部的兩肩胛骨間之脊椎；患者處於站立、臀坐著或臥躺等狀態，均可輕易地施展該方法。

(2) 推胸法

① 施救人員站在患者背後，雙臂環抱患者腰部。

② 一手握住另一手之拳頭，利用拳頭之掌心面頂靠於患者胸部底部中央部位，用兩手壓縮患者腹部並且迅速往上推送。

(3) 推腹法

① 使患者臥著、跪著或平躺，施救人員將一手之手掌跟部置於患者的劍突與肚臍之間，另一手則置放在該手之手背上方。

② 用手壓擠患者腹部，同時迅速往上方推送。

③ 連續重覆上述動作。

2. B 步驟——使呼吸停止（Breathing Arrest）者恢復自然呼吸

傷患停止自然呼吸時，必須實施人工呼吸術（Artificial Respiration），將空氣有規律地輸入患者的肺臟並且迫使廢氣排出體外，期使其能恢復自然呼吸。人工呼吸術概可區分為下列三種方法：

(1) 口對口和口對鼻人工呼吸法

實施口對口（Mouth to Mouth）和口對鼻（Mouth to Nose）人工呼吸法之要領如下：

① 先將手指置於患者鼻前，探視患者是否停止呼吸。

② 使患者仰臥於平坦之硬板上，施救者位於其頭部左側。

③ 利用拭擦或抽吸方式清除患者口腔內之黏液與異物。

④ 將一手置於患者之頸部並且上抬，另一手置於前額並且下壓，盡可能使其頭部往後仰，同時保持下顎朝上之姿勢，如圖 13-2 所示。[註三]

⑤ 如果採用口對口呼吸法，施救者應先捏住患者鼻孔，而後以平穩動作將氣體用力吹入患者口腔，直至其胸部鼓起為止，如圖 13-3 所示。

⑥ 如果採用口對鼻呼吸法，施救者應先使患者口腔保持閉合，而後將氣體吹入患者鼻腔。

⑦ 吹氣之後，施救者應將頭轉向一側傾聽是否有空氣自患者肺部排出之

[註三]：頭往後仰是為防止舌頭堵塞咽喉，使呼吸道能保持暢通並使肺部能擴張。

圖 13-2　使患者保持氣道暢通之姿勢

圖 13-3　觀察患者胸部起伏情形

　　　聲音，並且觀察其胸部的起伏情形。

⑧ 當施救人員聽到患者排出氣體的聲息之後，即可再次進行吹氣動作。

⑨ 持續重覆上述步驟，每分鐘吹氣次數大約 12 次至 15 次。

(2) 手動操作式人工呼吸法

　　　在某些特殊狀況下，並不適合採用口對口（鼻）呼吸法急救窒息或缺氧的傷患人員，而必須採用手動操作式人工呼吸法（Manual Methods of Artificial Respiration）；例如：對於毒氣污染場所配戴防毒面具之傷患，或口唇部位受傷出血之傷患。該人工呼吸法可區分為下列三種：

① 壓背舉臂法：由於患者的兩臂被向上舉起時，其頭部將低下而使氣道關閉，因此必須有助手協助將患者頭部撐起，藉以維持呼吸道之暢通。急救時，施救人員應以單膝或雙膝跪處於患者頭部之兩側，面向其腳部，如圖 13-4 所示。

② 壓胸舉臂法：使患者仰臥，並利用毯子、枕頭或折疊之衣著等墊高其肩部，施救時應隨時注意維持其呼吸道之暢通，如圖 13-5 所示。

③ 壓臂舉臂法：此急救法可施用於胸部、肩膀或兩臂等上半身部位受傷之患者。實施時必須使患者俯臥、兩肘彎曲、將其臉部轉向一側並使其頸部伸直，如圖 13-6 所示。

(3) 器材輔助呼吸法

① 口對通氣管人工呼吸法

　　　使用口咽通氣管（Mouth to Airway Ventilation Tubes）進行人

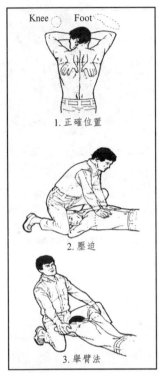

1. 正確位置

2. 壓迫

3. 舉臂法

圖 13-4　壓背舉臂法

1. 舉臂

2. 壓胸

圖 13-5　壓胸舉臂法

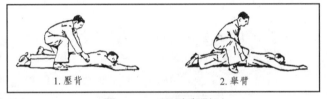

1. 壓背

2. 舉臂

圖 13-6　壓臂舉臂法

工呼吸，可避免救助人員與傷患之口唇互相接觸。如圖 13-7 所示，該通氣管呈Ｓ狀，兩端各有一處通氣管道，但一端較長而另一端較短；較短之一端供救助人員使用，較長之一端應插入傷患之口腔；若傷患為嬰孩時，則應使用較短之一端插入其口腔。

於使用通氣管時，應格外留意勿將傷患之舌頭推至後方；換言之，通氣管應以壓迫傷患舌頭之反方向插入其口腔，俟其到達咽部後則須轉為正方向插至適當位置，然後開始吹氣至患者之咽喉、氣管及肺部。

當人工呼吸術奏效而傷患開始有反應時，因口腔中插有通氣管，故可能會產生噁心嘔吐現象，此時應即時拔除通氣管。

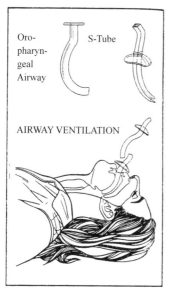

圖 13-7　S 狀口咽通氣管

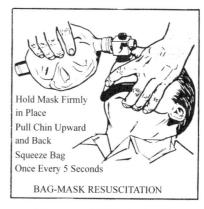

圖 13-8　面罩式呼吸袋

② 面罩式呼吸袋復甦法

　　如圖 13-8 所示，利用面罩式呼吸袋（Bag-Mask Resuscitators）將空氣供給傷患，是具有相當效率的人工呼吸法，其使用要領如下：

a. 將面罩放置於傷患臉部之適當位置。

b. 將傷患之下顎往上提並且向後推，使氣道打開。

c. 每 5 秒鐘壓擠呼吸袋一次，連續供給空氣。

3. C 步驟──使血液循環或心跳停止（Circulatory or Cardiac Arrest）者恢復正常狀態。

　　因意外事故以致心臟突然停止跳動者，必將妨礙血液之有效循環，其急救方法即使無任何專業器材，亦可利用雙手實施心外按摩法（External Cardiac Massage）。

　　所謂心外按摩法係在患者體外施以壓力，使其心肌能產生有節奏的收縮狀態，藉以維持血液循環進而達成挽救生命之急救方法。由於心跳停止後 5 分鐘至 6 分鐘，腦中樞神經系統可能缺氧而壞死，故爭取黃金急救時效是刻

不容緩的，其實作要領如下：

(1) 迅速將患者放置於適當處所，使其仰臥且頭部稍往後仰。

(2) 施救人員橫向跪處於患者胸腔位置。

(3) 將某一手掌跟部放置於患者胸骨下 $^1/_3$ 處，並將另一手的掌心覆蓋其上，如圖 13-9 所示。

(4) 施救人員撐直肘部，利用身體重量緩緩地垂直下向壓迫患者之胸骨，直至其下陷約 1.5 至 2 吋時，突然放鬆壓力。

(5) 每分鐘重覆上述動作 100 次至 120 次。

(6) 每完成 5 次心外按摩之後，若能再搭配一次人工呼吸，其效果更佳；急救時如果只有一位施救人員，則每完成 30 次心外按摩之後，應再搭配兩次人工呼吸。

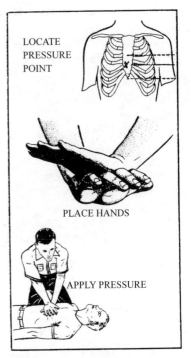

圖 13-9　心外按摩術之胸部壓迫點

13-3　出血與止血

血液由血漿（佔 55%）與血球（佔 45%）組成，血球含有紅血球、白血球與血小板等成份。人體之血液係藉由動脈、靜脈及微血管等循環全身。

以成人而言，體內之血液概有 5,000c.c. 至 6,000c.c.，約佔體重的十三分之一。人體所喪失之血量如在 500c.c. 以下，通常不至於產生不良後果；流失血液超過 1,000c.c. 以上，則可能導致休克；出血之嚴重程度依所流失的血量而異，如果人體喪失一半以上的血液，將導致死亡之危險。

任何血管破裂時，均會發生出血現象。如果微血管破損，只需直接對出血部位壓迫短暫時間，即可達到止血效果；若是較深處的動脈或靜脈遭受創傷，則必須迅速採取止血措施，否則數分鐘之後可能危及生命安全。

依來源區分，出血種類可分為：微血管出血（Capillary Bleeding）、靜脈

出血（Venous Bleeding）與動脈出血（Arterial Bleeding）等三類。依部位區分，則可分為內出血（Internal Hemorrhage）與外出血（External Hemorrhage）等兩類。

13-3-1 出血之症狀

人員發生外出血時，極容易被察覺受傷狀況並且準確辨認出血部位；發生內出血時，必須經過詳細檢查與診斷始能確認出血部位和原因。一般而言，出血患者通常會呈現下列症狀，而且其程度將因失血量多寡而產生變化：

1. 皮膚與嘴唇蒼白、潮濕並且冒出冷汗。
2. 體溫下降甚至偏低。
3. 脈搏加速而且脈息微弱。
4. 血壓下降。
5. 瞳孔擴大，對光線強度反應遲緩。
6. 呼吸困難。
7. 耳鳴。
8. 嚴重頭昏或昏迷：表示患者內出血之初步症狀。
9. 經常口渴而要求喝水：表示患者可能有脫水情形。
10. 不斷噯氣或打呵欠：表示患者可能陷入缺氧狀態。
11. 視力模糊、肢體軟弱無力而且神志不清。

13-3-2 止血之一般原則

1. 將傷患安置於適當處所，詳細檢查出血部位。
2. 將流血部位抬高並且超過心臟位置，將有助於止血。
3. 移除衣著或鞋襪，暴露出血傷口。
4. 切勿輕易觸動傷口處的凝結血塊。
5. 以適當方法進行止血。
6. 於傷口處放置消毒敷料並且使用繃帶固定之。
7. 採取保暖措施，防止患者休克。
8. 限制傷口部位之活動，例如：傷口接近關節部位，應設法制止關節活動，必

要時使用夾板固定之；告誡傷患盡量保持靜態姿勢，將有助於傷口之凝血癒合。

9. 請求必要的醫療協助，例如：輸血、止血、補充血量或供給氧氣。

13-3-3　止血法

止血法分為永久性與暫時性止血法等兩種，所謂永久性止血法係指外科醫生利用止血鉗將血管斷裂端鉗住，而後用線結紮的方法。急救時，通常採用下列暫時性止血法：

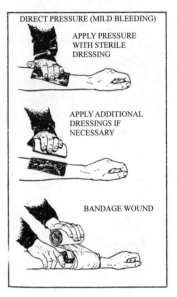

圖 13-10　直接壓迫法

1. 直接壓迫法

傷口的出血緩慢，通常使用消毒紗布墊敷住傷口而後包紮壓迫繃帶，即可達成止血效果。如果包紮之後，發現仍有出血跡象，可嘗試用手壓在敷料上方，此稱為直接壓迫法（Direct Pressure Method），如圖 13-10 所示。

2. 指壓點止血法

動脈或靜脈出血時，通常可對適當的指壓點施壓而達成止血效果，此稱為指壓點止血法（Pressure Point Method）。指壓點的正確位置係在通往傷口之主要動脈、接近皮膚表面並且位於骨骼上，施救者可利用手指或手掌對該點施以壓力而將動脈擠壓在骨骼上，藉以阻止血液自心臟流向傷口部位。

身體的兩側各有十一個指壓點，如圖 13-11 所示，若能確實掌握指壓點之正確位置，即可對人體的特定部位迅速進行止血工作。施救者採用指壓法止血時，必須使用相當力氣而且至少需要維持十五分鐘以上的時間（容易疲累），因此應盡速尋求其他的替代止血法，例如：使用繃帶將一布墊緊紮於傷口之上即可有效地制止出血；如果發現無法止血時，則應考慮使用止血帶。

3. 止血帶止血法

所謂止血帶止血法（Tourniquet Method）係指利用具有緊縮作用的止血

器材阻斷血液流往受傷肢體的方法。

　　止血帶僅適合應用在手腳四肢，如果應用於頭部、頸部或其他身體部位，可能肇致重大危險。其次，止血帶必須在其他止血法均無法施展之情形下始能為之。止血帶種類可區分為兩種：

(1) 臨時止血帶，例如：領帶、橡皮管、三角巾摺帶與寬布條等。

(2) 制式帆布止血帶。

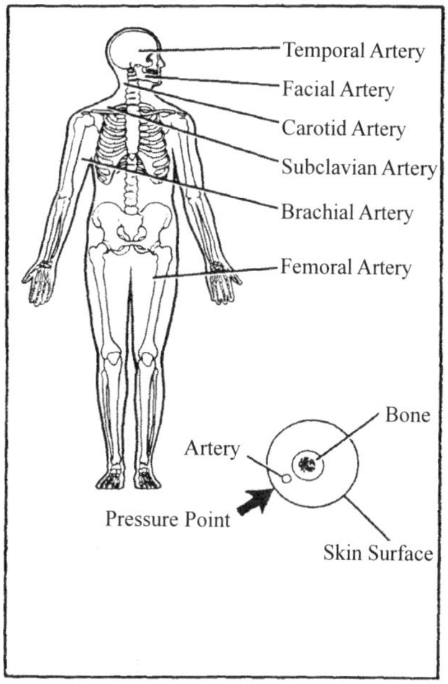

　　使用止血帶時，傷患者可能已經流失相當多血量，急救人員必須注意配合下列事項：

(1) 若能實施其他有效的止血法時，應盡量避免使用止血帶。

(2) 頭部、臉部、頸部或身體出血時，勿使用止血帶止血；止血帶僅適合應用於手腳四肢。

圖 13-11　指壓點分佈

(3) 使用止血帶時，應盡量置放在接近傷口傷口的上方。

(4) 繫紮止血帶時，應先墊以棉墊或厚布，以免直接損傷皮膚。

(5) 繫紮止血帶之鬆緊程度應以止血為目的；過度緊繃時，可能會損傷肌肉或神經。

(6) 每隔 15 分鐘應鬆放 10 秒至 15 秒時間，讓靜脈血液回流之後再紮緊之，以免因繫紮時間過長而造成肢體壞死。

(7) 繫紮止血帶的部位應暴露在外，並且用紅色字體在傷患前額部或腕部所繫的傷單上標註明顯的「T」字樣和開始使用時間，如圖 13-12 所示，作為優先運送的傷患識別，並且提醒照顧人員注意採取必要措施。

　　利用止血帶止血時，醫護人員應注意下列作業步驟與注意事項：

(1) 敷放止血帶之前，先將受傷肢體抬高 1 分鐘至 2 分鐘時間，使靜脈血液回流。

(2) 將止血帶置於受傷肢體上部的衣物外，而後打個半結。

(3) 將棒條放在半結上，再打個平
　　結；輕緩地捻轉棒條，直至止血
　　為止。

(4) 使用膠帶固定棒條。

(5) 每隔 15 分鐘至 20 分鐘放鬆棒條
　　10 秒至 15 秒時間，而後再紮緊
　　之。

(6) 包紮傷口。

(7) 使用毛毯或衣著覆蓋保暖時，應
　　讓止血帶暴露在外。

(8) 定時觀察患者之體溫、脈博、呼
　　吸、血壓與肢體循環情形，並且
　　採取必要的處理措施。

4. 冷敷止血法

　　　　冷敷止血法適用於顱內、鼻部、
胸腔部或腹部等部位出血之患者，急
救人員應注意下列操作步驟與要領：

(1) 冰枕裝入冰塊後，檢查是否漏
　　水。

(2) 使用冰枕套或毛巾包裹冰枕之後，放置在受傷部位。

5. 彎屈肢體止血法

　　　　彎屈肢體止血法適用於肘關節，或膝關節以下之肢體出血。此止血法效
果極佳，但會使傷患者感覺不適，故若非不得已，亦應盡量避免使用，其方
法如下：

(1) 在傷肢關節內側，墊上棉捲或毛巾捲。

(2) 使用三角巾摺帶縛紮上下臂，強迫肢體彎屈而促使傷口止血。

(3) 固定摺帶。

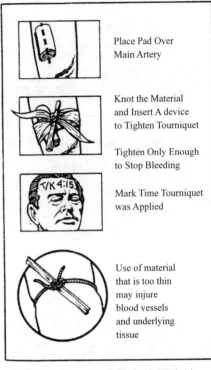

Place Pad Over
Main Artery

Knot the Material
and Insert A device
to Tighten Tourniquet

Tighten Only Enough
to Stop Bleeding

Mark Time Tourniquet
was Applied

Use of material
that is too thin
may injure
blood vessels
and underlying
tissue

圖 13-12　止血帶之使用方法

13-4　中毒

　　毒性物質進入人體所產生的化學變化，將對人體生理機能造成擾亂、破壞甚至導致死亡事件。因毒性物質入侵人體之途徑不同，可分為食入性中毒、吸入性中毒、注射性中毒和皮膚接觸性中毒等四類；在火災場合中，係以吸入性中毒為主。

　　毒性物質對人體之反應相當迅速，故應對中毒傷患實施緊急的醫療處理。如果人員中毒之現場目擊者有兩人以上，應立即指派一人進行通報求救，其他人員則應採取適當的急救和安排送醫措施。如果現場只有一名目擊者，發現傷患之情況危急時，應先完成通報求助措施，始可施行急救作業。

　　任何中毒傷患的中毒症狀即使已經全部消失，體內可能尚且存在無法立即顯現的潛在傷害，因而仍須盡早就醫檢查、診斷或進行治療。

13-4-1　中毒之一般症狀

1. 身體某些器臟部位容易發生劇烈疼痛。
2. 容易噁心或嘔吐。
3. 可能發生神智不清、虛脫或昏迷等狀態。
4. 因腐蝕性的酸類或鹼類物質所致者，可能會發生接觸部位潰爛或腫脹現象，諸如：皮膚黏膜、口腔或喉嚨泛白疼痛。
5. 某些毒性物質可能致使中毒者之尿液呈現紅色、深綠色、鮮黃色或黑色。
6. 許多毒性物質可使中毒者之呼氣具有特殊臭味。
7. 中毒者普遍存在呼吸困難之現象，若干毒性物質甚至可導致癱瘓或痙攣。
8. 某些毒性物質可致使眼睛瞳孔縮小或放大。
9. 皮膚顏色可能呈現潮紅、蒼白或淡青等色澤。
10. 急性中毒者幾乎陷入休克狀態。

13-4-2　火災發生時之中毒種類

　　船舶火災發生時，船員、旅客甚至滅火作業人員均可能吸入過量的有害或有

毒氣體，而導致呼吸系統受損、窒息、缺氧或中毒等意外事故。

人體所吸入的毒性氣體濃度如果超過安全初限值（TVL）[註四]，即可能出現中毒徵兆；火災場所經常出現的毒性氣體種類與其安全初限值，請參閱表 13-1：

表 13-1 火場之毒性氣體種類及其安全初限值

種　類	安全初限值（單位：p.p.m.）
一氧化碳（CO）	50
二氧化硫（SO$_2$）	2~50
二氧化氮（NO$_2$）	5
硫化氫（H$_2$S）[註五]	10

13-4-3　吸入性中毒之急救方法

對於吸入毒性氣體之傷患而言，一般急救方法如下：

1. 將中毒者移離存在毒性氣體的危險環境，並且安置於溫暖、舒適而且通風良好之場所。
2. 若有現成的呼吸器具，可迅速對中毒者供給氧氣或壓縮空氣。
3. 如發現中毒者呼吸衰竭，應立即實施人工呼吸法。
4. 使中毒者保持仰臥姿勢、注意保暖並且避免喧嘩噪音。
5. 盡速安排中毒者送醫治療。

[註四]：請參閱第四章，安全初限值又稱爲最高允許濃度（Maximun Allowance Concentration, MAC）。

[註五]：硫化氫氣體通常存在於原油所形成之蒸發氣體之中，但動物性物質燃燒後，亦可能大量產生該氣體。

13-5　熱之傷害

　　燒傷、中暑、熱衰竭或熱痙攣等症狀，均爲暴露於過熱溫度下常見的傷害種類。對於接觸酸、鹼、及其他化學物質所造成的灼傷，其本質並非燒傷所致者，但少數醫護人員仍將之視爲燒傷事故而忽略對灼傷患者所應採行的特別治療或照護措施，故須一併加以討論。

13-5-1　燒傷與燙傷

　　燒傷（Burns）與燙傷（Scalds）係因暴露於強烈的熱能之下所致者，強烈熱能之來源包括：(1) 火焰、炸彈閃光、陽光；(2) 灼熱的固體、氣體或液體；(3) 人體接觸電流，尤其是強大電流接觸乾燥皮膚時。[註六]

　　燒傷和燙傷皆屬於熱傷害（Heat Injuries）事故，因乾熱所致者稱爲燒傷，陰濕熱所致者稱爲燙傷；燒傷或燙傷的治療方法完全相同。

1. 燒傷與燙傷程度

　　　燒傷程度可依據燒傷範圍、深度與原因等因素加以區分。其中，體表燒傷範圍是評估嚴重程度和生存機率的關鍵因素，茲扼要說明如下：

(1) 計算體表燒傷範圍時，可使用九九律（Rule of Nines）計算之，如圖 13-13 所示，進而決定所需採行的治療方法。一般而言，成人的體表燒傷面積超過 15% 或兒童的體表燒傷面積超過 10% 時，將會陷入休克狀態；成人的體表燒傷面積超過 20% 時，即可能危及生

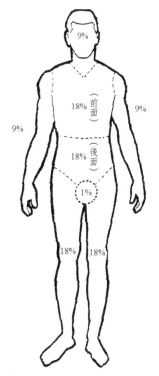

圖 13-13　燒傷面積計算方法

[註六]：乾燥皮膚較濕潤皮膚而言，對電流所產生之阻力強度爲 20：1，因此較容易造成燒傷。

命安全；成人的體表燒傷面積達到 30% 以上而無法接受適當醫療時，極可能發生死亡。

(2) 計算人體組織的燒傷程度通常以「度」表示之，第一度燒傷屬於最輕微者，其徵兆為皮膚發紅、體溫升高而且感覺輕微疼痛。第二度燒傷屬於中度者，其特徵為皮膚紅腫或起泡並且產生劇痛。第三度燒傷屬於嚴重者，其特徵為皮膚、肌肉或骨骼損傷；皮膚呈現白色、死灰（燙傷）或黑色（油類爆炸灼焦）等色澤；如果末梢神經組織遭受損毀，傷患將無法感覺劇痛。圖 13-14 所示者乃為第一度、第二度及第三度燒傷的體表外觀示意圖。

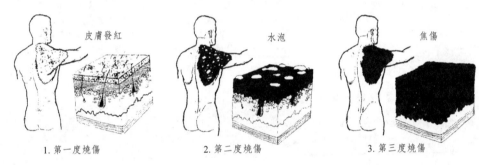

皮膚發紅　　水泡　　焦傷

1. 第一度燒傷　　2. 第二度燒傷　　3. 第三度燒傷

圖 13-14　　不同燒傷程度之體表外觀示意圖

2. 燒傷和燙傷之急救方法

(1) 對燒傷與燙傷患者實施急救時，必須確實掌握下列三項基本原則：

① 解除疼痛。

② 防止休克或急救休克人員。

③ 防止感染。

(2) 治療方法

① 冷卻燒傷組織

設法獲得清水或冰水作為燒傷急救之基礎物資。燒傷範圍少於體表面積 20% 時，可將燒傷部位浸入清水或冰水之中；如果無法將燒傷部位浸入水中，則應以冰涼的毛巾敷放在燒傷部位；上述冷敷治療

工作應持續進行，直至燒傷部位之疼痛感覺已經消失爲止，其所需時間至少 30 分鐘，甚至長達 5 小時。

② 減輕疼痛

對於第一度燒傷患者而言，僅須給予一粒或兩粒阿司匹靈即可解除疼痛。相對地，由於嚴重燒傷患者可能發生劇痛而導致休克之危險，故應適時利用嗎啡止痛，但使用劑量應限制於 15mg 以下。

③ 休克之治療

任何嚴重燒傷人員均可陷入休克狀態，甚至於瀕臨喪失生命之危險後果，故應將已經休克的燒傷人員列爲優先處理對象。茲將其治療要領摘述如下：

a. 解除傷者疼痛是治療休克者的首要任務。

b. 使休克傷患的頭顱側向左側而且頭部低於腳部，保持甦醒者臥姿；適度採取保暖和空調措施；切勿解除其衣著使其暴露於寒冷狀態下加深休克程度。

c. 對嚴重燒傷人員應持續補充足夠液體物質；傷患清醒而且能夠吞嚥時，可以盡量補充液體物質，而且防止體液之流失。

④ 預防感染

a. 對於已經形成開放性創傷的第二度或第三度燒傷人員，應對傷口部位採取適當的遮護措施，藉以降低細菌感染之機率；實施傷口遮護時應盡可能使用消毒敷料。

b. 勿將油膏或其他藥物直接塗敷在創傷處，因該等藥物使用之後，可能對醫師所欲施行的治療造成困擾，甚至無法處理。

c. 防止不潔物質接觸燒傷部位，而且不可刺破水泡；急救人員應避免在患者面前咳嗽或打噴嚏，以免造成細菌感染。

d. 在一小時內無法獲得醫師協助治療時，急救人員應首先移除燒傷部位的衣著或鞋襪，並且施行必要的裹敷保暖工作；發現衣物黏著於燒傷創面時切勿強行拉開，應沿其周圍剪除之；若有膿脂、金屬或油污等物質沾著在燒傷創面，亦不可強力移除。

e. 移除燒傷患者之衣著之後，應盡量以無菌技術裹敷保暖；燒傷創

面應先利用單層凡士林紗布平敷，其次覆蓋鬆軟紗布，最外層則以大塊摺疊紗布敷裹並且使用繃帶妥善固定之。

⑤ 眼部燒傷

眼部燒傷必須獲得特殊治療，如果燒傷係因眼部暴露於蒸汽、爆炸閃光、焊接弧光或其他強烈熱源所致者，可按照下列方法實施急救：

a. 迅速將清潔的礦物油或橄欖油滴入眼內。

b. 利用厚度足夠之敷料遮護雙眼，並且使用繃帶或眼罩固定之。

c. 切勿用手擦揉眼部。

d. 盡速安排患者送醫治療。

13-5-2 化學灼傷

酸性、鹼性與其他化學物質與人體皮膚或體表粘膜接觸時，均可能造成損傷，該等傷害稱為化學灼傷（Chemical Burns）。化學灼傷對身體組織之破壞，大多係因化學物質產生反應作用而直接導致者，例如：硝酸、硫酸、鹽酸、苛性鉀、氫氧化鈉（蘇打水）和氧化鈣（生石灰）等。

1. 化學灼傷的急救方法

(1) 盡速沖除化學物質

使用清潔水連續沖洗灼傷部位，最好採用淋浴方式；為發揮沖洗效果，應迅速移除或剪除被化學物質污染之衣著；沖洗時應使用適當水壓，以免受傷的皮膚組織因水壓過高而形成額外損傷。

(2) 設法中和殘存在皮膚上之化學物質

因酸類物質灼傷者可使用鹼性的碳酸鈉或其他弱鹼溶液加以中和；因鹼類物質灼傷者可使用酸醋、檸檬汁、或其他弱酸溶液中和之；因石炭酸等酚類物質灼傷者可使用酒精沖洗皮膚。

(3) 以清水重覆沖洗灼傷部位，而後利用消毒紗布拭乾並且保持乾燥；在治療過程中，應避免擦破皮膚或弄破水泡，以免發生細菌感染。

(4) 設法治療疼痛傷者，尤其是防止發生休克現象。

(5) 經上述方法處理之後，可對化學灼傷者實施一般燒傷治療作業；但在未

確定化學物質已經完全清除之前，不可貿然在灼傷部位使用凡士林紗布；在急救過程中，應積極安排送醫治療措施。

2. 眼睛化學灼傷之急救方法

(1) 使用清潔水沖洗眼部

通常可利用飲水器的冷水出水口所提供之平穩水流，其方法是：將傷患人員頭部把持在出水口下方，使水流由內側眼角流向外側眼角，但應切忌直接沖擊眼球。其次，隨時應注意控制水流強度，使水流保持平順而且均勻地流經眼部。

若無飲水器可供利用，應令傷者平躺而且將其頭部轉向一側，然後從其內側眼部注入清潔水，並且流經外側眼部。

由於疼痛之故，傷者可能無法自行張開眼睛，因而急救人員必須撥開其眼皮，使水流能夠流入眼睛而達到沖洗效果。

(2) 清洗完成之後，使用小面積厚敷料掩蓋眼睛並以繃帶或眼罩固定之。

(3) 盡速安排傷者醫藥治療。

(4) 處理眼部化學灼傷之傷患時，除清潔冷水之外不得使用其他任何物質；尤其禁止使用容易產生中和作用之化學物質、油膏、油脂、油類物質或膏藥。

13-5-3 熱衰竭及熱痙攣

中暑乃因人體器臟機能調節失常所發生的身體過熱現象，熱衰竭（Heat Exhaustion）則是在人體器臟機能調節正常之情況下，因過度受熱而導致體液嚴重流失所致者，其症狀與休克時循環系統發生紊亂十分類似。

一般而言，長時間出汗而使身體流失大量鹽份與水份，乃導致熱衰竭之主要原因，其初期症狀為頭痛、暈眩、噁心、體力衰弱而且大量流汗；患者虛脫時，容易失去知覺但又易被驚醒；體溫偏低，甚至降至華氏九十七度；瞳孔放大，脈搏快速而淺弱，皮膚灰白而濕冷。

其次，熱衰竭傷患可能併發腹部、腿部或臂部肌肉嚴重痙攣之現象，此稱為熱痙攣（Heat Cramps）；熱痙攣亦可能在無任何熱衰竭徵兆之情況下直接發生。為防止熱衰竭或熱痙攣之發生，在日常生活中應注意鹽份和水份之攝取，尤

其是經常暴露於高溫場所（例如：船上的機艙或鍋爐間）的作業人員。

　　急救熱衰竭傷患的方法與休克急救法大同小異，其作業步驟與應注意事項如下：

1. 將患者移至溫度適當的通風處所。
2. 解除身上束縛物並且鬆放衣著，使傷患保持舒適。
3. 使患者臥躺，將其腳部略微抬高；適度予以保暖，即使環境溫度適宜仍應覆蓋毛毯。
4. 患者發生熱痙攣時，可在痙攣部位熱敷或用手加壓，藉以解除疼痛；若有嚴重痙攣或疼痛等情形，甚至應考慮使用嗎啡治療。
5. 患者清醒而且能夠吞嚥時，給以足量溫水飲用，溫水中應含有適當濃度之鹽分；對熱衰竭病患而言，含鹽溫水是十分重要的治療劑方。
6. 允許患者飲用適量的熱咖啡或熱茶，咖啡與茶所含的咖啡因能刺激心臟而且促進循環。
7. 盡速安排患者送醫治療。

13-6　休克之急救

　　人體受到撞擊或捶打等應力時，將會直接產生神經性的疼痛反應，同時身體內部亦會產生複雜的應變。人體遭受應力作用之後，其血液循環會立即產生應變，以致心跳速率逐漸增加而且接近皮膚與肢體部位的血管會發生收縮現象，以便促使血液加速供應至體內各主要器臟和管控人體機能的腦中樞神經組織；倘若人體之應變結果過於劇烈將會造成不利的傷害。

　　休克（Shocks）係因人體在產生應變之過程中，其細胞無法適時獲得足夠的血液補充而缺乏氧氣與營養，以致血管喪失收縮能力而使人體器臟與腦中樞神經無法發揮正常的功能。換而言之，人體的血液循環系統遭受嚴重阻礙是導致休克的關鍵原因，因而急救休克患者應將恢復其血液循環列為首要目標。

　　處理輕微的休克患者較為容易，嚴重的休克患者則必須迅速採取急救措施，否則極可能形成死亡事件。

1. 休克之成因

   (1) 肢體部位受到嚴重損傷。

   (2) 大量出血。

   (3) 大量失水，例如：燒傷範圍過大、嚴重腹瀉或嘔吐等。

   (4) 極度之精神刺激、寒冷、疼痛或饑餓等。

2. 休克之症狀

   (1) 眼神渙散，瞳孔放大。

   (2) 呼吸淺弱而不規律。

   (3) 嘴唇蒼白、皮膚濕冷而且體溫低。

   (4) 脈搏快速而微弱，血壓下降甚至脈搏消失。

   (5) 昏眩、噁心或嘔吐。

   (6) 清醒但表情焦慮，而後忽然陷入昏迷狀態。

3. 休克之預防與救護

   救護人員救助傷患時，應確實掌握患者之實況並且隨時觀察其變化情形，尤其是防止休克事件之發生。如果發現患者呈現休克徵兆，應迅速採取急救措施。

   處理休克患者應將恢復血液循環量和減緩周圍血管收縮作爲首要目標，茲將相關的預防與救護措施摘述如下：

   (1) 對流血部位進行止血。

   (2) 使患者仰臥在床舖或擔架上，並將腳端處升高 12 吋至 16 吋左右，俾便促進血液回流至腦部與心臟部位；同時應盡量使傷者保持清醒。然而，在某些特殊情況下，應將患者處於甦醒者臥姿。

   (3) 使患者之呼吸道保持通暢，必要時應施展復甦術或供給氧氣，藉以增加動脈的攜氧量。

   (4) 鬆解患者身上之領帶或腰帶等束縛物，以免妨礙呼吸和血液循環。

   (5) 輸給液體或鮮血藉以維持循環血量，並且注意防止血壓過低之情形。患者清醒時，可令其飲用熱飲料；若能在熱飲中混合適量的食鹽或蘇打粉，其效果更佳。

   (6) 使患者保暖並且維持正常體溫；應避免體溫偏高或出汗而增加體液之流

失：應避免體溫過低或寒顫而消耗體熱，以致增加妨礙血液循環。

(7) 減輕患者之疼痛，其目的旨在避免神經受到刺激導致血管收縮而降低血液循環量。進行止痛時，除了可利用阿斯匹靈、非那西丁、咖啡因（俗稱 APC 藥片）或嗎啡（Morphine）[註七]等藥物之外，使患者獲得心理支持力量和設法減輕疼痛程度，亦是相當重要的方法。

13-7　創傷

身體的內部或外部組織遭受機械應力作用而造成之損傷，稱為創傷（Wounds）。

13-7-1　創傷之原因

由於機械應力之來源不同，創傷之發生原因可區分為下列四種：

1. 物理性刺激。
2. 化學性刺激。
3. 電力刺激。
4. 冷熱刺激。

13-7-2　創傷之種類

若依皮膚、黏膜或組織是否破裂加以分類，創傷種類可區分為兩種：

1. 開放性創傷

開放性創傷（Open Wounds）乃指皮膚或組織等已經明顯發生破損者，其型態又可分為摩擦（Abrasion）、切割（Incisions）、撕裂（Lacerations）、穿刺（Punctures）和壓碎（Crashed）等五種。

[註七]：嗎啡雖為最有效之止痛藥，亦為一種呼吸抑制劑，故不但應謹慎使用，而且應避免應用於頭部外傷者、胸部外傷者、鼻咽喉口腔外傷者、大量出血者、呼吸道阻塞者或者嚴重休克者。

2. 閉鎖性創傷

　　閉鎖性創傷（Closed Wounds）係指僅傷及皮下組織或黏膜，皮膚並未發生破損者，例如：燙傷所形成之水泡、鈍傷、扭傷、脫臼以及胸腹腔內的器臟損傷等。

13-7-3 開放性創傷之治療

　　急救開放性創傷人員時，應將止血、防止休克與防止傷口感染等工作列為首要目標，其處理和治療方法為：

1. 實施清創術

　　在創傷後的十二小時之內，開放性傷口通常無法繁殖化膿性細菌而感染傷口，故可利用清創術（Wound Debridement）切除壞死組織或清除傷口內之異物等方法，使被污染的傷口變得乾淨而達成初期癒合之目的；倘若創傷超過十二小時以上而且傷口已經受到細菌感染時，則不可貿然施行之。茲將清創術的作業要領摘述如下：

(1) 施行清創術之前，應先以無菌紗布覆蓋傷口，而後使用碘酒棉球和酒精棉球消毒洗淨傷口附近的皮膚。

(2) 取下傷口上的紗布，在使用無菌生理鹽水與消毒棉球洗滌傷口內部；如果發現傷口內有異物，應利用無菌鑷子取出。

(3) 在傷口上塗敷無刺激性的皮膚防腐劑，例如：氯化二氫基二甲苯胺酊（Benzalkocium Chloride Tincture）。

(4) 若有必要，應使用消毒敷料覆蓋傷口並且以膠布固定或繃帶包紮之。

2. 判斷傷口是否需要封閉或縫合

　　一般而言，乾淨且傷口整齊之創傷應予封閉，以期能迅速癒合而且疤痕較小，例如：切割傷。發現傷口骯髒或紅腫時，顯然已經受到早期細菌感染，則不宜封閉傷口，例如：撕裂傷或壓碎傷。

　　封閉小傷口時，通常可使用膠布帶。對於大傷口或膠布帶無法黏貼者，則須採用縫合法。

13-8 骨折、脫臼與扭傷

　　人體之骨骼係由兩百零六塊骨頭互相連結而成，具有支持、保護、活動與造血等作用。任何兩塊骨頭連接處稱為關節而且具有關節囊，其內部有滑液膜潤滑關節，外部有韌帶固定關節。因此，骨骼發生骨折脫臼或扭傷等傷害時，人體不僅會發生疼痛，甚至可能喪失活動與行動能力。

13-8-1 骨折

1. 骨折分類

　　骨頭形成破裂之現象稱為骨折（Fractures），其種類可區分為三種，如圖 13-15 所示：

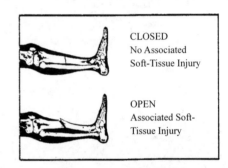

圖 13-15　骨折種類

(1) 單純性骨折（Simple Fractures），其現象是皮膚未破損而且無傷口，又稱為閉鎖性骨折（Closed Fractures）。

(2) 開放性骨折（Open Fractures），其現象是皮膚已經破損而且出現傷口。

(3) 複雜性骨折（Complicated Fractures），骨折之斷裂部位或碎片已經傷及周圍血管、神經或器臟等。

2. 骨折之症狀

(1) 骨裂聲，因破碎端互相摩擦而發出聲音。

(2) 疼痛、腫脹或瘀血。

(3) 變形。

(4) 功能喪失。

(5) 麻痺，因碎片嵌入神經或脊椎骨折致使肢體麻痺。

(6) 休克，因嚴重的組織損傷、出血和疼痛所致。

(7) 複雜性骨折將呈現開放性傷口。

3. 骨折之急救方法

(1) 骨折患者容易因劇烈疼痛而陷入休克狀態，救助人員不僅應輕巧、敏捷地實施各項急救措施，而且應隨時防止患者發生休克。

(2) 對疑似骨折或脫臼之傷患，應以骨折急救法處理之。

(3) 骨折傷患應於原地完成包紮和固定措施之後，始可移動之。

(4) 開放性骨折傷患必須使用裹傷包敷蓋傷口而且固定妥善。

(5) 切勿用手接觸暴露於傷口外的骨折部位或企圖使其矯正復位。

(6) 對開放性骨折傷患，應優先實施止血法。

(7) 發現損傷部位嚴重腫脹時，可採用冷敷法並且墊高患肢，藉以減輕其疼痛程度。

(8) 應盡量防止傷患發生出血甚至休克之危險。

(9) 搬運骨折傷患時，應設法保持其原有的肢體狀態，譬如：勿隨意改變其頭部或肢體角度。

(10)對骨折傷患實施包紮或固定作業時，應盡量避免解除可供保暖之衣著；必要時，應使用剪刀剪除傷口附近的衣服。

(11)包紮時不可用力過緊，並且應隨時注意患者的肢體循環情形；如果發現肢體呈現腫脹、寒冷、藍色或白色等徵兆，即應適度放鬆包紮繃帶。

(12)救助人員應隨機應變並且就地取用必要的急救器材，例如：使用木棍、木板或竹桿等材料作為臨時夾板。

(13)固定骨折部位的夾板長度必須能夠完全覆蓋上下兩處關節，以防止關節發生動搖。其次，在傷處接觸身體凹凸面的部位應敷設襯墊。

(14)注意傷患之保暖。

(15)搬運頭部、背部或脊椎等處骨折之傷患時，應盡量使其身體保持平直狀態。

4. 骨折固定法

(1) 前臂骨折

① 使傷患的前臂彎曲成直角、手掌朝向身體、拇指朝向頭部。

② 將兩塊長度適當並且裹覆棉花或紗布的薄木板，分別放置於前臂背側與掌側而後使用繃帶固定之。

③ 使用三角巾或吊帶懸撐傷肢。

(2) 下顎骨骨折

令患者閉上嘴巴而且頭部前傾，急救者利用手掌將其下顎輕輕往上托，以三角巾摺帶固定之。

(3) 鎖骨骨折

① 立刻請助理人員撐持傷患手臂。

② 在傷患的上臂與胸部之間安放足夠襯墊。

③ 使用寬闊繃帶將發生骨折的一側手臂紮緊在軀幹並且固定之。

(4) 肋骨骨折

肋骨骨折傷患容易因肺部受傷而導致呼吸困難，故應妥善地實施固定作業，其急救步驟包括：

① 將第一塊三角巾放置於胸部上，並且打上鬆結。

② 將第二和第三塊三角巾依序放置於第一塊三角巾之下側，並且各打一個鬆結。

③ 在胸部三角巾之鬆結下方，置放急救包或紗布墊一塊。

④ 自上而下抽緊三角巾之鬆結，此動作應在傷者呼氣後施行之。

(5) 脊椎骨折

任何因脊椎[註八]受傷而發生疼痛甚至休克之傷患，即使並無立即癱瘓之危險，仍應以脊椎骨折急救法處理之。

傷患無法自行活動腿部、足部或足趾時，骨折可能發生於背部；如果手指無法活動時，則可能發生頸部骨折。

脊椎任何一點發生骨折時，內部脊索神經將會產生應變或嚴重受損以致發生癱瘓或死亡事故，故應將脊椎骨折傷患列為優先處理對象。茲將其急救方法摘述如下：

① 勸告傷患盡量避免變換肢體或軀幹姿態。

[註八]：脊椎係由頸椎七節、胸椎十二節、腰椎五節、薦椎五節與尾椎五節等互相連接而成者。

② 患者失去知覺時，應設法使其呼吸道保持通暢。

③ 患者腹部脹氣或大小便困難時，應熱敷其腹部藉以減輕痛苦。

④ 切勿隨意搬運或移動傷患，以免造成其他意外損傷；必要而且可行時，應盡量商請醫生至現場進行醫治。

⑤ 注意傷患之保暖並且預防休克。

(6) 大腿骨折

股骨乃腿部上部的長骨，位於膝蓋與骨盆之間。股骨骨折時，任何形式的肢體活動，可能發生肌肉痙攣、劇烈疼痛甚至於血管或神經損傷等情形；若屬於開放性骨折，應優先止血與治療創傷，同時盡速安排送醫醫療措施。其次，在骨折部位尚未固定之前，應避免移動傷患。茲將圖 13-16 所示的大腿骨折固定法摘述如下：

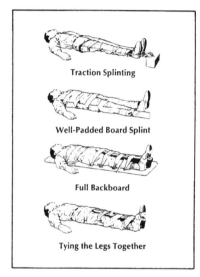

圖 13-16　大腿骨折固定法

① 謹慎地拉直患肢，使用兩塊夾板分別置於患肢的外側和內側；外側夾板應自腋窩延伸至足部，內側者應自會陰延伸至足部，而且必須在腋凹與會陰之夾板端敷設襯墊。

② 可在踝關節、膝部、髖骨正下方、骨盆周圍與腋窩下方等五處固定夾板。

③ 患肢應與健肢互相縛綁。

④ 腳部互相縛綁。

13-8-2　脫臼

關節之骨頭發生移位現象稱為脫臼（Dislocations），其發生部位通常在肩、肘、拇指、手指或下顎等處關節。

1. 脫臼之症狀
   (1) 關節與其附近劇烈疼痛。
   (2) 失去正常功能。
   (3) 呈現畸形。
   (4) 關節附近特別腫脹。
2. 脫臼之急救方法
   (1) 切勿嘗試使脫臼處回復原位，宜速請醫師治療。
   (2) 使傷肢保持於最適當狀態；可使用繃帶承托固定之。
   (3) 避免活動傷處。

13-8-3　扭傷

　　肢關節的韌帶發生損傷之情形稱爲扭傷（Sprains），通常發生在髁關節、腕關節、膝關節或指關節等部位。扭傷時如果撕裂血管，將會造成劇痛與明顯的瘀腫現象。茲將扭傷的急救治療方法摘述如下：

1. 使用適當的夾板、膠布與繃帶等器材固定受傷關節。由於受傷部位經常會繼續腫脹，固定受傷關節時應注意縛紮物之鬆緊度，並且每隔一段時間應適度加以調整。
2. 抬高傷肢藉以減輕疼痛與腫脹。
3. 扭傷後的二十四小時內，可使用冷敷法處理傷處。
4. 若未能確定是扭傷或骨折時，應視爲骨折處理之。

13-9　傷患搬運

　　在緊急情況下，救護人員經常必須利用搬運、拖曳或吊運等方式將傷患移離危險處所。搬運傷患時，救護人員可能爲了爭取急救時效而忽略必須注意配合的其他措施，以致弄巧成拙；搬運傷患具有相當的價值性和風險性，其結果可能挽救人命亦可能造成死亡。因此，救護人員必須先行確認傷患是否面臨死亡之危險而必須迅速送醫治療，否則不須貿然進行搬運行動。茲將搬運傷患的方法介紹如後：

1. 毛毯拖曳法

　　毛毯拖曳法（The Blanket Drag）可用以移動嚴重傷患。使用時，應自左而右將毛毯放置於傷患之背部，使傷患平躺在毛毯之上，但頭部必須靠近拖曳位置，如圖 13-17 所示。

2. 消防員攜行法

　　圖 13-18 所示的消防員攜行法（The Fireman's Carry）是運送昏迷傷患之最有效方法，其主要步驟為：

(1) 將傷者翻轉使其伏臥，救護者面向傷患並將一膝跪放於其頭部附近；雙手繞過傷者腋窩而後抱緊背部。

(2) 向上提舉傷者使其處於膝跪姿勢。

(3) 繼續提舉傷者使其處於站立姿勢，此時救護人員的右腿應緊貼在傷者兩腿之間，同時以左手握其右腕而且使右手臂繞過救護人員的後頸部而至左肩。

(4) 施救人員迅速下蹲並且將傷患放置於肩膀上方；以右臂通過其雙腿之間而且握緊其右腕，然後起身站直。

3. 雙手固定曳行法

　　圖 13-19 所示的雙手固定曳行法（The Drag Carry）適用於短程之傷患搬運，尤其是必須穿越高度較低的結構物之情況。茲將該搬運法之作業步驟與應注意事項介紹如下：

(1) 先使傷患保持正臥平躺姿勢。

(2) 雙膝跨跪於傷患身體兩側，上舉其兩臂放置於救助者頸後並且使用柔軟的手帕或纖維製品綁牢其雙手。

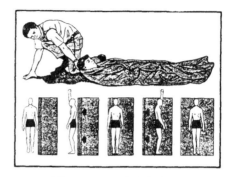

圖 13-17　毛毯拖曳法

圖 13-18　消防員攜行法

圖 13-19　雙手固定曳行法

圖 13-20　背負法

(3) 曳行時必須注意抬高傷患的肩部，以避免其頭部與地板發生摩擦。

4. 背負法

　　圖 13-20 所示的背負法（The Back Carry）適用於較長距離之傷患搬運作業。然而，搬運嚴重受傷者應避免使用該方法，尤其是臀部、脊椎、頸部或肋骨骨折等傷患。

5. 椅運法

　　圖 13-21 所示的椅運法（The Chair Carry）適用於必須將傷患迅速搬離危險場所時，尤其是必須通過狹窄通道或上下樓梯之情況。然而，搬運頸部、背部或骨盆受傷人員時，應避免使用該方法。

6. 扶運法

　　扶運法（The Man-Handling Carry）適用於將傷患搬運至安全處所之任何情況。依實際作業人數之多寡，扶運法可區分為單人、雙人與其他型式，如圖 13-22 所示。

7. 利用擔架與器具搬運法

　　在空間足夠寬敞而且方便通行之情況下，利用圖 13-23 所示的擔架（Stretchers）、籃具（Baskets）、安全帶（Harness）、背脊板（Spine Boards）或臨時利用繩索、水帶、毛毯等材料製作的器材搬運傷患，是最安全而且具有高度效率。

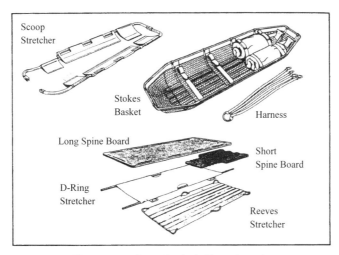

圖**13-21**　椅運法　　　　　圖**13-22**　扶運法

一人扶運法　　二人扶運法

圖**13-23**　搬運傷患之擔架與器材

　　該類搬運器材之種類繁多而且各有操作使用方法，茲僅摘述兩種方法：

(1) 四人滾動法

　　　四人滾動法（The Four-Man Log Roll Method）適用於將脊椎受傷的患者搬放至擔架之情況，其操作步驟如圖 13-24 所示：

　① 使傷患處於擔架與救護人員之間。

② 四名救護者分別握住傷患的頭部、胸部、臀部與小腿等部位。

③ 救護人員合力將傷患緩緩轉向一側，而後拉近擔架並使傷患平躺其上。

④ 利用鞍帶固定傷患。

(2) 叉腿搬運法（The Straddle Slide Method）係將骨折、背脊或腰椎受傷等傷患，放置於背脊板之搬運方法，如圖 13-25 所示：

① 由一人負責移動背脊板，其他三人則叉腿站立於患者兩側，並且彎腰分別握住其頭部、肩部與臀部等三處。

② 當三人同時將傷患稍稍往上抬舉時，即將背脊板自頭部推入，並且襯墊於傷患之脊椎下方。

圖 13-24　四人滾動法

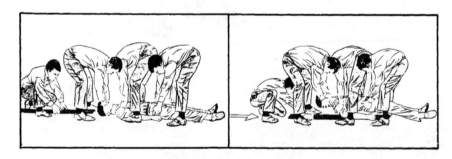

圖 13-25　叉腿搬運法

13-10　深艙傷患之吊救與急救

在深艙內實施例行工作或深艙發生火災時，作業人員均可能遭受人身傷

害、中毒或窒息等意外事故，故而須將傷患迅速搬運至甲板上的安全場所^[註九]並且實施急救措施。

　　任何欲進入深艙展開救助作業的人員務必遵守「未妥善完成安全防護措施之前，切勿貿然進入艙內實施吊救作業」的基本原則，否則可能成為遇險者；根據某調查與研究資料顯示，在所蒐集的 8 件深艙傷患救助案例中，總共動員 36 名船員進艙實施作業，卻有 4 人成為遇險者；經分析後發現，其主要原因可歸納為兩項：

1. 因進艙人員所配戴的呼吸面罩並未處於氣密狀態，以致吸入艙內所存在的有毒或有害氣體而成為遇險者。
2. 因進艙人員未事先檢查鋼瓶之壓縮空氣存量是否足夠而且安全；入艙從事救援工作人員如果在壓縮空氣消耗完畢之前無法及時撤離深艙，將會脫除面罩而吸入有害或有毒氣體。

13-10-1　深艙吊救裝備

　　在泵艙或貨艙等深艙從事傷患吊救工作時，不僅船員必須具有正確之專業知識和技能，船上亦應妥善設置相關裝備。依「油輪安全操作手冊」之建議，油輪應設置深艙吊救裝備^[註十]，茲將其組件介紹如下，請參考圖 13-26：

1. 救生繩

　　　泵間所使用之救生繩（Life Lines）長度應超過兩倍艙深，周徑大約 10 公分左右，泵室頂部應裝置一具轉環式永久滑車裝置；將救生繩穿過滑車槽，使繩索活動端盤放在泵室最上層入口處並且繫縛在欄杆或其他屬具；在附近牆壁上張貼「救生專用索具，請勿挪作任何其他用途」之警告標語。

[註九]：對於深艙中遭受意外而需要急救之傷患而言，救助者可能無法立即明瞭其意外發生之原因，但必須視為最嚴重的中毒或缺氧事故處理之。因此，將傷患吊離深艙而且抵達艙面之作業時間，應以 6 分鐘作為要求標準。

[註十]：根據「油輪安全操作手冊」規定，任何油輪必須於泵間固定設置一套吊救設備，而且至少有一套以上存放於方便取得之儲藏處所，以因應其他油貨艙作業之需要。

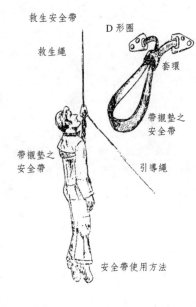

圖 13-26　泵間與深艙吊救裝置

2. 安全胸帶

　　安全胸帶（Harness）應放置在泵室底部，並使用細繩縛綁在欄杆扶手上。安全胸帶可迅速環繞在傷患者身上，將扣環收緊之後即可防止身體滑動；安全胸帶上連接一條周徑大約 10 公分的牽引繩，泵間底部的救助人員可操作牽引繩，使傷患肢體避免發生阻擋或碰撞，藉以促進吊救作業效率。

3. 呼吸器具

　　船上所使用之呼吸器具種類、操作使用以及注意事項，請詳見第十一章之 11-1 內容。

4. 通訊器具

　　目前各類型船舶之內部與外部短距離通訊，均普遍採用防爆型對講機。

13-10-2 深艙傷患之急救方法

現代船舶大型化的結果，船上的艙區空間亦相對加大，尤其是貨艙深度之增加，例如：大型散裝輪的貨艙深度大約 10 公尺，VLCC 的油艙深度普遍超過 20 公尺。船員如果在深艙發生意外事故，艙面救助人員勢必需要花費較多時間，始能抵達艙底展開救助作業。因此，救助人員至少應對深艙傷患積極採行下列急救措施：

1. 救助人員配置安全防護裝備之後始可進艙展開救援作業。
2. 利用復甦器具協助昏迷者進行呼吸。
3. 攜備額外的自給式壓縮空氣呼吸器，供傷患使用。
4. 艙內的遇險人員如果尚有知覺，可從甲板上將空氣輸送管延伸至艙底，而後利用鼓風機輸送新鮮空氣。
5. 若情況緊急而必須對傷患實施人工呼吸時，施救者切勿輕易脫除自給式壓縮空氣呼吸器而暴露於危險環境中，除非確認下列事實：
   (1) 艙內的有害或有毒氣體已被清除。
   (2) 已經對艙內實施妥善的通風措施。

13-11 本章結語

船舶從事海上貨物與旅客運送期間，除了靠泊碼頭、進塢或錨泊等情況外，大多處於遠離陸岸之航行狀態。因此，船員或旅客發生疾病或人身傷害時，通常無法迅速獲得陸上醫療資源之援助，而必須仰賴船上人員施展有效的急救、治療或照護措施，始能避免傷患情形繼續惡化或面臨死亡之危險。

因應 IMO Model Course 2.03 之要求標準，本章編纂內容著重於火災常見的窒息、中毒、創傷、灼傷與骨折等傷害急救與治療部份。在航海實務上，其他傷患之急救和相關醫護常識亦為船員所應學習之領域。

附錄

附錄一 艙區安全證明書樣本
（海事化學家認證）

PHONE: 301/875-4131

PENNIMAN & BROWNE, INC.
MEMBERS OF N. F. P. A.

6252 FALLS ROAD
BALTIMORE, MD. 21209

MARINE CHEMIST'S CERTIFICATE

Survey Requested By: Harbor Towing Co.
Vessel: BARGE SHAMROCK
Type of Vessel: Barge
Location: Harbor Towing Yard
Owner or Agent: Harbor Towing

Date: January 21, 1978
Time of Completion: 8:30 AM
Certificate No.: HT-1
Last Cargo: Gasoline & #2 Fuel Oil
Test Method: MSA Explosimeter & Inspection

Forward Rake . . . . SAFE FOR MEN - SAFE FOR FIRE

Cargo Tanks Nos. 1-2, Port & Stbd . . . . SAFE FOR MEN - SAFE FOR FIRE

Cargo Tanks No. 3, Port & Stbd . . . . SAFE FOR MEN - NOT SAFE FOR FIRE
(These tanks have been cleaned and are to serve as buffer tanks)

Cargo Tank No. 4, Port & Stbd . . . . SAFE FOR MEN - NOT SAFE FOR FIRE
(These tanks have been butterworthed but not mucked)

In the event of any physical or atmospheric changes affecting the gas-free conditions of the above spaces, or if in any doubt, immediately stop all hot work and contact the undersigned.

Standard Safety Designations NFPA 306 - 1975

Safe for Men. Means that in the compartment or space so designated: (a) The oxygen content of the atmosphere is at least 16.0 percent by volume, and that, (b) Toxic materials in the atmosphere are within permissible concentrations; and (c) In the judgment of the Marine Chemist, the residues are not capable of producing toxic materials under existing atmospheric conditions while maintained as directed on the Marine Chemist's Certificate.

Safe for Fire. Means that in the compartment so designated: (a) The concentration of flammable materials in the atmosphere is below 10 percent of the lower flammable limit and that, (b) In the judgment of the Marine Chemist, the residues are not capable of producing a higher concentration than permitted by 1.5.2 (a) under varying atmospheric conditions in the presence of fire and while maintained as directed on the Marine Chemist's Certificate; and further, (c) All adjacent spaces have either been cleaned sufficiently to prevent the spread of fire, or, in the case of fuel tanks, have been treated as deemed necessary by the Marine Chemist.

Safe for Spaceworkers. Means that the compartment so designated: (a) Shall meet the requirements of 1.5.1; and, (b) In the judgment of the Marine Chemist, the residual combustible materials deposited are not capable of producing fire beyond the extinguishing capabilities of the equipment on hand; and, (c) All adjacent compartments or spaces shall meet the requirements of 1.5.2 (a).

The undersigned shipyard representative acknowledges receipt of this Certificate and understands the conditions and limitations under which it was issued.

Qualifications

Transfer of ballast or manipulation of valves or closure equipment tending to alter conditions in pipe lines, tanks or compartments subject to gas accumulations, unless specifically approved in the Certificate, requires inspection and endorsement or reissue of Certificate for the spaces so affected. All doors, seals, heating coils, valves, and number contained apparatus shall be considered 'hot safe' unless otherwise specifically designated.

Chemist's Endorsement

This is to certify that I have personally determined that all spaces in the foregoing list are in accordance with the Standard For the Control of Gas Hazards on Vessels to Be Repaired, adopted by the National Fire Protection Association, and have found the condition of each to be in accordance with its assigned designation.

This Certificate is based on conditions existing at the time the inspection herein set forth was completed and is issued subject to compliance with all qualifications and instructions.

434

Shipyard Representative   Title   Date   Time   Marine Chemist   Cert. No.

附錄二之一　手提式水系滅火器

STORED PRESSURE EXTINGUISHER
蓄壓式滅火器

2½ Gal. at 100 Psi

PUMP TYPE EXTINGUISHERS
泵式滅火器

PTC-25

5 and 2½ Gallon Sizes

PTC-50

EXTINGUISHER BRACKETS
滅火器外套架

POLYETHYLENE PUMP TANK
聚乙烯泵罐

● U/L Listed Plastic Extinguisher
美國安全檢測實驗室認證
塑膠體滅火器

資料來源：Halprin Supply Company, M700

附錄二之二 手提式及半固定式二氧化碳滅火器

1. 手提式

5 Lb. CO-2   10 Lb. CO-2   15 Lb. CO-2   20 Lb. CO-2

2. 半固定式

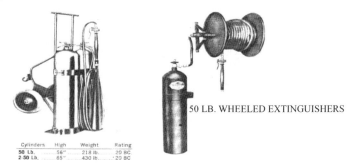

Cylinders	High	Weight	Rating
50 Lb.	56"	218 lb.	20 BC
2-50 Lb.	65"	430 lb.	20 BC

50 LB. WHEELED EXTINGUISHERS

3. 屬具與配件

CO-2 VALVES

CO-2 Squeeze Grip Type

CO-2 HOSE & HORNS

Extinguisher BRACKETS

資料來源：Halprin Supply Company, M700

附錄三之一　手提式及半固定式化學乾粉滅火器

1. 手提式

（鋼瓶內插型）

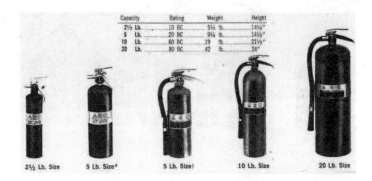

Capacity	Rating	Weight	Height
2½ Lb.	10 BC	5¼ lb.	14¼"
5 Lb.	20 BC	9¼ lb.	14½"
10 Lb.	60 BC	19 lb.	21½"
20 Lb.	80 BC	42 lb.	24"

2½ Lb. Size　　5 Lb. Size*　　5 Lb. Size†　　10 Lb. Size　　20 Lb. Size

（鋼瓶外插型）

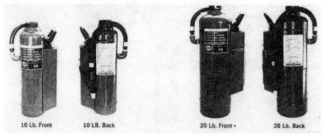

10 Lb. Front　　10 LB. Back　　　20 Lb. Front •　　20 Lb. Back

2. 半固定式

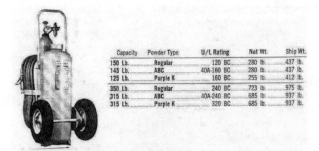

Capacity	Powder Type	U/L Rating	Net Wt.	Ship Wt.
150 Lb.	Regular	120 BC	280 lb.	437 lb.
145 Lb.	ABC	40A-160 BC	280 lb.	437 lb.
125 Lb.	Purple K	160 BC	255 lb.	412 lb.
350 Lb.	Regular	240 BC	723 lb.	975 lb.
315 Lb.	ABC	40A-240 BC	685 lb.	937 lb.
315 Lb.	Purple K	320 BC	685 lb.	937 lb.

資料來源：Halprin Supply Company, M700

附錄三之二　　手提式海龍滅火器

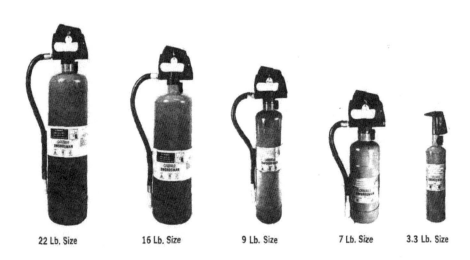

22 Lb. Size　　16 Lb. Size　　9 Lb. Size　　7 Lb. Size　　3.3 Lb. Size

偵溫式海龍自動滅火器
（天花板型）

Size	Vol. Cu. Ft.	Weight	Height	Dia.
3 Lb.	120	6¼ lb.	7¾"	7".
5 Lb.	200	8¼ lb.	7¾"	7".
10 Lb.	400	10 lb.	8¾"	9".
20 Lb.	800	26 lb.	10⅛"	11"
25 Lb.	1000	32¼ lb.	11½"	11"
30 Lb.	1200	37¼ lb.	11½"	11"

資料來源：Halprin Supply Company, M700

附錄四　消防水總管滅火系統之接頭與屬具

1. 接頭

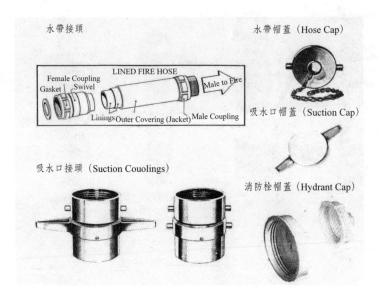

水帶接頭

水帶帽蓋（Hose Cap）

吸水口帽蓋（Suction Cap）

吸水口接頭（Suction Couolings）

消防栓帽蓋（Hydrant Cap）

2. 歐洲規格瞬時型增減接頭結合接頭　＊能與大部份外國規格之產品相容

（**Instaneous Type Adapters and Couplings to European Standard**）

資料來源：Halprin Supply Company, M700

附錄五　全區式二氧化碳滅火系統圖

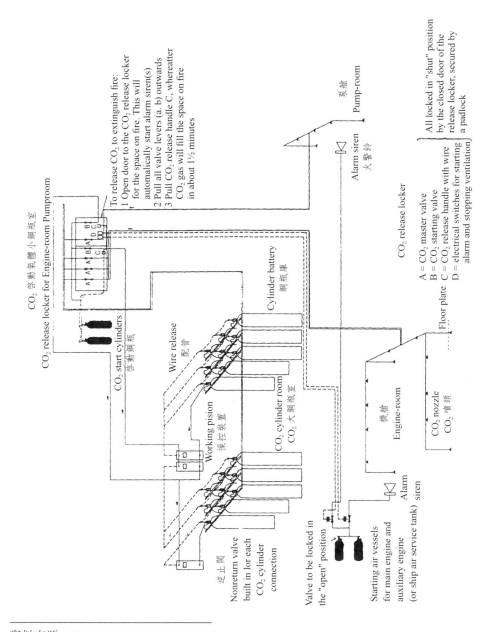

To release CO_2 to extinguish fire:
1 Open door to the CO_2 release locker for the space on fire. This will automalically start alarm siren(s)
2 Pull all valve levers (a. b) outwards
3 Pull CO_2 release handle C, whereatter CO_2 gas will fill the space on fire in about 1½ minutes

CO_2 啟動氣體小鋼瓶室
CO_2 release locker for Engine-room Pumproom

泵艙
Pump-room

Alarm siren
火警鈴

CO_2 start cylinders
啟動鋼瓶

Wire release
配管

Working pision
操控裝置

Cylinder battery
鋼瓶庫

CO_2 cylinder room
CO_2 大鋼瓶室

機艙
Engine-room

CO_2 nozzle
CO_2 噴頭

Floor plate

CO_2 release locker

A = CO_2 master valve
B = CO_2 starting valve
C = CO_2 release handle with wire
D = electrical switches for starting alarm and stopping ventilation)

All locked in "shut" position by the closed door of the release locker, secured by a padlock

逆止閥
Nonreturn valve built in lor each CO_2 cylinder connection

Valve to be locked in the "open" position

Starting air vessels for main engine and auxiliary engine (or ship air service tank)

Alarm siren

資料來源：IMO MODEL COURSE 2.03

附錄六　固定式撒水滅火系統

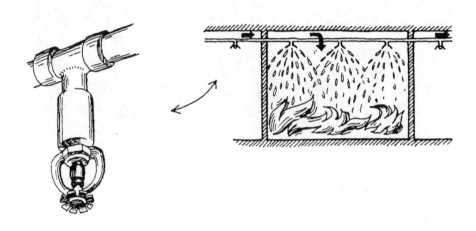

Shipside inlet valve
to sprinkler pump 通往撒水頭滅火系統專用泵之船邊進水閥門

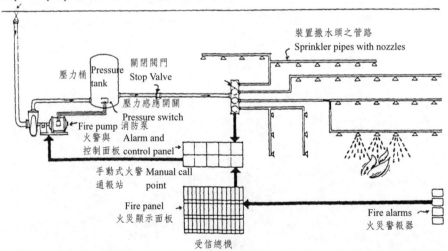

資料來源：IMO MODEL COURSE 2.03

附錄七　海龍 1301 滅火系統線路圖

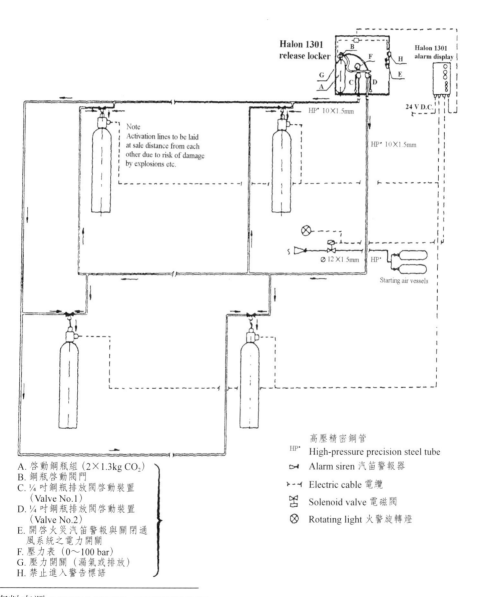

Halon 1301 release locker

Note
Activation lines to be laid at sale distance from each other due to risk of damage by explosions etc.

HP' 10×1.5mm

HP' 10×1.5mm

Halon 1301 alarm display

24 V D.C.

Ø 12×1.5mm   HP'

Starting air vessels

A. 啓動鋼瓶組（2×1.3kg CO₂）
B. 鋼瓶啓動閥門
C. ¼吋鋼瓶排放閥啓動裝置（Valve No.1）
D. ¼吋鋼瓶排放閥啓動裝置（Valve No.2）
E. 開啓火災汽笛警報與關閉通風系統之電力開關
F. 壓力表（0～100 bar）
G. 壓力開關（漏氣或排放）
H. 禁止進入警告標語

高壓精密鋼管
HP' High-pressure precision steel tube
Alarm siren 汽笛警報器
Electric cable 電纜
Solenoid valve 電磁閥
Rotating light 火警旋轉燈

資料來源：IMO MODEL COURSE 2.03

附錄八　惰性氣體系統線路圖

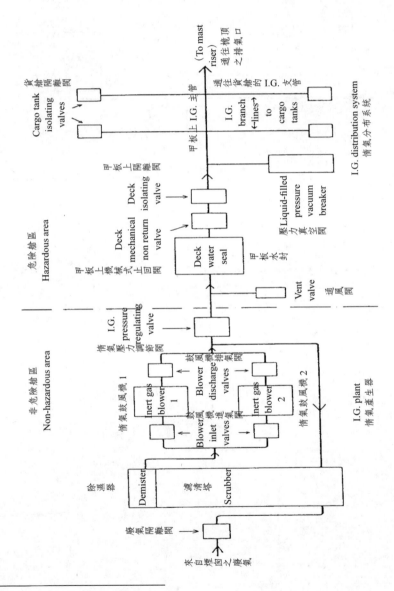

資料來源：IMO MODEL COURSE 2.03

附錄九　IMO 頒行之火災控制平面圖圖例
（**IMO Fire Control Plan's Graphical Symbols**）

1. 火災防護結構之圖例（**Graphical Symbols for Structural Fire Protection**）

編號 （No.）		指示 （Reference）	使用說明 （Comments on Use）
1.1		A 級隔艙 A-class Division	標示在由 A 級防火材料構成之艙壁或甲板等結構物表面。
1.2		B 級隔艙 B-class Division	標示在由 B 級防火材料構成之艙壁、甲板、天花板或內襯板等結構物表面。
1.3		主垂直（隔離）艙區 Main Vertical Zone	標示在隔離艙壁的表面。
1.4		A 級鉸鏈式防火門 A-class Hinged Fire Door	(1) 標示在門上並且顯示實際作動方向。 (2) 水密門：應在圖例右側標註 WT。 (3) 半水密門：應在圖例右側標註 SWT。

編號 （No.）		指示 （Reference）	使用說明 （Comments on Use）
1.5		B 級鉸鏈式防火門 B-class Hinged Fire Door	(1) 標示在門上並且顯示實際作動方向。 (2) 水密門：應在圖例右側標註 WT。 (3) 半水密門：應在圖例右側標註 SWT。
1.6		A 級鉸鏈式自動關閉防火門 A-class Hinged Self-closing Fire Door	(1) 標示在門上並且顯示實際作動方向。 (2) 水密門：應在圖例右側標註 WT。 (3) 半水密門：應在圖例右側標註 SWT。
1.7		B 級鉸鏈式自動關閉防火門 B-class Hinged Self-closing Fire Door	(1) 標示在門上並且顯示實際作動方向。 (2) 水密門：應在圖例右側標註 WT。 (3) 半水密門：應在圖例右側標註 SWT。
1.8		A 級滑動式防火門 A-class Sliding Fire Door	(1) 標示在門上並且顯示實際作動方向。 (2) 水密門：應在圖例右側標註 WT。 (3) 半水密門：應在圖例右側標註 SWT。
1.9		B 級滑動式防火門 B-class Sliding Fire Door	(1) 標示在門上並且顯示實際作動方向。 (2) 水密門：應在圖例右側標註 WT。 (3) 半水密門：應在圖例右側標註 SWT。

編號 （No.）		指示 （Reference）	使用說明 （Comments on Use）
1.10		A 級滑動式自動關閉防火門 A-class Self-closing Sliding Fire Door	(1) 標示在門上，箭頭表示滑動方向。 (2) 水密門：應在圖例右側標註 WT。 (3) 半水密門：應在圖例右側標註 SWT。
1.11		B 級滑動式自動關閉防火門 B-class Self-closing Sliding Fire Door	(1) 標示在門上，箭頭表示滑動方向。 (2) 水密門：應在圖例右側標註 WT。 (3) 半水密門：應在圖例右側標註 SWT。
1.12		通風系統之遙控（或關閉）裝置 Ventilation Remote Control (or Shut-off)	該圖例的右側文字與圓形區域顏色，須依通風系統使用艙區之不同而分別標示如下： (1) A 與藍色：住艙和服務艙間。 (2) M 與綠色：電機房或機械艙間。 (3) C 與黃色：貨艙。
1.13		天窗遙控裝置 Remote Control for Skylight	
1.14		水密門（或防火門）遙控裝置 Remote Control for Watertight Door（or Fire Door）	(1) 水密門：應在圖例右側標註 WT。 (2) 防火門：應在圖例右側標註 FD。

編號 （No.）		指示 （Reference）	使用說明 （Comments on Use）
1.15		防火擋板 Fire Damper	該圖例的右側文字與圓形區域顏色，須依防火擋板使用艙區之不同而分別標示如下： (1) A 與藍色：住艙和服務艙間。 (2) M 與綠色：電機房或機械艙間。 (3) C 與黃色：貨艙。 (4) 防火擋板之識別碼應標示在圖例下方。
1.16		通風入口（或出口）關閉裝置 Closing Device for Ventilation Inlet（or outlet）	該圖例的右側文字與菱形區域顏色，須依通風管道使用艙區之不同而分別標示如下： (1) A 與藍色：住艙和服務艙間。 (2) M 與綠色：電機房或機械艙間。 (3) C 與黃色：貨艙。 (4) 通風管口關閉裝置的識別碼應標示在圖例下方。
1.17		防火擋板之遙控裝置 Remote Control for Fire Damper	該圖例的右側文字與圓形區域顏色，須依防火擋板使用艙區之不同而分別標示如下： (1) A 與藍色：住艙和服務艙間。 (2) M 與綠色：電機房或機械艙間。 (3) C 與黃色：貨艙。 (4) 防火擋板之識別碼應標示在圖例下方。

編號 （No.）		指示 （Reference）	使用說明 （Comments on Use)
1.18		關閉通風入出口的遙控裝置 Remote Control for Closing Device for Ventilation Inlet and outlet	該圖例的右側文字與菱形區域顏色，須依通風管道使用艙區之不同而分別標示如下： (1) A 與藍色：住艙和服務艙間。 (2) M 與綠色：電機房或機械艙間。 (3) C 與黃色：貨艙。 (4) 該遙控關閉裝置的識別碼應標示在圖例下方。

2. 火災防護設施之圖例（**Graphical Symbols for Fire- protection Appliances**）

編號 （No.）		指示 （Reference）	使用說明 （Comments on Use）
2.1		火災控制平面圖 Fire Control Plan	顯示消防設備、器具與防火結構之佈置圖。
2.2		消防泵遙控裝置 Remote Control for Fire Pump	
2.3		消防泵 Fire Pump	該圖例右側應標明型式、泵水速率與出水壓力等資料。

編號 （No.）		指示 （Reference）	使用說明 （Comments on Use）
2.4		應急消防泵遙控裝置 （或）由緊急電源驅 動之消防泵 Remote Control for Emergency Fire Pump (or) Fire Pump Supplied by the Emergency Source of Power	
2.5		應急消防泵 Emergency Fire Pump	該圖例右側應標明型式、泵水 速率與出水壓力等資料。
2.6		燃料油泵之遙控關閉 裝置 Fuel Pump Remote Shut-off	
2.7		潤滑油泵之遙控關閉 裝置 Lube Oil Pump Remote Shut-off	
2.8		關閉 Bilge 泵之遙控 裝置 Remote Control for Bilge Pump	

編號 （No.）		指示 （Reference）	使用說明 （Comments on Use）
2.9		應急 Bilge 泵之遙控裝置 Remote Control for Emergency Bilge Pump	
2.10		燃料油控制閥之遙控裝置 Remote Control for Fuel Oil Valves	
2.11		潤滑油控制閥之遙控裝置 Remote Control for Lube Oil Valves	
2.12		消防泵控制閥之遙控裝置 Remote Control for Fire Pump Valves	
2.13		滅火劑之遙控釋放站 Extinguishing-media Remote Release Station	(1) 圖例底部應顯示其防護艙間。 (2) 應依所使用之滅火劑種類，在圖例之右側標示代表文字並且在下半部顯示色碼，諸如： ・二氧化碳：CO_2－灰色。 ・氮氣：N－灰色。 ・其他氣體：H－棕色。 ・化學乾粉：P－白色。 ・水：W－綠色。

編號 （No.）		指示 （Reference）	使用說明 （Comments on Use）
2.14		國際岸上標準接頭 International Shore Connection	
2.15		消防栓 Fire Hydrant	
2.16		消防水總管滅火系統之管路控制閥 Fire Main System's Section Valve	應在圖例右側標明控制閥之編號。
2.17		撒水滅火系統之管路控制閥 Sprinkler Fire System's Section Valve	(1) 應在圖例右側應標明控制閥編號。 (2) 該圖例可應用在其他類似的水系滅火系統。 (3) 自動式乾管撒水滅火系統之管路控制閥，應附上識別標籤。
2.18		化學乾粉滅火系統之管路控制閥 Chemical power Fire System's Section Valve	應在圖例右側標明控制閥之編號。

編號 （No.）		指示 （Reference）	使用說明 （Comments on Use）
2.19		泡沫滅火系統之管路控制閥 Foam Fire System's Section Valve	應在圖例右側標明控制閥之編號。
2.20		固定式滅火系統設施 F i x e d　F i r e E x t i n g u i s h i n g Installation	應依滅火劑種類之不同，在圖例的正上方標示代表文字並且在中央區域顯示色碼： (1) 泡沫：F－黃色。 (2) 二氧化碳：CO_2－灰色。 (3) 氮氣：N－灰色。 (4) 其他氣體：H－棕色。 (5) 化學乾粉：P－白色。 (6) 水：W－綠色。
2.21		固定式滅火系統之鋼瓶組件 F i x e d　F i r e E x t i n g u i s h i n g Battery	應依滅火劑種類之不同，在圖例的正上方標示代表文字並且在下半部區域顯示色碼： (1) 泡沫：F－黃色。 (2) 二氧化碳：CO_2－灰色。 (3) 氮氣：N－灰色。 (4) 其他氣體：H－棕色。 (5) 化學乾粉：P－白色。 (6) 水：W－綠色。
2.22		固定式滅火系統之鋼瓶庫 F i x e d　F i r e Extinguishing Bottle	應依滅火劑種類之不同，在圖例的正上方標示代表文字並且在中央區域顯示色碼，諸如： (1) 泡沫：F－黃色。 (2) 二氧化碳：CO_2－灰色。 (3) 氮氣：N－灰色。 (4) 其他氣體：H－棕色。 (5) 化學乾粉：P－白色。 (6) 水：W－綠色。

編號 （No.）		指示 （Reference）	使用說明 （Comments on Use）
2.23		高膨脹率泡沫放出口 High Expansion Foam Supply Trunk (or Outlet)	若有必要，應在圖例底部顯示保護艙間之代表文字。
2.24		水沫滅火系統之控制閥 Water-spray Fire System Valves	若有必要，應在圖例底部顯示保護艙間之代表文字。
2.25		惰氣系統設施 Inert Gas System Installation	
2.26		噴鎗 Monitor	應依滅火劑種類之不同，在圖例的右側標示代表文字並且在中央區域顯示色碼，諸如： (1) 泡沫：F－黃色。 (2) 二氧化碳：CO_2－灰色。 (3) 氮氣：N－灰色。 (4) 化學乾粉：P－白色。 (5) 水：W－綠色。
2.27		消防水帶與瞄子 Fire Hose and Nozzle	(1) 應在圖例右側標明長度。 (2) 應依滅火劑種類之不同，在圖例的右側標示代表文字並且在底部區域顯示色碼，諸如： 　·泡沫：F－黃色。 　·化學乾粉：P－白色。 　·水：W－綠色。

編號 （No.）		指示 （Reference）	使用說明 （Comments on Use）
2.28		手提式滅火器 Fire Extinguisher	應依滅火劑種類之不同，在圖例的右側標示代表文字和公升容量，並且在底部區域顯示色碼，諸如： (1) 泡沫：F－黃色。 (2) 二氧化碳：CO_2－灰色。 (3) 氮氣：N－灰色。 (4) 其他氣體：H－棕色。 (5) 化學乾粉：P－白色。 (6) 水：W－綠色。
2.29		輪車式滅火裝置 Wheeled Fire Extinguisher	應依滅火劑種類之不同，在圖例的右側標示代表文字和公升容量，並且在底部區域顯示色碼，諸如： (1) 泡沫：F－黃色。 (2) 二氧化碳：CO_2－灰色。 (3) 氮氣：N－灰色。 (4) 其他氣體：H－棕色。 (5) 化學乾粉：P－白色。 (6) 水：W－綠色。
2.30		手提式泡沫噴灑裝置或儲存容器 Portable Foam Applicator Unit or Relevant Spare Tank	
2.31		消防器具儲藏間 Fire Locker	(1) 該圖例右側應標明儲藏間之編號。 (2) 應標示所儲存的主要器具名稱。

編號 （No.）		指示 （Reference）	使用說明 （Comments on Use）
2.32		利用固定式滅火系統防護之艙間 Space(s) Protected by Fixed Fire Extinguishing System	應依滅火劑種類之不同，在圖例的正上方標示代表文字和容量，並且在圓弧區域顯示不同的色碼： (1) 泡沫：F－黃色。 (2) 二氧化碳：CO_2－灰色。 (3) 氮氣：N－灰色。 (4) 其他氣體：H－棕色。 (5) 化學乾粉：P－白色。 (6) 消防水總管：W－綠色。 (7) 撒水或噴水：S－橙色。
2.33		水霧噴頭 Water Fog Applicator	
2.34		發電機之緊急電源裝置 Emergency Source of Electrical Power (Generator)	
2.35		電池之緊急電源裝置 Emergency Source of Electrical Power (Battery)	

編號 （No.）		指示 （Reference）	使用說明 （Comments on Use）
2.36		緊急配電盤裝置 E m e r g e n c y Switchboard	
2.37		呼吸裝置所屬的空氣 壓縮機 Air Compressor for Breathing Devices	
2.38		火災偵測與警報系統 之控制面板 Control Panel for Fire Detection and Alarm System	
2.39		手動報警機 Push Button (or Switch) for General Alarm	
2.40		手動操作之呼叫站 Manually Operated Call Point	該圖例之使用應由權責單位斟 酌決定之。

編號 （No.）		指示 （Reference）	使用說明 （Comments on Use）
2.41		利用煙霧偵測器監測之艙間 Space(s) Monitored by Smoke Detector	應在圖例上標明艙間編號。
2.42		利用溫度偵測器監測之艙間 Space(s) Monitored by Smoke Detector	應在圖例上標明艙間編號。
2.43		利用火燄偵測器監測之艙間 Space(s) Monitored by Flame Detector	應在圖例上標明艙間編號。
2.44		利用氣體偵測器監測之艙間 Space(s) Monitored by Gas Detector	

3. 火場逃生方式與相關裝置之圖例（**Graphical Symbols for Means of Escape and Escape -related Devices**）

編號 （No.）	圖例 （Graphical Symbol）	指示 （Reference）	使用說明 （Comments on Use）
3.1		主要逃生路徑 Primary Escape Route	
3.2		次要逃生路徑 Secondary Escape Route	
3.3		緊急逃生之呼吸裝置 Emergency Escape Breathing Device (EEBD)	該圖例右側應標明所存放之 EEBD 數量。

附錄十 「國際海上危險貨品運送規則（IMDG Code）」有關之火災預防與滅火作業摘要

1. 爲避免危險品發生失火，造成意外事故之危險，船上主管對所裝載之危險貨物之預防應注意下列幾點：

   (1) 危險品當依據 IMDG Code 之內容，說明該危險物質之危險性與注意事項，並且遵守包裝、標示及堆放等方面之要求。

   (2) 依據危險貨品分類、危險性質與附屬危險等差異，確實與其他危險品保持適當之區隔，同時應考慮適當之裝載位置，於意外事故中是否易於處理。

   (3) 依據危險品之特殊性質，應以明顯之警告標示，讓船上人員或岸上工作人員確實遵循之。

   (4 相關之滅火裝備與應用器材應保持於完好狀態、標示適當位置，並且隨時能方便取用。

2. 不同類別之危險品，若性質相同，則可採取相同之處理方式。但特殊性質之危險品，則應採行不同之處理方式。茲將 IMDG Code 對不同類別之危險品所規定之火災預防與滅火原則摘要如下：

   (1) 第一類：爆炸物質（Class 1-Explosive）

   ① 爆炸物質最大之危險來自外部火源之影響，故若有任何火源危及爆炸品，則必須預先測知並且予以撲滅。其次，相關之防火注意事項、滅火方法與裝備等事項均應嚴格要求。

   ② 裝載 Class 1 危險品之區域必須標示「禁止吸菸」之警告牌。

   ③ 船長或港務單位所劃定之危險區內必須禁止火柴、打火機及其他裸燈之使用。

   ④ 有效之滅火器材應備便於可用狀態。

   ⑤ 裝有 Class 1 爆炸品之貨艙勿從事修理工作。

   ⑥ 爆炸品儲放場所或其附近需有火警偵測設備。

   ⑦ 當爆炸品燃燒時，使用排除空氣或用窒息物之方法皆不適用。

⑧ 裝有爆炸品之貨艙滅火方法，使用蒸汽窒息之方式並不適用，若火勢接近爆炸品時，大量用水撲滅最為有效。

⑨ 某些爆炸品對於撞擊與摩擦極為敏感，因此對該類洩出物進行處理時，應著軟底鞋及使用軟刷、塑膠盆等。

(2) 第二類：加壓形式之壓縮、液化與溶解氣體（Class 2-Gases Compressed, Liquefied or Resolved under Pressure）

① 某些可燃氣體於相當低濃度時，具有明顯的麻醉效果，或於燃燒時可能散發高濃度之毒性。

② 有效通風應可清除大艙中洩漏之氣體，但有些氣體比空氣重，可能於船之低處密閉空間尚有危險濃度之氣體存在。

③ 如果懷疑有可燃氣體洩漏時，除非經由船長或負責船副採取所有安全措施，並且確定已無危險，否則不可進入艙內。

④ 可燃性氣體自容器洩漏，與空氣混合可能成為爆炸性混合氣體，而導致爆炸及燃燒。

⑤ 於火災現場，裝有瓦斯之容器應以大量水霧噴灑予以冷卻，並且盡可能移開火場危險區。

⑥ 當氣體容器洩漏燃燒時，附近其他容器應盡可能移開至安全距離及保持冷卻。

⑦ 當破損或洩漏之容器置於甲板上時，最佳放置位置為下風舷側，因有利於安全散發可燃氣體。至於燃燒之火焰除可用一般滅火方式處理之外，尚須注意下列兩點：

　a. 當其容器內部壓力太高時，可噴水霧降低其壓力。

　b. 將有高度危險之容器丟棄海上。

(3) 第三類：易燃性液體物質（Class 3-Flammable Liquids）

① 可燃性液體會揮發可燃性氣體，此可燃性氣體於密閉空間與空氣適當混合後，當遇到火花引火時，會迅速燃燒而波及該危險品儲存處所。

② 為防止可燃性氣體之蒸發與聚集，必須給予適當之通風。

③ 發現貨艙裝載之液體容器破裂時，人員進艙之前，若未能確定其混合氣體係為具有毒性、麻醉性或爆炸性者，則應禁止進入。若於緊急狀況下而不得不進入未被確認毒性之艙間時，則必須配戴空氣呼吸器方可為之。

④ 直接噴水滅火，並不適用於可燃性氣體所引起之火災。

⑤ 很多滅火劑應用於燃燒液體上，可在其表面產生一層浮膜，以隔絕空氣而達到滅火效果。

(4) 第四類：易燃性固體物質（Class 4-Flammable Solids and Spontaneous Material）與自燃物質等

① Class 4.1 類易燃性固體物質屬於濕性爆炸物，應注意保持乾燥，否則將具有爆炸性。

② 極易燃之金屬粉燃燒，若使用含有水份之滅火劑滅火，可能導致更劇烈燃燒。

③ Class4.3 類易與水結合而釋放出可燃性氣體之危險品，乾燥時為非可燃性，但若與水份結合之後，即可散發出可燃性氣體。此類危險品火災若使用大量的水滅火在多數情況下仍可奏效。

(5) 第五類：氧化劑與有機過氧化物（Class 5-Oxidizing Agents and Organic Peroxides）

於火場中，本類物所引起之火災若使用惰性氣體滅火，尚能繼續燃燒，故有效滅火之方法為不封閉艙間；不使用蒸汽、二氧化碳及其他惰性氣體；僅迅速使用大量水霧。

(6) 第六類：毒性與傳染性物質（Class 6-Poisonous and Infectious Substances）

若涉及可燃性毒液物質燃燒時，滅火處理原則依據第三類易燃液體物質之滅火方式。

(7) 第七類：放射性物質（Class 7-Radiative Substances）

① 當放射性物質發生意外時，船內食物與飲水可能遭受污染，應等到合格檢驗人員認可之後才可食用。

② 於港內，因放射性物質之包裝破損而造成意外事故，必須通知港務局，各國政府應制訂緊急救援程序，處理放射性物質之意外事故。

(8) 第八類：腐蝕性物質（Class 8-Corrosives）

可燃腐蝕液體危險物質發生燃燒時，應依照第三類易燃液體之滅火處理程序。

3. 處理化學危險品之基本要點

(1) 一般用水滅火產生冷卻效應，若水與危險品會發生劇烈之反應，則應使用化學性滅火劑，若數量足夠，則可噴灑粉狀之惰性物質。

(2) 在火災附近之危險品應搬離火源，若有助燃之可能應予拋棄。

(3) 甲板下失火應將艙蓋封閉，停止通風開啟大艙 CO_2 系統滅火裝置。

(4) 若有爆炸可能之危險品在火源附近，滅火人員應立即撤出火場，並在安全距離外噴

　　灑水柱以冷卻火源物質。

(5) 參加滅火人員必須經過訓練。

索　引

術語專門名詞漢英對照表

九劃

十劃

十一劃

術語專門名詞英漢對照表

G

國家圖書館出版品預行編目資料

船舶火災防治與安全管理／曾福成編著. --
二版. -- 臺北市：五南圖書出版股份有限
公司, 2019.04
　　面；　公分
　ISBN 978-957-763-304-0（平裝）

1.船舶　2.火災　3.航運　4.安全設備

557.43　　　　　　　　　　108002250

5F51

船舶火災防治與安全管理

作　　　者 — 曾福成（283.1）

審　　　定 — 盧守謙

編輯主編 — 王正華

責任編輯 — 張維文

文字編輯 — 陳建興

封面設計 — 陳建興、王麗娟

出 版 者 — 五南圖書出版股份有限公司

發 行 人 — 楊榮川

總 經 理 — 楊士清

總 編 輯 — 楊秀麗

地　　　址：106台北市大安區和平東路二段339號4樓

電　　　話：(02)2705-5066　　傳　真：(02)2706-6100

網　　　址：https://www.wunan.com.tw

電子郵件：wunan@wunan.com.tw

劃撥帳號：01068953

戶　　　名：五南圖書出版股份有限公司

法律顧問　林勝安律師

出版日期　2010年10月初版一刷
　　　　　2019年 4 月二版一刷
　　　　　2025年 2 月二版五刷

定　　　價　新臺幣560元